KB268261

우리와 의견이 다른 이들과 사랑으로 관계를 맺는 것은 기독교적 확신이 강한 이들에게 결코 쉬운 일이 아니다. 팀 켈러와 존 이나주는 이 일의 본보기일 뿐만 아니라 이 훌륭한 책을 통해 지혜로운 대화 상대자들을 한자리에 모았다. 이들은 점점 더 다원화되는 문화 속에서 이웃을 사랑하는 데 필수적인 영적 덕목, 곧 겸손과 인내, 관용을 기르는 데 꼭 필요한 조언을 들려준다.

: 리처드 마우 Richard Mouw
풀러신학교(Fuller Theological Seminary) 신앙 및 공공생활 교수

지독한 갈등의 시대에 타인과 올바른 관계를 맺고자 애쓰는 모든 이에게 이 책은 통찰력 있고 즉시 실행 가능한 틀을 겸손하게 제시한다. 기꺼이 자신의 취약함을 드러내며 지혜를 나누어 준 열두 명의 리더들에게 감사를 전한다. 이웃과 원수를 가리지 않고 사랑하는 법을 배우는 일은 오랜 시간이 걸리면서도 절박한 과제이며 때로 큰 대가를 요구할지도 모른다. 하지만 이 책이 보여 주듯, 이는 결국 예수님의 일이기에 우리는 큰 소망을 품고 이 사랑의 길을 걸어갈 수 있다.

: 게리 A. 하우겐 Gary A. Haugen
국제정의선교회(IJM) 설립자 겸 대표

시대와 영성을 묻다

지은이 | 팀 켈러, 존 이나주 외
옮긴이 | 홍종락
초판 발행 | 2020. 6. 11.
개정 1판 발행 | 2026. 2. 25.
등록번호 | 제1988-000080호
등록된 곳 | 서울특별시 용산구 서빙고로65길 38 두란노빌딩
발행처 | 사단법인 두란노서원
영업부 | 02)2078-3333   FAX | 080-749-3705
출판부 | 02)2078-3330

책값은 뒤표지에 있습니다.
ISBN 978-89-531-5252-6 03230

독자의 의견을 기다립니다.
tpress@duranno.com   www.duranno.com

두란노서원은 바울 사도가 3차 전도여행 때 에베소에서 성령 받은 제자들을 따로 세워 하나님의 말씀으로 양육하
던 장소입니다. 사도행전 19장 8-20절의 정신에 따라 첫째 목회자를 돕는 사역과 평신도를 훈련시키는 사역, 둘째
세계선교(TIM)와 문서선교(단행본·잡지) 사역, 셋째 예수문화 및 경배와 찬양 사역, 그리고 가정·상담 사역 등을
감당하고 있습니다. 1980년 12월 22일에 창립된 두란노서원은 주님 오실 때까지 이 사역들을 계속할 것입니다.

시대와 영성을 묻다

팀 켈러 × 존 이나주 외

홍종락 옮김

Uncommon Ground

두란노

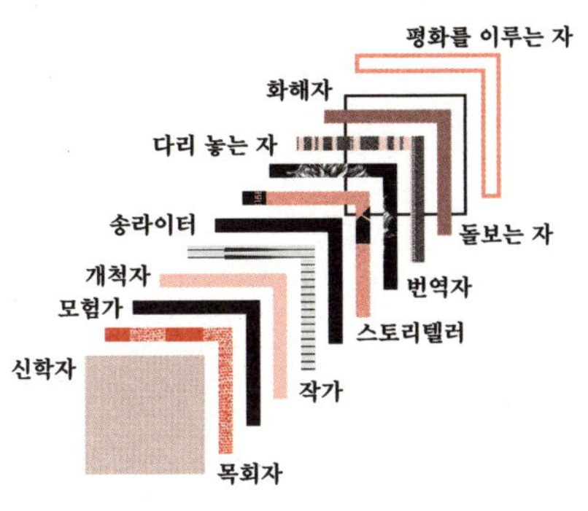

존 이나주 John Inazu
세인트루이스 워싱턴대학교(Washington University)
법학·종교학 교수

셜리 V. 훅스트라 Shirley V. Hoogstra
변호사, 기독교대학협의회(CCCU,
Council for Christian Colleges & Universities) 회장

워런 킹혼 Warren Kinghorn
듀크대학교(Duke University) 정신의학·신학 교수,
정신과 의사

트릴리아 뉴벨 Trillia Newbell
남침례교 윤리와종교자유위원회(ERLC) 지역사회봉사국 책임자

클로드 리처드 알렉산더 주니어 Claude Richard Alexander Jr.
노스캐롤라이나 샬롯 파크교회(The Park Church) 담임목사

일러두기

이 책에 실린 성경 말씀은 《성경전서 개역개정판》(대한성서공회)을 기본으로 사용했다. 《성경전서 새번역》(대한성서공회), 《우리말성경》(두란노), 《현대인의 성경》(생명의 말씀사), 《메시지》(복있는사람)를 사용할 경우에는 성구마다 역본명을 별도로 표기했다. NIV(New International Version)와 NEB(New English Bible) 등 영어 성경 번역본을 인용한 부분은 이 책의 옮긴이가 직접 번역하여 별도로 표기했다.

월리 이나주(Willie Inazu)에게.

CONTENTS

하늘 시민권을 가진
이 땅의 나그네들을 위한 안내서

✧ 팀 켈러 × 존 이나주

이 책을 관통하는 중심 질문은 이것이다. "그리스도인들이 어떻게 자신과 다른 신념을 가진 이들을 존중하면서도 복음에 대한 확신을 잃지 않고 주변 사람들과 관계를 맺어 갈 것인가?" 우리 두 사람은 지난 몇 년간 서신을 주고받다가 이 책을 구상하게 되었다.[1] 우리는 사람들이 깊고 때로는 고통스럽기까지 한 차이를 넘어 어떻게 공통의 토대를 찾아내는지 탐구하고 있었다. 우리는 우리가 서로 다르다는 엄연한 현실, 즉 학자들이 말하는 '다원주의라는 현실'[2]에 기독교적으로 대응하는 법을 배우고 싶었다.

적어도 미국에서는 '나뉠 수 없는 하나의 나라'라는 이상적인 비전이나 '더 완벽한 연합'의 추구에 가려 다원주의라는 현실이 간과될 때가 너무 많다. 그러나 실제 삶의 현장을 들여다보면 하나가 되기보다 차이와 불일치가 더 두드러진다. 미국인들도 오늘날 대부분의 서구 국가 시민들처럼, 국가의 목적, 공동선의 본질, 인간 번영의 의미에 대해 좀처럼 합의점을 찾지 못하고 있다. 이러한 차이는 우리가 무엇을 생각하는지뿐만 아니라, 사고하는 방식과 세상을 바라보는 관점에도 영향을 미친다. 가장 중요한 문제들을 두고 깊고도 해소하기 어려운 견해 차이가 존재하는 것, 이것이 바로 오늘날 우리가 마주한 다원주의라는 현실이다.

다원주의를 이해하는 것은 곧 우리의 과거를 이해하는 일이다. 미국이 철저한 '기독교 국가'가 아니며 그런 적도 없었던 것은 다원주의라는 현실 때문이다. 백인 개신교 문화, 또는 일부에서 말하는 유대-기독교 문화가 이 나라 건국자들에게 영향을 주었고 미국 역사의 상당한 기간 동안 중산층의 규범과 가치를 형성한 것은 분명한 사실이다. 이러한 미국 사회 전반에 널리 공유되던 개신교 문화, 곧 종교적 실천의 본질과 공중도덕에 대해 당연시되었던 합의는 중요한 사회적 편익을 가져다주었으며, 각종 기관의 설립과 사회 기반 시설의 유지에도 기여했다. 오늘날 민간 부문 자선 기관의 대다수를 차지하는 사립 대학교, 병원, 사회 복지 기구들은 그 뿌리를 개신교(이후 가톨릭과 유대교도 동참) 공동체에 두고 있다.

그러나 이처럼 사회 전반에 널리 공유되던 개신교 문화는 여러 심각한 불의를 인지하지 못했으며, 때로는 그 불의를 고착화하는 데 일조했다.

개신교인들은 종교적 소수 집단의 자유를 요구하는 목소리에 무관심했고 때로는 적대적이기까지 했다. 백인 개신교인들은 민권 운동에 거의 참여하지 않았으며, 일부는 오늘날까지 이어지는 개인적·구조적 인종 차별에 가담하기도 했다.[3] 개신교 문화가 지녔던 사회적·법적 권력은 때로 인종, 종교, 젠더와 성에 관한 다양한 견해들을 억압했다.

개신교가 우세한 이런 문화 속에서 많은 그리스도인들은 이 땅에 우리가 머물 영구한 도성이 없으며(히 13:14) 세상의 권력자들을 의지해선 안 된다(시 146:3)는 성경의 조언을 망각했다. 여러 세대를 거치면서 일부 그리스도인들은 세상 시민권이 주는 화려한 겉치레에 빠져, 마땅히 더 깊은 곳에 두어야 할 충성심을 잊어버리고 말았다. 우리는 이웃을 사랑하라는 부름을 받았지만, 우리의 진정한 시민권은 하늘에 있다(빌 3:20).[4]

최근 들어, 전에는 당연하게 받아들여지던 개신교 기반의 사회적 합의가 힘을 잃고 있다. 이는 부분적으로는 종교적(그리고 점점 늘어나는 비종교적) 신념의 차이에 대한 인식이 커졌기 때문이다. 그와 동시에 개인주의와 자율성을 향한 사회적 추세가 가속화되면서 기업, 언론, 정부, 교회, 심지어 가족에 이르기까지 사회를 구성하는 기본 제도들에 대한 신뢰도 약화되었다. 그러나 한때 미국 사회를 떠받치던 개신교 문화가 쇠퇴하고 있음에도, 그 뒤를 이을 새로운 문화는 아직 등장하지 않았다. 복음주의(Evangelicalism)도, 로마 가톨릭도, 세속주의도 과거에 암묵적으로 공유되던 그 보편적인 합의를 대체하지는 못했다.[5]

이런 상황을 배경으로, 우리는 공동선(common good)에 대한 합의가
이루어지지 않는 현실 속에서 어떻게 공통의 토대(common ground)를 찾을
수 있을지 질문을 던졌다.[6] 그리고 그리스도인들이 어떻게 겸손과 인내와
관용을 구현할 수 있는지도 탐구하고자 했는데, 이 세 가지는 존 이나주가
그의 책 *Confident Pluralism*(확신 있는 다원주의)에서 제시한 시민적 실천
사항들이다.[7] 우리는 이러한 실천 사항들을 몸소 보여 주는 일이 극심한
분열의 시대에 복음을 증거하는 일과 온전히 일치한다고 믿는다. 사실, 이
실천 사항들은 복음을 위한 자리를 마련할 뿐만 아니라 각각 기독교의 세
가지 덕목인 믿음, 소망, 사랑을 가리키고 있다.[8]

첫 번째 실천 사항인 겸손은 근본적 사안들에 대한 견해차가 큰 세상에서
그리스도인과 비그리스도인 모두가 '왜 자신은 옳고 상대는 틀렸는지'를
항상 입증할 수는 없음을 인정하는 태도다. 그리스도인들이 공공 생활에서
겸손을 실천할 수 있는 이유는 자신의 이성을 포함한 인간 이성의
한계를 인식하기 때문이며, 우리가 도덕적 행위와 선함이 아니라 오직
믿음으로 구원받았음을 알기 때문이다. 이 확신에 찬 믿음은 하나님과의
관계를 붙들어 주는 닻이지만, 모든 문제에 대해 흔들림 없는 확실성까지
보장하는 것은 아니다.[9]

두 번째 실천 사항인 인내는 경청하고 이해하며 질문하도록 우리를
독려한다. 타인에게 인내심을 발휘한다고 해서 언제나 이념적 거리까지
좁힐 수 있는 것은 아니다. 우리를 갈라놓는 그 복잡하고 어려운 사안들에
대해 끝내 의견 일치를 보지 못할 가능성도 크다. 그러나 주의 깊게

15

경청하고 공감 어린 시선으로 이해하려 애쓰고 사려 깊게 질문한다면,
우리를 하나로 묶어 주는 공통된 경험들과 우리를 갈라놓는 서로의 상이한
경험들을 깨닫게 되어 타인에게 한 걸음 더 가까이 갈 수 있을 것이다.
그리스도인들이 다른 이들에게 인내할 수 있는 이유는 우리가 이미 그
결말을 아는 이야기에 소망을 두기 때문이다.[10]

세 번째 실천 사항인 관용은 우리가 동의하지 않는 신념과 실천을
실제로 참아 내는 일이다. 그러한 신념을 수용하거나 실천에 찬성한다는
뜻이 아니다. 사실, 동의하지 않는 것을 수용하라는 요구는 철학적으로
불가능한 일이다. 우리 모두는 중요한 사안에 대해 저마다의 견해를
가지고 있지만, 누군가에게는 그것이 명백히 잘못된 것으로 보일 수
있다. 서로 다르고 양립할 수 없는 그 모든 신념을 한꺼번에 포용할
방법은 어디에도 없다. 그러나 우리는 사람과 생각을 분리하는 그 어려운
일을 해낼 수 있다. 비록 상대의 신념이나 행동에 찬성할 수는 없더라도
하나님의 형상으로 창조된 이웃과 관계를 맺기 위해 노력하는 것이다.
그리스도인들이 다른 이에게 관용을 베풀 수 있는 이유는 우리의 이웃
사랑이 하나님 사랑에서 흘러나오며 우리의 하나님 사랑은 복음의 진리에
근거하기 때문이다.

겸손, 인내, 관용이라는 이 세 가지 실천 사항은 모두 "사랑 안에서 진리를
말하라"(엡 4:15, NIV)는 말씀에 따른 원칙 있는 공감을 보여 준다. 다른 사람의
입장에서 생각하려면 겸손이 필요하고, 그렇게 할 동력을 얻으려면 소망에
뿌리내린 인내와 사랑에 근거한 관용이 필요하다. 다른 사람의 입장에서

생각하기는 점점 더 어려워지고 있는데, 셰리 터클(Sherry Turkle)이 주장하듯 소셜 미디어를 위시한 여러 기술이 우리의 공감 능력을 현저히 떨어뜨리고 있기 때문이다.[11] 실제로 우리는 견해와 신념이 다른 이들에게 공감하고 그들을 이해하며, 그들과 대면하여 대화하는 능력이 급격히 쇠퇴하는 것을 목격해 왔다.

우리 문화가 '깊은 차이가 있는 상대'를 존중하고 공감하면서도 확신 있게 말할 수 있는 사람들을 길러 내지 못한다면, 교회가 신학적·영적 자원을 활용하여 그런 사람들을 배출하는 일이 더욱더 중요해진다. 그리스도인의 소명은 모든 생각과 행동에 믿음, 소망, 사랑이 배어 있는 것, 그리고 세상 속에서 겸손과 인내와 관용으로 말하고 행동하는 사람으로 끊임없이 빚어지는 것이다.

사실, 우리 마음이 그리스도의 사랑에 붙들려 움직이게 되면 단순히 관용하는 것보다 훨씬 더 많은 일을 할 수 있다. 우리와 다른 신념을 가진 친구들과의 관계를 생각해 보라. 우리는 그들을 그저 참아 주기만 하는 것이 아니다. 그들과 함께 울고 웃고, 기쁨과 슬픔을 나눈다. 단순히 한 공간에 머무는 공존을 넘어, 서로에게 자신을 내보이는 취약함의 위험까지 감수한다. 그렇다면 우리를 대놓고 거부하거나 심지어 적대하는 사람들은 어떻게 대해야 할까? 답은 마찬가지다. 예수님은 우리에게 원수를 그저 관용하라고 말씀하시지 않는다. 그들을 사랑하라고 말씀하신다. 참으로 감사하게도, 예수님은 우리를 단순히 참아 주시는 분이 아니다. 그분은 우리와의 그 엄청난 차이를 넘어 우리를 받아들여 주시고, 그분의 팔로

안아 주시며 우리를 반기신다.

정답이 아닌 우리의 이야기를 들려주기로 했다

우리 두 사람은 다양한 차이가 존재하는 세상에서 그리스도인들이 어떻게 살 수 있고 또 살아야 하는지에 관해 많은 시간을 들여 글을 쓰고 강연하며 깊이 고민해 왔다. 그러나 우리는 일련의 처방을 나열하기보다 이야기를 들려주기로 했다. 우리 자신의 이야기와 오래된 친구 그리고 새로 사귄 친구들의 이야기 말이다. 우리가 이야기를 선택한 이유는 서사가 단순한 설명만으로는 다 담아낼 수 없는 풍부한 의미를 지니기 때문이다. 이는 일목요연한 명제들로는 결코 이룰 수 없는 방식으로 우리의 이해를 넓히고 풍요롭게 해 준다. 작가 플래너리 오코너(Flannery O'Connor)는 이를 다음과 같이 표현했다. "이야기는 다른 방식으로는 결코 말할 수 없는 무언가를 말하는 방법이다. 이야기의 의미를 온전히 전하려면 그 안의 모든 단어가 필요하다. 단순한 진술로는 충분하지 않기에 이야기를 들려주는 것이다."[12]

하나님은 이야기를 통해 자신을 계시하셨을 뿐 아니라, 이야기와 그 속에 담긴 미묘함과 복잡성을 통해 가장 잘 배우는 존재로 인간을 창조하셨다. 이 책에서 당신은 친구나 직장 동료, 이웃과 관계를 맺으며 살아가는 우리 주변 사람들의 이야기를 만나게 될 것이다. 이러한 접근 방식이 오늘날 세상을 살아가는 당신에게 격려가 되고, 각자의 삶의 현장에서 필요한 자질을 갖추는 데 도움이 되기를 바란다.

1부에서는 타인과 관계 맺는 방식을 생각하는 틀이 되는 여러 역할을 탐구한다. 크리스틴 디디 존슨이 신학자의 기여를, 팀 켈러가 목회자의 역할을 고찰한다. 톰 린과 루디 카라스코는 그리스도인이 취할 수 있는 두 가지 다른 자세로 모험가와 개척자를 제시한다. 2부에서는 점점 더 다원화되는 사회에서 이웃과 '소통하는 방식'을 살펴본다. 티시 해리슨 워런은 우리를 타인과 연결하고 우리가 사는 세상을 형성하는 작가의 역할을 숙고한다. 이어지는 장에서는 세라 그로우브즈, 러크레이, 존 이나주가 각각 작곡, 스토리텔링, 번역을 통해 다른 사람들과 소통하는 법을 고찰한다. 끝으로 3부에서는 타인과 더불어 살아가는 삶을 실제로 어떻게 살아 낼 것인지를 다룬다. 셜리 훅스트라와 워런 킹혼이 다리 놓기와 돌봄에 대해 숙고하고, 트릴리아 뉴벨과 클로드 알렉산더 주니어는 화해자(화목하게 하는 자)와 평화를 이루는 자(화평하게 하는 자)로서의 역할을 고찰하며 책을 마무리한다.

이 책 곳곳에서 우리를 갈라놓는 수많은 쟁점을 마주하게 되겠지만, 그중에서도 인종 문제가 가장 두드러진다. 이는 부분적으로, 이 책에 참여한 필진의 구성상 자연스러운 결과이기도 하다. 그러나 그보다 더 큰 이유는, 우리가 다양한 그리스도인 청중을 대상으로 강연하고 글을 쓰면서 인종 관련 문제만큼 많은 논쟁을 불러일으키고 더 깊은 이해를 요구하는 사안이 없다는 사실을 확인했기 때문이다. 그뿐만 아니라, 우리는 오늘날 사회적 분열의 이슈 중 미국 교회와 사회에 인종 문제만큼 중대한 영향을 미치는 사안은 드물다고 믿는다. 그리스도인들이 자신과 주변 사회를 가르는 인종 문제를 보다 정직하게 대면하지 않고는 이 다원주의 사회에서 나아갈 길을 찾기란 쉽지 않을 것이다.

이 책의 각 장은 그리스도의 몸의 다양한 지체들을 묘사할 뿐만 아니라, 하나님이 친히 이 역할들을 맡으심으로 우리와 관계하신다는 사실을 일깨워 준다. 하나님은 신학자, 목회자, 모험가, 개척자, 작가, 송라이터, 스토리텔러, 번역자, 다리 놓는 사람, 돌보는 자, 화해자, 평화를 이루는 자로서 자신을 인류에게 나타내신다.

이 책에 글을 쓴 열두 명은 세인트루이스에서 직접 만나 협업을 시작했다. 우리는 각자의 결과물을 단순히 합치는 데 그치지 않고, 함께 일하며 서로에게 배우는 과정에서 얻은 풍성한 결실이 반영된 책을 만들고 싶었다. 우리는 테이블에 둘러앉아 이야기를 나누면서 공통의 갈망과 열정을 발견했다. 그리고 개인의 삶과 다른 이들과의 관계에서 저마다 상실과 고통, 고립을 경험해 왔다는 사실도 깨달았다. 우리 모두는 때때로 자신이 어디에도 속하지 못한다고 느꼈다. 세상 속에서 활동하는 그리스도인으로서뿐만 아니라, 다른 신자들과 함께하는 공동체 안에서도 그러했다. 당신의 삶 또한 이와 크게 다르지 않으리라 생각한다.

다른 한편으로 우리는 서로의 이야기를 들으며, 하나님이 다른 누군가를 사용하여 우리를 지금의 모습으로 빚어 오셨음을 확인했다. 이 책의 각 장은 열두 명의 개인이 각자 썼으나, 이들 한 사람 한 사람은 하나님의 형상을 입은 또 다른 이들, 곧 부모, 친구, 형제, 고등학교 영어 교사, 빌 할아버지, 이부, 마시, 바트카에 이르기까지 다양한 사람과의 관계를 통해 빚어진 존재들이다. 다양한 차이가 존재하는 세상에서 신실하게 살아가는 법을 고민하며, 우리는 하나님이 그 일을 하도록 우리를 홀로 내버려두지 않으신다는 사실을 깨닫는다.

끝으로, 우리는 우리가 확신하는 대상이 누구인지를 다시금 떠올렸다. 성경은 "믿음은 바라는 것들의 실상이요 보이지 않는 것들의 증거"라고 말한다(히 11:1). 그리스도인으로서 우리의 소망은 예수 그리스도의 죽음과 부활에 있다. 우리는 그 소망의 확실함과 보이지 않는 실재에 대한 확신에 인생을 건다. 우리는 이러한 자세로 이 책을 세상에 내놓는다. 이는 우리가 마주한 세상에 참여하되, 숨 막히는 불안이 아니라 확신에 찬 소망을 가지고 나아가라는 부름이다. 이것이 곧 평탄한 길을 걷게 된다거나 우리 앞에 늘 기뻐할 만한 일만 가득할 거라는 뜻은 아니다. 우리가 마주할 세상은 대체로 낯설고 불안하며 불경건할 것이다. 그러나 그중에는 분명 선한 것도 있을 것이다.

세상에 참여하다 보면 낯선 관계를 맺고 위험한 공간에 발을 들이게 된다. 그 과정에서 대가를 치러야 할 수도 있으며, 실제로 그렇게 될 것이다. 그러나 우리는 예수님을 바라본다. 그분은 단순히 안락함을 잃을 위험을 감수하신 것이 아니라, 자신의 목숨이라는 확실하고 분명한 대가를 치르면서 세상에 참여하셨다. 예수님이 삭개오의 집으로 가셨을 때 사람들은 "그가 죄인의 집에 묵으려고 들어갔다"(눅 19:7, 새번역)고 수군거렸지만 예수님은 가시던 걸음을 멈추지 않으셨다. 사도 요한은 예수님과 사마리아 여인의 만남을 기록하며 "유대인이 사마리아인과 상종하지 아니[한다]"는 점을 강조했으나(요 4:9), 예수님은 개의치 않고 우물가에서 그 여인에게 말을 건네셨다. 예수님은 십자가에 달린 강도에게 "오늘 네가 나와 함께 낙원에 있으리라"라고 말씀하시고 죽으셨다(눅 23:43). 우리는 복음에 대한 확신과 우리 "믿음의 주요 또 온전하게 하시는 이"인 예수 그리스도에 대한 확신을 붙들고, 다양한 차이가 존재하는 세상 속에서 예수님이 사신 방식대로 살아가고자 한다.

여러분은 부르심을 받았으니
그 부르심에 합당하게 사십시오.
온전히 겸손하고 온유하게 행동하고
오래 참음으로 행동하되
사랑 가운데 서로 용납하고.

에베소서 4장 1-2절, 우리말성경

시대를 묻다,

시대 속 영성의 틀을 세우다

격변의 시대, 정치가 세상을 구원할 수 있을까

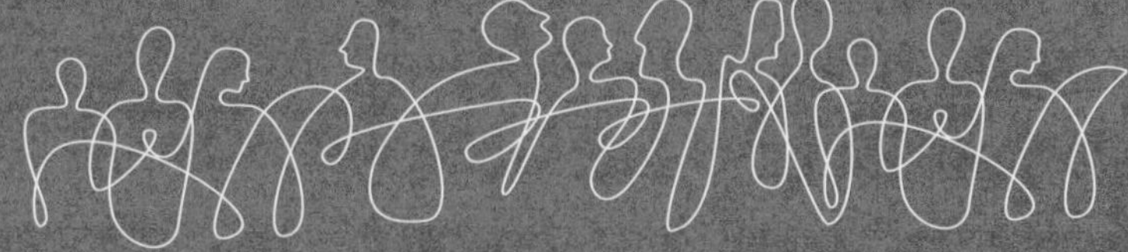

신학자로서 통찰하다

Theologian

크리스틴 디디 존슨 ∘ Kristen Deede Johnson

웨스턴신학교(Western Theological Seminary)

신학 · 영성 형성 교수

나는 워싱턴 D. C. 부근에서 정치에 둘러싸여 자랐다. 친구 아버지가 주정부 공직에 출마했을 때 선거 운동을 도왔고, 우리 동네의 친절한 카운티 위원이 연방 하원의원이 되는 과정을 지켜보았으며, 정부학government 수업 시간에 새로운 통찰을 얻기도 했다. 그리스도인이 되어 "하나님은 당신이 인생에서 무엇을 하기 원하실까?" 같은 질문들을 마주했을 때, 나는 정치가 그 답이 될 수 있겠다고 생각했다. 그래서 대학교 1학년을 마친 여름, 수천 명의 또래와 함께 이른바 '벨트웨이Beltway'라 불리는 워싱턴 정치권 내부의 세계를 탐험하러 도심 한복판으로 향했다.

그해 여름, 나는 내 기독교적 신념과 정치적 신념이 서로 조화를 이루지 못한 채 겉돌고 있다는 사실을 깨닫기 시작했다. 그래서 그리스도 안에서의 삶이 정치와 교회라는 우리의 공동 생활에 대한 생각에 어떤 영향을 주는지 질문하기 시작했다. 당시에는 이 질문들이 나를 신학자라는 소명으로 이끌 줄은, 그리고 하나님의 구속사라는 큰 이야기와 그리스도 안에서 발견하는 정체성 및 소망에 비추어 정치적 현실에 어떻게 참여해야 할지 평생 신학적으로 고민하게 될 줄은 꿈에도 몰랐다.

신앙과 정치의 연관성을 탐구하기 시작하면서, 나는 그해 여름에 의회 정치의 현장에서 경험한 일을 해석해 보려 노력했다. 의회 내 인턴 행사들에 참여하면서 내가 느낀 분위기는 여타 환경에서 접했던 것과는 사뭇 달랐다. 그곳에는 분노와 불안, 두려움, 거센 반대 세력에 부딪혀 궁지에 몰린 느낌, 자기 진영을 결집하려는 강한 열기가 가득했다. 당혹감과 우려 속에 버지니아대학교 University of Virginia로 돌아온 나는 사회학과 종교학을 가르치는 제임스 데이비슨 헌터 James Davison Hunter 교수를 만나게 되었다. 그와 교류하고 그가 1992년에 펴낸 책 *Culture Wars*문화 전쟁을 읽으면서 나는 여름날의 경험을 명확히 이해하고 신앙과 정치에 관한 질문들을 깊이 파고들 실마리를 찾았다.

헌터는 1980년대 말과 1990년대 초의 정치적 갈등 이면에 서로 다른 의미 체계와 도덕적 권위 체계가 자리 잡고 있음을 알아보도록 도와주었다. 표면적으로는 가족의 정의부터 예술의 본질에 이르기까지 온갖 사안을 두고 상반된 정치적 신념들이 맞서고 있었지만, 그 심층에는 실재의 본질, 진리, 그리고 인간 존재의 의미에 대한 서로 타협할 수 없는 개념들이 충돌하고 있었다.

정치 현장의 당사자들이 이 깊은 층위의 역동을 늘 인식하는 것은 아니었다. 하지만 이 역학 관계는 과거의 도덕과 진리와 생활 방식을 '보존'하려는 보수주의자들과, 시대와 지식의 변화에 맞춰 그것들이 '진보'하기를 원했던 진보주의자들 사이의 갈등 이면에 실질적인 동력으로 작용하고 있었다. 이 두 집단은 종종 미국의 미래가 걸린 전쟁이라도 벌이는 것처럼 행동했다.

헌터가 펼친 주장의 핵심은, 갈등의 이러한 층위가 의회 및 그와 연결된 비영리 단체와 로비 단체들 같은 엘리트 제도 정치의 수준에서는 분명히 드러나지만, 문화 전반에 걸쳐서는 그렇지 않다는 것이었다. 그의 연구 결과는 외부자인 내가 의회의 여러 행사에서 전쟁 같은 언어와 분위기를 경험하며 왜 그렇게 충격을 받고 거북했는지 이해하는 데 도움이 되었다. 하지만 이제는 상황이 달라졌다. 헌터가 엘리트 집단 수준에서 진단했던 충돌은 이제 우리 주변 어디에서나 볼 수 있게 점점 더 분명하게 모습을 드러내고 있다. 이 충돌이 정치의 특정한 분야에만 한정된다고 더 이상 생각할 수 없다. 대신 이 갈등은 우리의 소셜 미디어 피드, 가족 관계, 공동체 안에서의 상호 작용에까지 깊숙이 스며들어 있다.

이 문화적 충돌이 확대되기 전부터 나는 정치 풍토의 본질을 배워 가며 시민 사회의 붕괴를 고찰하고 문화를 형성하는 지적 흐름을 탐구했는데, 그 과정에서 미국의 미래를 더욱 염려하게 되었다. 우리 사회 한복판의 다원주의와 극심한 분열을 딛고 '미국의 실험'이라 불리는 이 민주주의의 여정을 지속해 나가는 데 필요한 지적·도덕적 자원이 과연 우리에게 있는지 의문이 들었다. 나는 이러한 고민들에 이끌려 대학원에 진학했고 신학자가 되었다.

내가 신학을 공부하게 된 또 다른 이유는 제자도를 향한 열정이었다. 나의 신앙은 제자로서 예수님을 따르는 삶을 특히 강조했던 청년부 활동을 통해 활기를 얻었다. 우리는 제자 훈련 모임을 열었고, 제자 훈련 여행을 떠났으며, 제자로 살고 다른 이들을 제자 삼는다는 것이 무엇인지 배우기 위해 예수님과 제자들의 삶을 공부했다. 하지만 특정한 시대와 장소에서 예수님을 따르는 구체적인 모습이 무엇인지 분별하기가 생각만큼 쉽지 않다는 사실을 깨닫는 데는 그리 오래 걸리지 않았다. 특히 헌터 교수의 연구 조교로 일하며 문화가 사람을 빚어내는 힘에 대해 배우면서 우리 시대의 지적·문화적·정치적 현실 속에서 신실한 제자로 산다는 것이 무엇인지에 대해 더 많은 질문을 가지게 되었다.

신앙, 정치, 문화, 제자도에 대한 이런 질문들은 내게 큰 영향을 주었고, 신학자로서의 소명을 확인시켜 주었다. 나는 기독교 신앙이 우리의 정치적 사고와 '미국의 실험'의 향후 전망 그리고 미국 기독교 내 제자도의 실태에 어떤 영향을 주는지에 대한 질문과 우려를 품고서 신학자로서 첫발을 내디뎠다. 그러나 신학자가 된다는 것의 의미를 깊이 알아갈수록 이런 관심사들을 점차 '소망'이라는 더 큰 신학적 틀 안에서 바라보게 되었다. 이는 내 주변의 문제들이 사라졌기 때문이 아니라, 우리가 처한 다원주의적 상황과 제자로서의 소명을 더 긴 호흡의, 더 희망 찬 신학적 렌즈로 바라볼 수 있게 되었기 때문이다.

아우구스티누스도 정치적 격변기에 살았다

그 여정에서 내 신학적 안내자는 히포^{Hippo}의 아우구스티누스^{Augustinus}였다. 그의 저술을 읽으며 나보다 1,600년이나 앞서 살았던 그 역시 신실함과 다원주의의 문제를 두고 고뇌했음을 발견했다. 문화의 변화가 그 어느 때보다 크고 급박하게 일어나는 이 시대에 기독교와 정치의 관계를 이해하려고 애쓰던 중 아우구스티누스 또한 문화적·정치적 격변기를 살았음을 알게 되었다. 그런 변화가 그리스도인과 세상 전체에 어떤 의미를 갖는지 치열하게 고민했던 그의 지혜와 시각은 내게 큰 격려가 되었다.

아우구스티누스 덕분에 나는 내가 워싱턴에서 맞닥뜨렸던 긴 장과 불안이 문화적 변화 앞에서 나타날 수 있는 지극히 자연스러운 반응임을 깨달았다. 그뿐만 아니라 그는 나를 안심시켜 주었다. 우리가 속한 오랜 신앙의 전통은 수많은 정치적·문화적 소용돌이 속에서도 살아남았다고 말이다. 그것은 우리의 신앙이 그 어떤 정치 체제도 아닌 오직 그리스도께 뿌리를 두고 있기 때문이다.

아우구스티누스는 다양한 종교적 신념과 문화적 관습에 둘러싸여 있었는데, 그중 상당수는 그가 기독교로 회심하기 전인 A. D. 386년에 탐구한 것들이었다. 더욱이 그는 정치적으로 혼란스러운 시기에 살았다. 영원할 것만 같았던 로마가 충격적인 사태로 인해 410년에 함락되었다.

로마는 로마 제국 안에서 영적 상징성을 가진 도시였고 기독교를 용인하고 받아들인 첫 번째 정치 체제였다. 로마는 서구 기독교가 형성되는 데 큰 역할을 했으며 많은 그리스도인들의 고향이기도 했다. 그런 도시가 패배하고 정복자들의 수중에서 고통을 받게 되자 그리스도인뿐만 아니라 비그리스도인들도 매우 혼란스러웠다. 많은 이들이 로마의 함락을 기독교의 탓으로 돌렸고, 그리스도인들은 이런 정치적 격변기에 신실하게 살아갈 방법을 알고자 했다.

그리스도인들이 이런 뜻밖의 정치적 현실을 이해하도록 돕기 위해 아우구스티누스는 성경을 근거로 '그리스도께서 재림하시기 전까지의 이 시대에 우리가 두 도성에 속해 있다'고 주장했다. 하나는 천상의 도성으로, 그리스도께서 왕이시며 그분을 따르는 이들이 시민인 곳이다. 빌 3:20; 엡 2:19 참조 이 도성은 그리스도의 구원 사역을 통해 가능해진다. 그분은 우리의 사랑을 구속救贖하시고 그 순서를 재조정하셔서 우리가 하나님을 사랑하고 이웃을 사랑으로 섬길 수 있게 하신다. 다른 하나는 지상의 도성으로, 하나님을 향한 사랑이 아니라 권력욕과 지배욕이 특징인 곳이다. 이 도성은 죄의 결과물이며, 사람들이 타인의 유익보다 자신의 유익을 구하고 사랑과 섬김 대신 지배하는 데 힘을 쏟는 모습에서 그 실체가 계속해서 드러난다.

우리가 충성을 바칠 대상은 우리가 살고 있는 지상의 도성이 아니다. 지상의 도성에서 우리는 결코 이곳을 집이라 느낄 수 없는 순례자들이다. 우리의 궁극적 목적지는 천상의 도성이기 때문이다. 우리는 이 시대 속에서 안식을 찾으려 기대해서도 안 되며, 우리가 속한 지상의 도성이 하나님의 사랑을 온전히 구현해 주기를 기대해서도 안 된다. 우리의 소망은 지상의 도성이 아니라 오직 그리스도께만 있어야 한다. 그분은 지상의 모든 실재 속에 계시며 그 모두를 다스리는 왕이시고, 장차 다시 오셔서 그분의 나라를 온전히 임하게 하실 것이다.

아우구스티누스의 시각은 우리가 지상의 어떤 정치 체제에도 소망을 과하게 두지 않도록 제한하면서, 왕이신 그리스도 안에 우리 소망의 가장 굳건한 토대가 있음을 상기시킨다. 이 소망이 있기에 우리는 지상의 시민권밖에 모르는 사람들처럼 현시대와 제도, 그것이 주는 혜택에 매달릴 필요가 없다. 하나님의 구속 사역이 특정한 정치적 상황보다 훨씬 더 크다는 것을 신뢰할 때 우리는 복잡한 정치적 혼란 속에서도 불안해하지 않고 살아갈 수 있다.

아우구스티누스는 다양한 정치적 상황 속에서도 그리스도인들이 천상의 도성 시민으로 신실하게 살 수 있다고 확신했다. 그리스도인들은 자신이 속한 사회의 법, 관습, 제도를 따라야 한다. 물론 그 법, 관습, 제도가 하나님을 예배하는 것을 막는다면 따를 수 없다. 아우구스티누스의 견해에 따르면, 하나의 특정 정치 질서의 성공을 보장하는 것은 그리스도인의 의무가 아니다. 정치 체계는 나타났다 사라지겠지만, 우리가 가진 천상의 도성 시민권은 영원히 남기 때문이다.

하지만 우리의 시민권을 이런 거시적인 관점으로 이해한다 해도, 우리는 여전히 지상의 도성에 참여하도록 부름받은 자들이다. 지상의 도성도 특정한 선을 이룰 수 있으며, 순례자인 우리는 그 선에 기여할 수 있고 또 기여해야 한다. 물론 그러면서도 그 선들이 우리가 창조되고 구속받은 목적인 '궁극적인 선'은 아님을 인식해야 한다. 평화를 예로 들어 보자. 지상의 도성에는 오직 그리스도 안에서만 얻을 수 있는 참된 평화가 결코 존재하지 않겠지만, 그럼에도 불구하고 우리는 지상의 도성의 시민들과 지상의 평화를 향한 갈망을 공유한다. 따라서 우리는 지금 여기서 그들과 힘을 합쳐 지상의 평화를 추구할 수 있다. 이 대목에서 아우구스티누스는 바벨론 유배자들에게 그들이 살고 있는 도성의 평화와 번영을 구하라고 했던 예레미야의 권고^{렘 29:7}와 맥을 같이한다.

지금 돌이켜 보면, 내가 왜 아우구스티누스의 신학에 그토록 끌렸는지 더욱 분명히 알 수 있다. 물론 그의 사상을 오늘날 교회와 사회가 직면한 문제에 그대로 대입할 수 있다고 믿은 것은 아니다. 그러나 아우구스티누스가 당대의 난제들과 씨름하며 얻은 결실은 이 시대를 살아가는 우리에게도 유익한 성경적·신학적 개념들을 제공한다. 다음은 내게 도움을 주었던 아우구스티누스의 관점이다.

* 그리스도인으로서 우리는 각자가 속한 사회에 기여하도록 부름받았다.
* 우리는 이 소명에 응할 때 그리스도인들의 유익만 구해서는 안 되며, 모든 시민과 공유하는 공동선에 기여해야 한다.
* 지상의 도성이 천상의 도성이 아니며, 그리스도께서 다시 오시기 전까지는 결코 천상의 도성이 될 수 없음을 기억해야 한다.
* 두 도성의 차이를 명확히 인식할 때 지상의 도성에서 이룰 수 있는 성취에 대해 지나친 기대를 품지 않게 된다. 이곳은 언제나 지배욕과 권력욕으로 얼룩져 있을 것이기 때문이다.
* 이러한 지배욕과 권력욕이 어디서 나타나는지, 심지어 우리 그리스도인들 사이에서 나타나지는 않는지 분별할 수 있어야 한다.
* 우리의 소망은 지금 여기서 우리가 이뤄 낼 성과에 있는 것이 아니라, 만유의 주이신 왕 그리스도께 있다. 그분은 지금 이 순간에도 다스리고 계시며, 장차 다시 오셔서 우리가 갈망하는 온전한 평화와 정의를 완성하실 것이다.

정치적 격동기를 살아가는 일은 고단하다. 그 과정에서 수많은 의문과 비난, 불안이 쏟아져 나오기 때문이다. 그러나 주님께 소망을 두는 우리는 정치적 상황이 계속 달라져도 왕이신 그리스도께서 여전히 통치하신다는 사실을 기억하며 이 변화의 파도를 헤쳐 나갈 수 있다.

나 혼자 모든 일을 해내야 한다는 짐을 벗다

아우구스티누스는 천상의 도성 시민권에 관한 중요한 교훈들 외에도, 내 신앙이 대단히 개인주의적이었다는 사실을 깨닫게 해 주었다. 그는 '스스로를 하나님의 가족으로 여기지 않는 그리스도인'은 상상조차 할 수 없었을 것이다. 그리고 나는 신약 성경을 더 자세히 살피며, 그리스도를 통해 얻게 되는 하나님 나라의 시민권이라는 성경적 주제가 그에 못지않게 중요한 또 다른 주제와 연결된다는 사실을 깨달았다. 바로 우리가 하나님의 가족으로 입양되어 그분 집안의 일원이 된다는 것이다. 엡 2:19; 롬 8:15-17

나는 그리스도인이 되고도 몇 년 동안 이 중요한 신학적 진리를 제대로 이해하지 못했다. 개인 구원에 집중했던 초기 신앙 공동체 덕분에 나를 향한 하나님의 구원하시는 사랑을 만날 수 있었으나, 우리 세대의 많은 그리스도인이 그렇듯, 내가 처음 접한 신앙은 그리스도를 알게 되었을 때 내가 하나님의 가족인 교회의 일원이 되었다는 점을 강조하지 않았다. 한참 지나서야 나는 하나님의 사랑이 상상했던 것보다 훨씬 더 큰 가족 안으로 나를 초대한다는 사실을 깨달았다.

그 결과, 내가 늘 개인적 책임으로 받아들였던 제자도에 대한 예수님의 가르침들을 공동체적 부르심으로 이해할 때 더 충실히 깨달을 수 있음을 알게 되었다. 그렇다고 개인의 책임이 없다는 뜻은 아니었으나, 더 이상 모든 것이 내 어깨에 달려 있다고 생각할 필요는 없었다.

제자로 사는 일이나 누군가를 예수님의 제자로 삼는 일, 혹은 세상에서 하나님 나라를 구하는 일과 관련해, 이전의 나는 "세월을 아끼라"엡 5:16라는 바울의 권고를 '내가 모든 일을 해내야 한다'는 뜻으로 이해했다. 이는 참으로 감당하기 버거운 짐이었다. 특히 공적 영역과 미국 기독교 내에서 목격했던 여러 난제들을 생각하면 더욱 그러했다. 그리고 자신의 멍에는 쉽고 자신의 짐은 가볍다고 하신 예수님의 가르침마 11:30과도 맞지 않았다. 그리스도를 따르라는 부름이 다른 이들과 공동체를 이루어 그분을 따르라는 부름임을 알았을 때 나의 신앙은 변화되었다.

내 신앙에 변화를 안겨 준 또 다른 깨달음은 그리스도가 이 세상에 여전히 계시며 통치하신다는 사실을 이해하게 된 것이었다. 예수 그리스도께서는 2,000년 전에 우리 죄를 위해 죽으셨을 뿐 아니라, 부활하고 승천하여 지금도 여전히 사역하고 계신다. 성경은 예수님이 "항상 살아 계셔서 그들〔그분을 힘입어 하나님께 나아가는 자들〕을 위하여 간구"하시고 "하늘에서 지극히 크신 이의 보좌 우편에 앉으셨"다고 말한다.히 7:25; 8:1 예수님이 요한계시록에서 선포하신 바와 같다. "나는 살아 있는 자다. 나는 죽었었으나 보라, 나는 영원

토록 살아 있는 자니." 계 1:17-18, 우리말성경

여기서 현재 시제로 쓰인 구절들이 중요하다. 이 구절들은 예수님이 이 세상에서 지속적으로 역할을 수행하고 계심을 보여 준다. 예수님을 선지자, 제사장, 왕으로 보는 고전적 범주가 여기서 도움이 된다. 그리스도께서는 여전히 선지자로서(성경을 통해 우리에게 전해진 그분의 생애와 가르침이라는 증언으로), 제사장으로서(십자가 희생과, 우리와 하나님 사이에서 지속적인 중보로) 그리고 왕으로서(죄와 악을 정복하시고 성부의 우편에서 영원히 다스리심으로) 사역하고 계신다.

성령이 알게 하시고 힘을 주시는 예수 그리스도의 지속적인 사역은 다른 사람들을 구원하거나 세상을 구원하는 일이 우리에게 달려 있지 않음을 의미한다. 우리는 그리스도 안에 있는 하나님의 구원하시는 사랑을 증언하고 세상을 향한 하나님 나라의 비전을 추구한다. 그리고 그 모든 과정에서 하나님이 성령을 통해 활동하고 계심을 굳게 믿는다. 부르시고 의롭다 하시고 거룩하게 하시는 분은 하나님이시다. 그분의 나라를 임하게 하실 분도 하나님이시다.

달리 말하면, 우리는 위기에서 세상을 구하거나 문화를 구원할 영웅으로 부름받지 않았다.[1] 이는 러크레이 Lecrae 가 집필한 이 책 7장의 핵심 통찰 중 하나다. 우리의 이야기는 그리스도와 성령 안에서 하나님의 은혜로 구별된, 하나님의 자녀로서 그분의 일을 구하며 사는 것이다. 이를 알면 제자로서 우리의 자세가 완전히 달라진다. 다른 사람의 영혼도, 우리 사회 여러 제도의 상태도 궁극적으로 우리 손에 달려 있지 않다. 우리의 성도됨, 즉 제자로서 하나

님 앞에 서는 지위 또한 우리의 행위나 노력에 좌우되지 않는다. 우리는 이미 하나님의 사랑받는 거룩한 자녀다.롬 1:7; 고전 1:2; 갈 4:4-7 우리가 하나님 나라를 먼저 구하는 이유는 하나님의 가족이 되기 위한 자격을 얻기 위함이 아니다. 이미 양자되어 하나님의 가족이 되었다는 기쁨에서 우러나오는 태도다.

이는 우리의 소명이 가족 공동체의 소명임을 의미한다. 이 세상에서 예수님의 제자로 살며 하나님의 뜻을 구하라는 부름에 응답할 때, 우리는 성령이 주시는 힘을 의지해 하나님의 가족으로서 그 소명을 함께 감당한다(샘 웰스가 상기시키듯, 신약 성경에서 '성도'는 언제나 복수형이다).[2] 이는 역동적인 부름이지만 결코 버거운 짐은 아니다. 우리는 혼자가 아니며 변화를 만들어 내는 개별 주체도 아니기 때문이다. 예를 들어, 내가 사는 지역 사회의 현실에 참여하려 할 때, 눈에 보이는 모든 문제를 나 혼자 해결해야 하는 것이 아님을 이제는 안다. 나는 그리스도인이라는 대가족의 일원이다. 우리 가족의 구성원들은 도시의 평화를 위해 저마다 다른 방식으로 준비되어 있으며, 우리 가족의 가장이신 하나님이 친히 만물을 새롭게 하는 일을 적극적으로 수행하고 계신다.

그리스도인다운 선한 행실이란

하지만 그분의 이름을 내걸고 사는 사람들로서 요즘 우리 가족은 그리스도의 이름을 듣는 이들에게 그리 좋은 인상을 주지 못하고 있다. 내가 젊은 시절 정치권에서 목격한 고통스러운 분열은 더욱 깊어지고 고착화되었다. 진리를 이해하는 방식이나 삶의 우선순위, 가족을 구성하는 방식에 대한 지향점이 전혀 다른 사람들이 공통분모를 찾으려 애쓰고 있다. 이런 문화 전쟁 한복판에서 많은 그리스도인은 정치를 통해 이룰 수 있는 일들에 비현실적 희망을 품어 왔다.

제임스 데이비슨 헌터가 최근 주장한 대로, 20세기 후반의 그리스도인들은 문화를 변화시킬 최선의 방법으로 정치에 몰두했으며 그 목표를 위해 막대한 시간과 에너지, 자본을 쏟아부었다.[3] 하지만 문화의 변화가 과연 그들이 가정했던 방식대로 일어났는지는 불분명하다. 그들은 너무나 자주 정치에 우선순위를 두느라, 다른 중요한 문화 형성 기관들과 그곳에서 역할을 감당해야 할 평범한 그리스도인들의 일상적 소명을 소홀히 했다.

그 과정에서 정치 참여에 집중했던 이들 중 상당수는 자신도 모르는 사이에 정치 제도와 그 역학에 의해 생각보다 더 많은 영향을 받았다. 의도와 동기가 아무리 좋아도 지상의 도성에서의 권력욕에서는 벗어나기 어렵다. 선의가 넘치는 그리스도인조차도 정치 참여의 특징을 놓고 보면 비그리스도인들과 구별하기 힘들 정도였다.[4]

우리가 참으로 하나님의 사랑을 받는 자녀이자 하나님께 부름받은 성도라면 이렇게 물어야 한다. "신약 성경은 하나님의 가족에게 어떤 행동이 어울린다고 묘사할까?" 정치학자 에이미 블랙Amy Black이 조언한 대로, 삶의 다른 어떤 영역만큼이나 정치에도 적용되는 고린도전서 13장에서 시작해 보자.[5] 바울은 그리스도인들이 사랑으로 알려져야 한다고 도전하며 그 사랑의 특징을 다음과 같이 설명했다.

> 사랑은 오래 참고 사랑은 온유하며 시기하지 아니하며 사랑은 자랑하지 아니하며 교만하지 아니하며 무례히 행하지 아니하며 자기의 유익을 구하지 아니하며 성내지 아니하며 악한 것을 생각하지 아니하며 불의를 기뻐하지 아니하며 진리와 함께 기뻐하고 모든 것을 참으며 모든 것을 믿으며 모든 것을 바라며 모든 것을 견디느니라.
>
> ◦ 고린도전서 13장 4-7절

갈라디아서는 또 다른 그림을 보여 준다. 거기서 바울은 육신을 따라 사는 사람들이 "원수 맺음과 다툼과 시기와 분냄과 분쟁과 분열과 파당"을 특징으로 하는 반면, 하나님의 자녀들은 "사랑과 기쁨과 화평과 인내와 친절과 선함과 신실과 온유와 절제"같은 성령의 열매를 맺어야 한다고 말한다.^{갈 5:20, 22-23, 새번역}

이와 비슷하게 베드로는 거룩함의 의미에 대해 쓰면서, 하나님의 "거룩한 나라"이자 이 세상의 "거류민과 나그네"인 그리스도인들이 "육체의 정욕을 제어"하고, 더 나아가 "이방인 중에서 행실을 선하게" 가져야 한다고 권했다. 그래야 우리가 "악행한다고 비방하는 자들로 하여금 너희〔우리의〕 선한 일을 보고 〔하나님이〕 오시는 날에 하나님께 영광을 돌리게"^{벧전 2:9, 11-12} 할 수 있기 때문이다.

이런 구절들이 어려운 문제들을 다루거나, 확신에 찬 목소리

1 크리스천 다면 춘순

로 의견 차이를 드러내는 일, 혹은 고된 정치 활동에 참여하는 것을 막지는 않는다. 다만 그런 일을 할 때 우리의 참여가 어떤 성격을 띠는지 주의해야 함을 시사한다. 이 구절들은 하나님의 백성인 우리가 분개, 분노, 원수 맺음, 오만, 무례함으로 알려져서는 안 된다는 점을 분명히 한다. 하나님의 가족에게는 선한 행실, 인내, 친절, 관대함, 믿음, 소망, 사랑 같은 것들이 어울린다.

그리스도인의 선한 행실이란 구체적으로 어떤 모습일까? 나는 존 이나주가 제안한 '확신 있는 다원주의'가 분열된 정치 문화 속에서 베드로의 권고를 실천할 방법이라고 본다. 우리는 하나님의 은혜로 '인내'할 수 있다. 다양한 정치적 현실 속에서도 그리스도께서 과거에도, 현재에도 그리고 영원히 주님이심을 아는 장기적인 관점을 지녔기 때문이다. 우리는 '겸손'할 수 있다. 하나님의 가족으로서 그리스도 안에서 우리에게 베푸신 하나님의 은혜와 사랑에 온전히 의존하는 존재임을 알며, 그 사랑으로 다른 사람들을 사랑하기 때문이다. 그뿐만 아니라, 우리는 의견이 전혀 다른 사람들에게 '관용'을 베풀 수 있다. 그리스도 안에서 우리가 받은 사랑은 자기 방식을 고집하지 않고, 모든 것을 온전하고 밝히 보게 될 날을 기다리며 모든 것을 참고 견디게 하기 때문이다.

복잡한 현대 사회, 성경적으로 산다는 것

다원주의와 분열, 변화가 특징인 지금의 정치적 · 문화적 상황에서 그리스도인의 참여를 신학적으로 성찰할 방법은 많다. 그 과정에서 나는 세 가지 성경적 이미지로 거듭 돌아가게 되었다. 바로 자녀, 나그네(유배자), 나무의 이미지다.

하나님의 입양된 자녀로 살아갈 때 우리는 그분의 은혜에 뿌리내리게 된다. 이는 우리의 정체성이 정치적 충성 대상이 아니라, 그리스도 안에 있음을 상기시키며, 하나님의 가족인 다른 이들과 함께 하나님 나라를 먼저 구하는 소명을 나누게 한다. 더불어 우리가 하나님의 주도적이고 지속적인 사역에 전적으로 의존하는 존재임을 기억하게 하며, 타인과 관계 맺는 우리의 방식을 빚어 간다.

나아가 히브리 성경은 하나님의 백성이 종종 고국에서 강제로 쫓겨나 유배 생활을 했음을 보여 준다. 유배 생활을 하는 동안 그들은 자신들이 타국에 있다는 사실을 슬퍼하며 마음껏 탄식했다. 자신들이 발을 딛고 선 세상이 하나님을 인정하지도, 자신들의 삶의 방식을 용납하도록 만들어지지도 않았다는 현실에 애통해한 것이다. 그러나 그들은 삶의 방식을 포기하거나 하나님을 인정하기를 그쳐서는 안 되었다. 오히려 하나님의 거룩한 백성으로서 구별된 삶(예배, 식습관, 옷차림, 하나님 사랑과 이웃 사랑 등을 통해 드러나는 삶)을 살도록 부름받았다.

동시에 하나님은 유배된 백성에게 그들이 거주하는 나라를 이스라엘로 바꾸라고 요구하지 않으셨다. 예컨대 그들은 바벨론을 하나님의 거룩한 나라로 세우려 해서도 안 됐고, 그곳의 법이나 생활 방식이 자신들의 신념을 반영할 것이라 기대해서도 안 되었다. 그렇다고 해서 자신들이 처한 장소를 외면해서도 안 되었다. 하나님은 그들이 거룩한 백성으로 구별되느라 주변 도시나 이웃에게

43

무관심한 것을 원치 않으셨기 때문이다.

이것이 하나님이 그들에게 헤쳐 나가라고 하신 긴장의 실체다. 이방인이 통치하는 타국에서 나그네이자 유배자로 거룩하게 살아가되, 그곳과 그곳 이웃들의 '샬롬', 즉 안녕을 구하는 것이다.

오늘날처럼 극심하게 분열된 사회, 그리스도인들이 더 이상 내 집 같은 편안함을 느끼지 못하는 현실 속에서 제자도를 실천하며 살아가는 우리 역시 여기서 배울 교훈이 있지 않을까? 우리가 발을 딛고 선 지상의 도성의 평안을 추구하는 일은 어떤 모습일까?

이 대목에서 우리의 마지막 성경적 이미지인 나무 이미지가 도움이 된다. 나무는 주위의 유해 가스를 받아들이고 생명을 주는 산소를 세상에 내놓는 능력을 가졌다. 나무는 자기만을 위해 산소를 내놓는 것이 아니다. 모두를 위해 공기의 질을 좋게 만든다. 물론, 나무는 아름다움, 그늘, 열매, 야생 동물의 거처 같은 여러 혜택도 제공한다. 나무의 기여가 없다면 세상은 심각하게 황폐해질 것이다. 오늘날 그리스도인들이 나무 같다는 평판을 듣는다면 멋지지 않겠는가?

얼마 전, 나는 가치관과 배경이 전혀 다른 사람들이 모인 자리에서 이와 약간 다른 방식으로 나무 이미지를 제시한 적이 있다. 재소자 그룹이 조직한 '회복적 정의'에 대한 콘퍼런스의 강연 요청을 받았다. 한 재소자와 서신을 주고받으며 강연 요청을 수락하게 된 일부터 그 자리를 채운 다양한 청중과 함께한 그날의 일정에 이르기까지, 그 일과 관련한 모든 경험이 내 안에 변화를 일으켰다. 종일 진행된 그 모임에는 전직 재소자들, 재소자들의 배우자, 피해자

부모, 교정기관 직원들, 대학교수들, 사법 체계 개선을 위해 일해 온 활동가들, 교도소 선교에 참여한 기독교 복음 전도자들이 참여했다.

나는 친구 베서니 황Bethany Hoang과 공저한 책 *The Justce Calling* 정의의 소명을 바탕으로 정의와 소망에 대한 기독교적 시각을 제시해 달라는 요청을 받은 터였다. 나는 그리스도 안에 있는 하나님의 용서가 불의의 가해자들이 구속redemption을 경험할 수 있다는 소망으로 어떻게 이어지는지 말한 다음, 그것을 현대 형사 사법 제도를 둘러싼 현실 몇 가지와 연결시키고 질문을 받았다. 누군가가 성난 듯 손을 번쩍 들고 따져 물었다. "어떻게 정의에 대해 그토록 배타적인 설명을 하고 사람들이 정의를 추구하는 다른 온갖 이유들을 무시할 수 있습니까?"

나는 답변을 하면서 나무 이야기를 꺼냈다. 나는 다원주의에 대한 이전의 연구를 통해 각자의 전통을 희석하고 다 똑같은 체하거나 공통된 것을 추구한다고 해서 차이에 대해 더 관대해지는 것이 아님을 확신하게 되었다고 말했다. 우리는 이런 방식 대신 아주 깊이 뿌리를 내린 나무를 상상해 볼 수 있다. 깊은 뿌리 덕분에 나무는 충분한 물과 양분을 확보하여 가지를 넓게 뻗을 수 있고, 아주 넓게 뻗은 가지는 다른 나무의 가지들과 겹치게 된다.

우리에게 필요한 것은 이 세상 속에서 우리의 가지를 뻗게 할 깊은 뿌리, 곧 우리 각자의 전통과 확신, 실천이라는 뿌리다. 우리의 가지가 자라다 보면 자신만의 뿌리를 가진 타인의 가지와 겹치는 지점을 발견하게 될 것이고, 그 동기와 확신이 다를지라도 공동의 목표를 위해 협력할 수 있을 것이다. 아우구스티누스의 표현을 빌리자면, 우리가 함께 공유하는 "지상의 선"을 추구하기 위해 손을 잡을 수 있을 것이다.

나는 오늘날의 그리스도인들이 복잡한 정치적·문화적 순간에 우리가 취해야 할 자세와 하나님께 받은 부름을 이해하려는 노력을 계속하면서 나무와 그 열매, 잎사귀와 관련된 시대를 초월한 성경의 말씀을 잊지 않기를 바라고 기도한다. 그리고 그리스도의 가족 안에 있는 우리가 특정한 시간과 장소에서 시냇가에 심은 나무처럼 되고자 노력하며, 하나님의 은혜로 다음 세 구절에 묘사된 것과 같은 모습을 보여 줄 수 있기를 바란다.

〔그들은〕 시냇가에 심은 나무가 철을 따라 열매를 맺으며 그 잎사귀가 마르지 아니함 같으니.

◦ 시편 1편 3절

성령의 열매는 사랑과 기쁨과 화평과 인내와 친절과 선함과 신실과 온유와 절제입니다.

◦ 갈라디아서 5장 22-23절, 새번역

그 나무 잎사귀들은 만국을 치료하기 위하여 있더라.

◦ 요한계시록 22장 2절

2

우리는 복음의 불로 타오르는
이중 시민권자인가

목회자로서 통찰하다

Pastor

팀 켈러 ∘ Timothy Keller
뉴욕 리디머장로교회(Redeemer Presbyterian Church) 설립목사,
《팀 켈러, 하나님을 말하다》(*The Reason for God*) 저자

나는 펜실베이니아 동남부의 한 루터파 교회에서 자랐다. 집안 대대로 루터교회 교인이었다. 버크넬대학교^{Bucknell University}에 입학한 후, 신입생 기숙사에 함께 살던 친구가 하도 졸라서 캠퍼스 선교 단체 모임에 참석했다. 그곳 사람들은 '성경'을 인간의 이성이나 문화, 여론보다 권위 있게 여겼다. 그들은 모든 사람이 회심을 해야 하고 그렇지 않으면 영적으로 길을 잃은 상태라고 믿었다. 그리고 인간은 도덕적 노력을 통해서가 아니라 그리스도의 죽음과 부활을 믿음으로써만 구원받을 수 있다고 보았다. 그것이 '복음'이었다. 그들에게 기독교 신앙이란 선택하는 것이지 물려받을 수 있는 게 아니었다.

이런 복음주의 핵심 교리들은 당시 내게 친숙했던 주류 개신교^{Mainline Protestant}의 가르침과는 판이했다. 그럼에도 나는 그 캠퍼스 선교 단체에 마음이 끌렸고 모임에 참석하기 시작했다. 하지만 애초에 내가 그리스도인이 되고 싶어 하는지조차 확신할 수 없었다.

철학자 찰스 테일러^{Charles Taylor}는 서구 문화가 종교에서 세속성으로 옮겨 간 과정을 추적했다. 과거에는 개인의 정체성을 모종의 신성한 가치나 질서와의 관계로 이해했다. 인간은 개인적 필요와 충동보다 더 중요한 것, '더 큰 전체 안에 속해 있어야만' 가치 있는 존재가 되었다. 그러나 제2차 세계대전 이후, 서구 사회의 상황이 달라졌다. 테일러는 이 새로운 시대를 "진정성의 시대"라 부른다. 가족이나 부족, 국가가 아니라 개별 자아가 무엇보다 중요하다는 인식이 처음으로 등장했다. 정체성은 더 이상 공동체 안에서 주어진 의무를 다함으로써 얻어지는 것이 아니었다. 자아는 스스로 진리와 도덕을 만들어 내고, 이제는 사회가 그것에 맞추어야 했다. 의미는 사회 안에서의 역할이 아니라 자기표현을 통해 우리의 "참되고 진정한" 자아를 발견하고 실현함으로써 얻게 되었다.[1]

대학 시절 나는 기독교 신앙 없이 사는 삶도 충분히 고려해 볼 수 있었는데, 이는 내가 테일러가 말하는 현대의 "닫힌 자아buffered self", 곧 더 높은 초월적 진리와 권능에 끌림을 느끼지 못하는 정체성을 형성해 가고 있었기 때문이다.[2] 나는 10대 중반부터 나의 내면을 들여다보았고 기독교 교리나 교회의 관습에 어긋나는 일을 하고 싶은 욕망을 발견했다. 선조들은 내면의 감정을 희생시키고 외적 의무를 따랐겠지만, 나는 오직 내 마음 깊은 곳에 있는 꿈과 내면의 욕구에 충실해야 한다는 생각뿐이었다.

1960년대의 주류 개신교는 일종의 타협안을 내놓았다. "표현적 자아expressive self"를 지니면서도 기독교를 믿는 일이 동시에 가능하다고 말했다. 가령 그런 교회에서는 열성적인 교인으로 활동하면서도 원하는 대로 여러 상대와 성생활을 하는 것이 얼마든지 가능했다. 기독교 교리 중에서 그럴 듯한 것은 믿고 나머지는 거부할 수 있었다. 옳고 그름을 최종적으로 결정하는 기준은 성경 또는 교회의 가르침이 아니라 자신의 직관과 느낌이었다.

내 앞에는 세 가지 가능성이 놓여 있었다. 우선 기독교를 완전히 버리고 내 욕망과 야망과 열정을 제약 없이 자유롭게 추구할 수 있었다. 다시 주류 개신교인으로 돌아가는 길을 고려해 볼 수도 있었다. 그게 아니면, 복음을 받아들이고 매우 진보적인 대학 캠퍼스에서 멸시를 받는 소규모 복음주의 그리스도인 집단과 운명을 같이 할 수도 있었다.

나는 왜 결국 세 번째 선택지를 골랐을까? 50년 전의 일이다 보니 당시의 내 생각이 어떤 식으로 진행되었는지 완벽하게 기억나진 않는다. 하지만 그 캠퍼스 선교 단체가 내게 호소력을 발휘한 한 가지는 그들의 신앙이 증거와 논증에 근거한다는 주장이었다. 지금 생각해 보면 그 주장 중 일부는 과장된 것이었지만, 단순히 내 욕구를 따르는 대신 이성을 사용해 깊이 생각해 보라는 초청은 매우 설득력이 있었다. 하지만 내게 거의 결정적으로 작용한 요인은 모임에서 복음서 본문을 가감 없이 그대로 읽는 경험이었다. 우리는 모여서 주로 성경 공부를 했다.

우리는 그룹으로 모여 성경 구절들을 읽고 묵상한 것을 나누었다. 나는 어떤 외부의 강요 없이도, 그 본문들 속에서 예수님의 정체에 대한 당시의 여러 이론으로는 도저히 설명될 수 없는 예수님을 발견했다. 복음서를 읽으면서 그 안에 현존하시는 분을 인격적으로 만나는 느낌이 들었고, 그 본문들은 내 이성에도 호소력을 발휘했다. 나는 복음서에서 만난 예수님이 초대 교회에 의해 조작된 존재일 수 없으며, 그분이 또 하나의 종교적 현자나 스승 정도로 길들여질 수 없다는 결론을 내렸다.

나는 기독교 복음을 세계관의 차원에서 마주하게 되었다고 말할 수 있다. 복음은 내가 속한 문화의 기본 서사에 이의를 제기했다. 예수님이 스스로 설명하신 바로 그분이라면, 나의 정체성은 나 스스로 정의할 수 있는 것이 아니었다. 내 참된 자아를 실현할 방법은 그리스도께 나를 맞추는 것뿐이었다. 나는 마가복음 8장 34-37절의 예수님 말씀을 NEB 번역본으로 오랫동안 골똘히 묵상했다.

누구든지 나를 따라오려거든 자기를 뒤로하고 제 십자가를 지고 나와 같이 가야 한다. …… 사람이 온 세상을 얻고도 진정한 자신을 잃는다면 무슨 유익이 있겠느냐?[3]

놀라운 역설이었다. 어떤 의미에서 그리스도를 따르는 것은 '자기를 뒤로하는' 일, 즉 더 이상 자기 규정과 성취를 주된 관심사로 삼지 않고 그리스도를 위해 사는 일이다. 하지만 예수님은 이것이 '진정한 자신'을 발견하는 길이라고 말씀하셨다. 사실, 자신의 목표를 가까스로 달성하고 꿈꾸던 모든 것을 이룬다 해도, 정작 자신이 되어야 할 본연의 모습, 곧 진정한 자아로부터 소외될 뿐이다. 자신의 존재 목적을 행할 때, 하나님을 무조건적으로 섬기고 그분께 순종하며 다른 무엇보다 그분을 사랑하고 기뻐할 때에만 사람은 진정한 자신이 될 수 있다. 이보다 더 반문화적인 생각은 없으리라.

나는 그리스도인이 될 때 현대인이 원할 만한 내적 혜택과 유익, 곧 하나님과의 관계, 사랑과 용서의 확신, 죽음까지도 직면할 수 있게 하는 미래에 대한 소망을 얻게 될 것임을 깨닫게 되었다. 하지만 이런 유익들은 스스로를 규정하려 하는 이른바 '자유'를 포기할 때만 주어진다. 그러므로 기독교는 "너는 네 자신의 것이다. 네가 네 의미와 자아를 규정한다"라고 구성원들에게 가르치는 문화와는 영원히 보조가 맞지 않을 수밖에 없다. 기독교의 메시지는 "여러분은 여러분 자신의 것이 아닙니다. 여러분은 하나님께서 값을 치르고 사들인 사람입니다"라고 말한다. 고전 6:19-20, 새번역

나는 대학의 마지막 몇 학기 동안 세속적 환경에서 그리스도인으로 공개적으로 지목되는 부담스러운 상황을 경험했다. 이런 상황에 정면으로 맞서기 위해 많은 종교 수업을 들었는데, 모두 주류 자유주의 개신교인이나 무신론자가 가르쳤다. 그중에는 예의를 갖춘 강사들과 학생들도 있었지만, 대학을 다니는 지성인이 내가 내린 것과 같은 결론에 이를 수 있다는 사실에 다들 놀라움을 금치 못했다. 심지어 교수 두 명은 나의 그 보수적인 신념을 버리지 않는다면 학자로서의 장래는 없을 것이며, 목회를 하더라도 번듯한 교회에서는 사역할 수 없을 것이라고 동정 섞인 경고를 보내기도 했다.

나는 절대 전투적인 사람이 아니었기 때문에 솔직히 그런 반응들 앞에서 위축될 수밖에 없었다. 하지만 그런 사회적 압박과 자기 의심 속에서도 마침내 나는 증거와 논증이 복음주의 기독교의 편이라는 결론에 이르렀다.

대학을 마칠 무렵 나는 확신에 찬 그리스도인이었을 뿐 아니라 목회 사역에 나서고 싶었다. 신학교에 진학했고 거기서 캐시 크리스티Kathy Kristy를 만났다. 캐시의 신앙 여정은 대체로 나와 비슷했다. 피츠버그의 주류 개신교회에서 자란 캐시는 고등학교와 대학 시절을 거치며 성경의 권위와 회심의 필요성을 내세우는 복음주의적 확신을 갖게 되었다. 우리는 결혼을 하고 졸업 후 버지니아 주 호프웰의 웨스트호프웰장로교회West Hopewell Presbyterian Church에서 첫 사역을 시작했다.

1970년대 중반의 호프웰은 내가 대학에서 경험했던 세속적이고 다원적인 사회와는 전혀 딴판이었다. 그곳은 과연 "기독교 세계Christendom"라고 할 만한 사회였다. 어느 학자에 따르면, 이런 사회는 "교회 지도자와 〔문화적·국가적〕 권력을 가진 사람들이 긴밀하게 연결되어 있고, 법이 기독교적 원칙에 근거하며, …… 모든 사회 구성원이 당연히 그리스도인일 거라고 전제되는 사회"4를 의미한다. 즉, 모든 이가 교회에 출석해야 한다는 커다란 사회적 압박이 있었고, 교회에 가지 않으면 사회적 불이익을 감수해야 했다.

당시 버지니아의 소도시는 분명 이런 기독교 세계의 모습을 그대로 반영했다. 교인이 아니면 승진에서 밀려나고, 지역 클럽에 가입할 수 없었으며, 지역 은행에서 대출을 받는 것조차 어려울 수 있었다. 반면에 미국 북동부 지역에서는 1970년대에 이미 그런 종류의 사회적 혜택이 사라진 지 오래였고, 내가 다닌 대학 캠퍼스에서는 그리스도인으로 사는 것에 따른 혜택은커녕 오히려 사회적 비용을 치러야 했다.

그에 반해 호프웰은 보수적 문화가 확고했다. 그곳의 거의 모든 사람은 캐시와 내가 많은 지적·영적 분투를 거쳐, 반대를 무릅쓰고 비로소 도달한 그 복음주의적 신앙을 모태부터 당연한 것으로 받아들였다. 호프웰 사람들이 자신들의 믿음을 견지하는 방식은 버크넬대학교의 세속적인 학생이나 교수들의 방식과 놀라울 정도로 매우 비슷했다. 양쪽 모두 자신의 입장은 자명하며 모든 지성인이 자신과 같은 것을 믿는다고 확신했고, 그렇지 않은 이들은 상종 못 할 부류라고 치부했다.

남부의 소위 기독교 문화와 세속적인 북부 사이에는 또 다른 유사점이 있었다. 세속적이고 진보적인 북부의 주류 친구들은 다들 흑인 민권 운동을 지지했는데, 이는 정의와 이웃 사랑에 관한 성경의 가르침과 일맥상통했다. 그러나 그들은 성경의 가르침에 위배되는 성해방^{sexual liberation} 역시 옹호했다. 반면에 호프웰의 그리스도인들은 성경의 성 윤리를 강력히 옹호하면서도 민권 운동에는 격렬히 저항했다. 아이러니하게도 호프웰의 교회들은 성경보다 주변의 보수적 문화에 더 깊이 동화되어 있었고, 이는 북부의 주류 교회들이 주변의 진보적 문화에 많은 영향을 받은 것과 다를 바가 없었다.

어느 순간 커다란 깨달음이 찾아왔다. 캐시와 나는 우리 삶을 변화시킨 성경적 복음주의 신앙이 진보적인 사회(세속적인 이들과 진보적 주류 교회 사람들로 이루어진 사회)뿐만 아니라 전통적이고 보수적인 문화와도 다르다는 사실을 알게 되었다. 대부분의 사람들이 파란

색 주〔진보 성향의 민주당 우세 주-옮긴이〕와 빨간색 주〔보수 성향의 공화당 우세 주-옮긴이〕를 말하기 오래전부터, 우리는 복음이 어느 진영의 전유물도 아니라는 점을 간파했다. 바울은 로마서에서 기독교 복음을 고전적인 방식으로 제시하는데, 1장에서 이방인과 이교도의 부도덕을 묘사하며 시작한다. 이어 2장에서는 성경을 믿는 대단히 도덕적인 유대인들을 묘사한다. 그다음 3장과 4장에서는 도덕적 노력을 통해 구원을 얻으려는 '율법주의'와 원하는 대로 살 수 있다는 '도덕률 폐기론' 모두 예수 그리스도의 사역에 의지하는 대신 자기 자신에게서 구원의 근거를 찾는 방식이라고 설명한다.

나는 여러 주에 걸쳐 호프웰 사람들을 방문하여 천국에 갈 수 있는 근거가 있느냐고 물었다. 그들은 모두 천국을 믿었고 사실상 모두 이렇게 말했다. "평생 착한 사람이 되려 노력했고 그리스도인으로 살았으니 천국에 갈 수 있기를 바랍니다." 바울이 옳다면〔물론 그는 옳다!〕 이들 역시 세속적이고 진보적인 친구들 못지않게 복음의 은혜와 하나님을 대면하는 경험으로부터 멀어져 있었다. 두 경우 모두 결과는 비슷했다. 한쪽에서 결혼과 가정이 붕괴하고 자기 성취와 개인적 행복에 대한 집착이 커졌다면, 다른 쪽에서는 독선과 편협함과 권력 남용이 만연했다.

우리가 보다 진보적이고 다원적인 북부 문화에서 남부로 이사하지 않았더라면, 기독교가 그저 보수적 전통주의의 또 다른 한 형태일 뿐이라고 생각하는 오류에 빠졌을 것이다. 복음이 우리로 하여금 남부와 북부 사회 모두를 날카로우면서도 겸손하게 비판하도록 이끈다는 사실도 미처 깨닫지 못했을 것이다.

우리가 호프웰에 도착하고 얼마 지나지 않아, 남동생 빌리Billy가 자신이 동성애자임을 가족들에게 밝히고 파트너와 같이 살겠다고 볼티모어로 이사를 갔다. 빌리는 동성애자인 동시에 그리스도인이 되는 일은 불가능하다고 결론을 내렸다. 그럼에도 빌리는 가족 안의 그리스도인들과 관계를 유지하고 싶어 했고, 우리도 그것을 원했다. 우리가 빌리와 그의 파트너 호아킨Joaquin을 만날 때마다 복음이 어느 문화에도 갇히지 않고 모든 문화를 비판하는 역할을 한다는 것이 선명하게 드러났다.

빌리와 호아킨은 기독교를 전혀 받아들이지 못했다. 특히 호아킨은 선량한 지성인이 성性에 대한 역사적 기독교 교리와 견해를 견지할 수 있다는 사실을 믿기 어려워했다. 우리가 알던 복음주의적이고 보수적인 남부 문화권의 많은 이들은 이런 상황에서 동성애자들과 아예 상종조차 하지 않으려 했을 것이다. 한쪽은 우리가 동성애에 대한 주류 문화의 신념을 받아들이기를 바랐고, 다른 쪽은 우리가 동성애자들과의 인연을 완전히 끊기를 원했다.

하지만 복음은 우리에게 어느 쪽도 허락하지 않았다. 복음은 전통적 범주에도, 현재의 주류적 시각에도 들어맞지 않았기에, 복음을 따르는 그리스도인들은 모두와 견해가 달랐다. 우리가 이해한 기독교 신앙은 세속적인 사람이든 전통적인 사람이든 그 누구와도 관계를 끊거나 그들을 희화화하거나 악마화하는 것을 허용하지 않았다. 우리는 우리가 오직 전적인 은혜로 구원받은 죄인이라는 사실을 깊이 자각했기에, 그 누구도 경멸하거나 두려워할 수 없었다.

우리 가족은 1989년, 뉴욕으로 가서 리디머장로교회 Redeemer Presbyterian Church를 개척했다. 목사 안수를 받고 나서 거의 15년 정도 사역을 해 온 시점이었지만, 뉴욕에 도착한 뒤 나의 목회는 여러 면에서 크게 달라졌다.

호프웰에서 사역할 당시, 나는 교인들에게 그들이 복음을 제대로 이해하지 못하고 있으며, 어떤 면에서는 로마서 2장에 등장하는 바리새인들과 비슷하다는 사실을 설득해야 했다. 대단히 도덕적인 사람들에게 그리스도의 구원의 은혜를 통해 그분을 진정으로 알고 있는지 자문해 보라고 도전해야 하는 경우가 많았다. 복음이 그들이 처한 문화적 환경을 어떻게 비판하는지, 그리고 어떻게 기독교적 대항문화를 만들어 내는지도 보여 주어야 했다. 나는 그들이 자신들의 사회를 정죄하기만 할 것이 아니라, 직장과 동네에서 세상을 섬기고 참여하되, 그 사회 안에서 어느 정도 거북함을 느끼기를 바랐다.

하지만 맨해튼은 1960년대 후반의 내가 다니던 대학 캠퍼스보다 훨씬 더 세속적이고 다원적인 사회였다. 이곳에서 나는 신앙을 거부한 사람들에게 다가가 그들 역시 복음을 이해하지 못했다는 사실을 설득해야 했다. 그들은 기독교를 그저 또 다른 형태의 도덕주의요, 독선에 불과하다고 생각했다. 자신들이 제대로 이해하지 못한 대상을 외면한 것이다.

나는 그들이 로마서 1장의 사람들과 상당히 비슷하다고 논증해야 했다. 겉보기에는 종교가 없는 것처럼 보이지만, 내면에는 역눌려 있을 뿐 분명히 존재하는 하나님을 아는 감각과 그분에 대한 갈망이 있으며, 그것이 그들의 열망과 삶의 방식 속에서 드러난다는 사실을 말이다. 한편 교회 내부적으로는 복음이 바이블벨트〔기독교가 강한 미국 남부와 중서부 지대-옮긴이〕의 보수적이고 전통적인 문화와 맨해튼의 세속 문화를 모두 비판하고 있음을 알려 주어야 했다. 뉴욕의 그리스도인들은 서로 다른 방향에서 세차게 부는 두 문화의 바람 중 하나가 그들을 끌어당기고 있음을 강하게 느꼈다.

한쪽 바람은 뉴욕의 개인주의와 상대주의에 과하다 싶을 만큼 동화되고 적응하라고 신자들을 압박했다. 그들은 영감을 얻기 위해 교회에 나가면서도 데이트하는 이성과 여전히 잠자리를 가졌다. 성경이 인종 차별주의를 정죄할 때면 환호했지만, 성性을 자기 마음대로 할 수 있는 자신의 소유가 아니라고 가르칠 때는 불편해했다. 그리고 그들은 그 누구도 회심시키려 시도하지 않았다. 표면적으로 이런 접근법은 보수적 문화보다 더 자유롭고 개방적인 것처럼 보인다. 하지만 실제로는 자기표현과 자기 규정에 근거한 현대적 정체성을 받아들인 것뿐이었다. 하나님은 그들의 성취를 가능하게 하고자 끌어들인 액세서리에 불과했다.

다른 쪽 바람은 신자들이 철저히 하나의 기독교적 울타리 안에서만 살 방법을 찾도록 이끌었다. 맨해튼에서는 1990년대 후반 이후에 이런 일이 가능해졌는데, 그때 많은 복음주의권 젊은이들이 다른 X세대 및 밀레니엄 세대와 함께 맨해튼으로 이주했기 때문이다.

목사인 나는 두 전략 모두 잘못되었음을 보여 주어야 했다. 그리스도인이 "소금"이라는 성경의 은유가 도움이 되었다. 고대에 소금은 고기의 풍미를 끌어내고 고기가 부패하지 않게 보존해 주었다. 예수님이 제자들을 가리켜 "세상의 소금"마 5:13 이라고 말씀하신 것은 그들이 속한 세계와 사회의 소금이라는 의미였다. 소금이 고기 안에 스며들어야 제 역할을 할 수 있듯이, 그리스도인들은 고립되거나 물러나 있을 것이 아니라 세상으로 두루 나가 각자 속한 사회에서 최상의 가치를 이끌어 내고 최악의 경향들은 상쇄하려고 노력해야 한다.

세속 사회에는 그리스도인들이 성경적 이유로 지지할 수 있는 도덕적 이상들이 있다. 가난한 자들을 보살피고, 약자들을 위한 정의를 추구하고, 만인의 평등을 추구하는 일 등이다. 사실 그리스도인들은 공동체 안에서 평화와 정의를 위해 일하는 데 필요한 자기 내어 줌과 자기희생을 감당할 엄청난 내적 자원을 갖고 있다. 반면, 극도로 개인주의적인 우리 문화에서는 결혼의 쇠퇴, 부모노릇 회피, 정치의 붕괴, 무례함의 증가, 반대자들에 대한 증오와 경멸이 나타나고 있다.[5]

소금이 짠맛을 유지해야만 고기에 도움이 될 수 있는 것처럼, 예수님은 우리가 고결함integrity을 유지해야만 세상을 도울 수 있다고 덧붙이셨다. 즉, 소금이 고기와 화학적 조성이 똑같다면 고기에 도움이 될 수 없다. 그리스도인들이 그들 사회의 다른 모든 사람과 똑같아진다면 사회를 도울 수 없다. 우리가 문화를 사랑하고 혜택을 줄 수 있으려면 그 문화와 달라야 하고, 세속적 정체성을 받아들일 게 아니라 기독교적 정체성을 유지해야 한다.

또 다른 유용한 성경적 은유는 시민권이다. 크리스틴 디디 존슨이 앞 장에서 이 주제를 탐구했다. 바울은 우리의 주된 시민권이 하늘에 있다고 썼지만,빌 3:20-21 사도행전을 보면 그는 자신의 로마 시민권을 수시로 언급하고 활용했다. 이는 우리가 예레미야 29장에서 볼 수 있는 것과 같다. 하나님은 궁극적으로 예루살렘 시민이었던 유대인 유배자들에게 바벨론의 가장 탁월한 시민이 되라고 명하셨다.4-7절 직관과는 반대로, 그리스도인들은 우리 "이름이 하늘에 기록"눅 10:20 되었다는 확신에서 오는 안정감과 사랑, 기쁨과 용기에 힘입어, 모든 지상 공동체에서 가장 진취적이고 자기희생적인 시민들이 되어야 마땅하다.

나는 이런 성경적 주제들로 무장한 뒤, 문화의 바람에 휩쓸려 동화나 은둔 중 한쪽으로 향하는 두 종류의 신자들에게 다가갔다. 첫 번째 집단에게는 그들이 이 사회에 좀 더 거북함을 느끼게 하려 노력했다. 그들은 하나님 나라의 시민권이 이 세상의 시민권보다 우선함을 깨달아야 했다. 그로 인해 성, 돈, 권력을 사용하는 방식이 도시의 나머지 사람들과 뚜렷이 달라져야 함을 알아야 했다. 두 번째 집단에게는 그들이 뉴욕의 진짜 시민이라는 사실을 인식시켰다. 나는 그들에게 세 가지 방식으로 섬기고 참여하도록 독려했다. 사람들과 만날 때 자신의 신앙을 밝히고, 신앙을 자신이 하는 일과 통합시키며, 지역 사회에서 정의와 긍휼을 위해 일하라는 것이었다.

세월이 갈수록 이런 식으로 이중 시민권자로 사는 일은 점점 더 어려워졌다. 내가 뉴욕에 막 도착했을 때는 복음주의 그리스도인들이 당혹스럽고 진기한 대상으로 취급받았다.[6] 하지만 지금은 그들을 종종 불길한 세력으로 여긴다. 뉴욕의 전문가 세계는 인맥을 기반으로 움직이기에 그리스도인들은 자신의 신앙을 공개적으로 밝힐 경우 여러 면에서 피해를 볼 수 있다고 두려워한다.

뉴욕 중심부의 상황은 이제 미국 전역의 일반적 상황이 되어 가고 있다. 그러므로 그리스도인들이 소금과 빛이 되어 이중 시민권자로 살아가려면 많은 목회적 지도와 지지, 훈련이 필요할 것이다.

은혜로 태어난 사랑은 길을 찾기 마련이다

세속적이고 다원적인 문화 속의 그리스도인들은 무슨 말을 해야 할지 몰라 종종 믿음에 관해 말하기를 두려워한다. 그런 지역의 목사들은 교인들에게 지적 내용을 채워 주어 모든 반론에 응수하고 논증을 펼칠 수 있다는 자신감을 갖게 해 주어야 한다고 느낀다. 그러나 지적 논증이 필요하기는 해도 가장 중요한 요소는 아니다.

앞서 프롤로그에서도 잠시 소개했던 것처럼, 존 이나주의 책 *Confident Pluralism*확신 있는 다원주의은 다원적인 사회에서 예의와 평화를 가능하게 만드는 세 가지 실천 사항을 제시한다. 바로 겸손과 인내와 관용이다. 우리는 방어적이 되기보다 겸손해야 하고, 강요하고 소외시키기보다 인내하며 설득해야 하고, 상대를 악마화하기보다 관용하고 존중해야 한다. 존의 책을 비판한 일부 사람들은 우리의 문화 제도들이 이런 특성을 갖춘 사람들을 더 이상 양성하지 못하니 예의와 화해의 매개자들이 드물 것이라고 지적했다. 그 지적이 맞을 수도 있고 틀릴 수도 있지만, 교회는 복음을 활용하여 이런 마음의 습관들과 네 번째 습관인 용기까지 갖춘 사람을 기를 수 있어야만 한다.

복음은 교만을 제거한다. 사려 깊으면서도 분명한 생각의 교환을 가로막는 가장 큰 장애물이 교만일 것이다. 복음은 우리가 다른 사람보다 지혜롭거나 나아서가 아니라, 오로지 하나님의 은혜 때문에 구원받은 죄인이라고 말한다. 그리고 복음은 우리가 죄와 거리가 멀다거나 회개와 갱생의 필요가 없다고 생각해서는 안 된다고 말한다. 우리에게는 겸손이 필요하다.

복음은 냉소주의와 비관주의도 제거한다. 사람들이 진리에 눈을 뜨고 변화될 수 있다는 실질적인 소망을 주기 때문이다. 우리가 누군가를 가리켜 "저 사람은 결코 진리를 보지 못할 유형"이라고 말한다면, 진리를 보는 '특정한 유형의 사람'이 따로 존재하지 않는다는 복음의 가르침을 부정하는 일이 될 것이다.

로마서 3장 11절에 따르면, "하나님을 찾는 자"가 없다. 그러므로 우리가 믿음과 이해를 갖게 되는 것은 오로지 하나님의 개입 덕분이다. 하나님은 어떤 유형의 사람을 상대로도 일하실 수 있고, 실제로 일하신다. 그러므로 누구에 대해서도 변화의 가망이 없다고 생각해서는 안 된다. 그럴 때 비로소 우리는 소망에 뿌리를 둔 인내를 얻게 된다.

복음은 무관심도 제거한다. 마태복음 5장 43-47절에서 예수님은 제자들에게 하나님이 모든 사람에게, 즉 "의로운 자와 불의한

자에게" 좋은 것을 주시므로 우리도 모든 사람을 사랑하고 환영해야 한다고 말씀하셨다. 요한일서 3장 16절은 그리스도께서 우리를 위해 자기 목숨을 버리셨으니 우리도 다른 사람들을 위해 목숨을 버려야 한다고 가르친다. 우리가 죄와 허물에도 불구하고 도저히 갚을 수 없는 사랑을 받았고 세상에서 가장 위대한 것을 그리스도 안에서 발견했다면, 어떻게 다른 사람에게 거칠게 대하거나 그 위대한 진리에 대해 입을 닫고 있을 수 있겠는가? 이것은 그리스도인들에게 불편한 질문이다. 이 지식은 관용뿐 아니라 우리에게 필요한 사랑도 만들어 낸다.

마지막으로 복음은 두려움을 제거한다. 우리는 불필요하게 다른 사람의 심기를 건드리지 않도록 주의해야 한다. 하지만 하나님의 사랑과 용납하심을 온전히 확신한다면, 비판과 거부를 직면할 용기를 가지게 될 것이다.

근본적으로 서로 다른 사람들 사이에서 평화롭고 서로에게 유익한 생각의 교환이 일어나려면 네 가지 마음의 습관이 필요하다. 비신자들에게 신앙을 전하는 일이 결실을 맺는 데도 똑같이 네 가지 특성이 필요하다. 복음 전도가 열매를 맺지 못하는 네 가지 주된 이유는 겸손과 소망, 사랑, 용기가 부족해서다. 우리가 복음을 진정으로 믿고 이해하고 기뻐할 때 복음은 이 모든 것을 공급해 준다. 목사는 성도들 안에 이러한 네 가지 특성이 자랄 때까지, 복음이 마음에 배어들도록 가르치고 적용하며 함께 찬양하고 기도해야 한다.

그다음엔 무엇이 필요할까? 그리스도인들은 성경과 신학에 대한 가르침 및 훈련이 필요하고, 회의론자들의 반론에 답변할 수 있도록 준비도 해야 한다. 하지만 다른 무엇보다 겸손과 인내, 사랑, 용기의 복음이 우리 안에서 자라고 있다면 사랑은 언제나 길을 찾는다.

우리가 그리스도 안에서 누리는 수많은 축복 중 몇 가지만 떠올려 보라. 변하는 상황에 의지하지 않는 만족, 고난이 앗아 갈 수 없는 인생의 의미, 자신의 성과에 따라 요동치지 않기에 쉽게 부서지거나 으스러지지 않는 정체성, 어떤 것이라도, 심지어 죽음까지도 담대하게 직면할 수 있게 하는 미래에 대한 소망, 용서와 화해를 주고받을 수 있는 능력, 정의를 행하는 데 필요한 자기희생의 내적 원천 등등. 이런 것들을 어떻게 우리끼리만 간직할 수 있겠는가?

누군가는 분명 이렇게 물을 것이다. "주위 사람들을 겸손과 인내와 사랑과 용기로 대해도, 그들이 분노와 독설로 대응하고 우리를 소외시키려고 하면 어떻게 해야 하나요?"

대답은 간단하다. 우리가 이 길을 가는 이유는 성공이 보장되어 있어서가 아니라 그것이 옳은 길이기 때문이다. 유배의 땅에 살던 시편 기자는 자신이 "화평을 미워하는 자들"과 함께 살았다고, "나는 화평을 원할지라도 내가 말할 때에 그들은 싸우려" 한다고 탄식했다.^{시 120:6-7} 그러나 그가 포기하고 싸움에 나서야 한다는 암시는 성경에 없다. 오히려 예수님은 우리를 저주하는 자들을 축복하라고 말씀하셨다.^{마 5:44}[7]

세속 도시의 목사들은 이 문화를 헤쳐 나갈 방법에 대한 정교한 세미나를 끊임없이 진행하는 지성인이 될 필요가 없다. 설교와 가르침, 기도, 예배, 성찬, 교제와 우정 같은 소박한 은혜의 방편들을 사용하여 교인들의 마음에 복음 신앙의 불길이 타오르도록 부채질을 하면, 사람들을 향한 사랑과 주님 안에서 누리는 기쁨이 자라나 두려움을 극복하게 될 것이다. 그러면 그리스도인들은 다른 이들에게 다가갈 방법을 스스로 찾아낼 것이다. 하나님의 은혜로 태어난 사랑은 길을 찾기 마련이다.

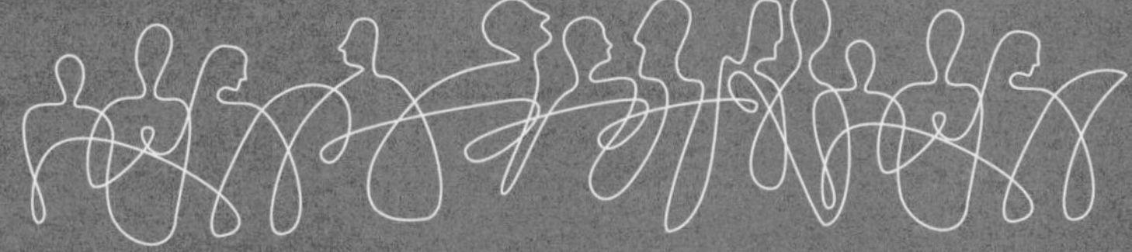

모험가 정신으로 마주하다

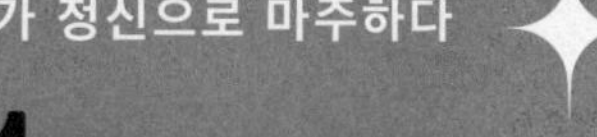

Adventurer

톰 린 ∘ Tom Lin

미국 IVF(InterVarsity Christian Fellowship; 기독학생회) 총재

“아직 멀었어요?”

“조금만 더 가면 돼.” 아빠의 대답은 늘 한결같았다. “조금만 더 참으렴.” 그래도 나는 자동차 뒷좌석에서 몸을 앞으로 바짝 내밀었다. 마치 내가 의지력을 발휘하면 좀 더 빨리 가게 할 수 있다는 듯 말이다. 앞좌석 머리 받침대 사이로 전면을 유심히 살피며, 목적지에 다다랐다는 조짐이 보이지 않는지 부지런히 찾았다. 우리는 도로변의 야외 테이블에서 엄마가 준비해 준 김밥과 볶음면을 점심으로 먹고 잠깐 쉬었다가 다시 차에 올랐다.

우리 집의 연례행사인 캠핑 휴가였다. 우리는 옷 몇 벌과 아이스박스, 콜맨 프로판 버너, 텐트만 챙겨서 집을 떠났다. 그 시절의 내게 그 여행은 미지의 황야로 떠나는 모험처럼 느껴졌다. 남동생과 나는 하이킹과 탐험을 즐기면서 우리가 안락한 집에서 멀리 떨어진 그 길을 걷는 최초의 인류라고 상상했다. 얇은 폴리에스테르 천 한 장을 사이에 두고 자연을 온몸으로 느끼며 텐트 안에서 불편하게 지내는 그 고생스러운 즐거움이 좋았다. 매일 먹던 풍성한 대만식 요리와는 전혀 다른, 캠핑 음식만의 소박한 맛을 음미하는 일도 즐거웠다.

얼마 지나지 않아 나는 또다시 물었다. “아직 멀었어요?”

나는 모험을 위해 집을 떠나는 것을 언제나 좋아했다. 이런 모험 사랑은 아마 집안 내력이지 싶다. 나의 부모님 린성차이, 린슈에슈아은 대만에서 온 이민자들이다. 젊은 시절에 두 분은 익숙한 음식과 친구, 가족 곁을 떠나 요리와 문화, 언어와 생활 방식, 가치관, 비전까지 모든 것이 낯설게 느껴지는 이 나라로 왔다. 두 분이 보여 준 모험 정신의 결과로, 나는 이제 메이웨더 루이스와 윌리엄 클라크〔1804-1806년, 미 서부 미개척지를 탐사하여 개척의 길을 열었던 이들-옮긴이〕, 닐 암스트롱과 버즈 올드린〔1969년, 인류 최초로 달에 착륙한 우주비행사들-옮긴이〕 같은 이름이 이상적 인간상을 대변하는 나라의 시민이 되었다.

나는 아브람과 사래, 모세와 십보라의 영적 자녀이기도 하다. 그리고 허드슨 테일러와 마리아 테일러 부부〔중국내지선교회를 창설한 영국인 선교사 부부-옮긴이〕, 존 스탬과 베티 스탬 부부〔1934년 중국에서 순교한 미국 선교사 부부-옮긴이〕처럼 하나님의 부르심에 응답해 집을 떠나 머나먼 타국에 머물렀던 선교사들의 발자취를 따른다. 그들의 삶은 모험을 통해 완전히 변화되었다.

하나님의 부르심을 따라 선교의 모험에 뛰어든 그리스도인들의 이야기는 지금의 나를 형성했고, 내가 세상에 참여하는 방식에 영향을 끼쳤다. 그들의 이야기는 오늘날 그리스도인들이 삶의 터전 근처에 놓인 불확실한 지형을 헤쳐 나가는 일을 도와줄 수 있다.

진짜 황무지에 던져지다

어린 시절, 남동생과 나에게 캠핑은 늘 조금 위험한 일로 느껴졌다. 우리는 집에서 멀리 떨어진 숲속에 있었고, 사람들의 도움의 손길이 닿기엔 너무 먼 곳이었기 때문이다. 물론 우리 둘만 있다면 실제로 위험했을 것이다. 하지만 부모님이 계셨기에 달랐다. 부모님은 여행을 계획하고, 필요한 물건을 준비하고, 운전해서 우리를 캠핑장에 데려가셨으며, 텐트를 치고 우리의 탐험을 지켜봐 주셨다. 정부도 한몫했다. 도로를 닦고, 적절한 거리마다 응급 서비스를 배치했으며, 국립공원 제도를 관리했다. 그리고 악천후 시 차를 타고 호텔로 피신한다는 대안도 마련되어 있었다. 우리의 대단한 모험은 사실상 세심하게 조율된 가족 휴가였을 뿐이다. 어쩌면 그래서 우리가 그 시간을 그토록 좋아했는지도 모른다. 완벽하게 안전하면서도 위험한 기분은 만끽할 수 있었으니까.

오늘날 일부 그리스도인들이 경험하는 혼란과 낙담은 가족 캠핑 여행만 떠나 본 이들이 진짜 황무지에 던져졌을 때 느끼는 감정이 아닐까 싶다. 그들이 바라는 것은 어린 시절의 나처럼 '안전이 보장된 환경에서 누리는 모험과 위험'일지도 모른다. 하지만 이제 환경은 더 이상 안전하지 않다. 1950년대부터 1990년대 사이의 복음주의 부흥에 힘을 실어 주었던 문화와 법률, 정치는 이미 변했다. 그리스도인이 인정과 찬사를 받던 시대는 지났다. 오히려 우리의 분열과 위선, 실패가 대중에 드러나면서 때로는 불신과 경멸의 대상이 되기도 한다. 우리는 더 이상 세상을 내 집처럼 편안하게 느끼지 못하며, 시스템의 보호가 없는 진짜 고난과 위험에 대처할 준비도 되어 있지 않다. 지나간 사람들의 발길로 다져진 길이 없는 곳, 안전망이 걷혀 버린 상황, 준비한 계획이 바닥나고 오직 임기응변에만 의지해야 하는 척박한 환경 앞에서 우리는 당황하고 있다.

우리는 길을 잃은 걸까? 이제 절망만 남은 걸까? 아니면 혹시 하나님이 우리를 시스템의 보호 밖으로, 위험에 노출되지만 결국 우리를 변화시킬 모험으로 초대하시는 것은 아닐까? 어쩌면 하나님은 이 주변 세상의 변화를 교회가 용기와 신실함, 회복 탄력성을 기를 기회로 여기기를 바라시는지도 모른다. 삼위일체 하나님을 향한 확신과 신뢰가 묻어나는 성숙한 신앙으로 우리를 부르고 계시는지도 모른다.

만약 그렇다면 우리는 그 초청에 어떻게 응해야 할까? 우선 우리의 '진입 자세entry posture', 즉 새로운 장소나 변화하는 문화에 접근하는 마음가짐에 주목해야 한다. 우리는 의심과 비판, 편견에 사로잡힌 폐쇄적인 태도를 취할 수도 있고, 개방과 수용, 신뢰와 적응을 택할 수도 있다. 진입 자세는 새로운 상황에서 피할 수 없는 좌절과 이질성을 마주할 때 우리가 어떻게 반응할지를 결정한다. 그리고 그 만남의 결과로 우리가 어떤 모습이 될지, 즉 소외와 관계 단절로 끝날지, 아니면 더 깊은 이해와 지속적인 관계로 나아갈지를 미리 보여 준다.

모험가는 의도적으로 개방적인 자세를 선택한다. 눈앞의 지형이 험난할 것을 예상할 때 우리는 오히려 민첩하게 움직일 수 있다. 장벽은 창의성을 발휘할 기회가 되고, 나에게 적대감을 표출하는 사람과의 만남은 공감 능력을 기를 기회가 된다. 뜻밖의 상황은 새로운 실험의 장이 된다.

가족 캠핑 여행을 마치고 돌아온 어느 여름, 나는 초등학교에 입학했고 새로운 모험과 마주했다. 1학년 전체에서 소수민족 학생은 나를 포함해 단둘이었다. 내가 처한 환경은 더 이상 안전하게 느껴지지 않았다. 나는 학교라는 이름의 낯선 황무지에 던져진 기분이었다. 새로운 인간관계와 문화적 차이가 주는 불확실성 속에서 나는 반 친구들을 의심의 눈초리로 바라보았다. 아이들이 동양인인 내 외모를 어떻게 볼지 두려웠고, 내 정체성을 설명하거나 그들이 나를 이해하도록 돕는 모험을 감수하고 싶지 않았다. 그러나 결국 당장 첫 주에, 피하고 싶던 그 질문을 받고 말았다. "톰, 넌 뭐야? 어디서 왔어?" 나는 망설임 없이 대답했다. "나 하와이 사람이야."

나의 인종적 정체성에 대한 양가감정과 불안은 대학 시절까지 이어졌다. 하버드대학교 Harvard University 신입생 때 나는 캠퍼스 기독교 동아리들에 아시아계 미국인이 거의 없다는 사실에 당혹감을 느꼈다. '나와 같은 동양인들은 다 어디에 있을까? 내가 성경과 공동체와 전도 활동을 통해 누리는 놀라운 경험을 왜 그들은 누리지 못할까? 누가 그들을 챙기고 있을까?'

다른 면에서는 활기가 넘쳤던, 주로 백인 위주의 기독교 단체들은 이 문제에 무관심해 보였다. 내가 알던 소수의 아시아계 미국인 그리스도인들조차 여기에 관심이 없는 듯 보였고, 세속적인 아시아계 공동체는 폐쇄적이었다. 나는 고민을 했고, 여기서 모험에 나설 기회를 보았다. 한 캠퍼스 선교 단체가 내가 느끼던 문제의식에 공감해 주었고, 내 안의 의문들을 구체화하며 더 많은 아시아계 미국인들에게 다가갈 새로운 사역을 시작해 보라고 격려해 주었다.

나는 주로 백인 학생들을 위해 구축된 기존의 조직에서 벗어나 새로운 공동체로 들어갔다. 새로운 사역 도구를 실험하면서 자주 실패했고 창피도 수시로 당했다. 하지만 나는 새로운 공동체의 씨앗이 뿌려지는 것을 보았다. 그 모임은 최근에 설립 25주년을 맞이했으며, 그 자리에서 수많은 졸업생이 하버드에서 하나님을 만나 삶이 변화된 이야기를 들려주었다. 문화적 이질성이 새로운 시도를 끌어냈고 변화의 기폭제가 되었다.

오늘날에도 대학 캠퍼스에는 여전히 문화적 이질성이 존재하지만, 지금의 학생 세대가 이런 상황에 대처하는 모습은 내게 큰 격려가 된다. 세인트루이스의 워싱턴대학교^{Washington University} IVF 지부는 최근 무교 및 무신론자 학생들이 늘어나는 현상에 주목했다. 그들은 이러한 문화적 이질감을 두려워하기보다 오히려 기회로 보았다. 무신론자 학생들도 대화와 관계 맺기에는 열려 있을 것이라 믿었기 때문이다.

그래서 어느 날 IVF 회원들은 자유사상가 동아리^{Freethinkers Society}를 찾아가 문을 두드렸고, 세인트루이스에서 열리는 주말 봉사 활동에 함께하자고 무신론자들을 초대했다. 무신론자 학생들은 대답했다. "좋아요! 재미있는 모험이 될 것 같네요!" IVF 회원들과 무신론자 학생들은 나란히 앉아 일하면서 대화하고 경청했다. 서로의 경험을 나누고 관계를 쌓으면서 서로를 신뢰하고 존중하게 되었다. 몇 주 후, 매주 열리는 성경 공부 모임 문밖에서 노크 소리가 들렸다. 자유사상가 동아리 회원들이었다. 그들이 물었다. "우리도 성경 공부를 같이 할 수 있을까요?"

불확실하고 급변하는 오늘날의 풍경 한가운데서 모험은 우리에게 두려움이 아닌 포용의 자세를 요청한다.

익숙한 것을 떠나는 고통

아브람과 사래도 모험 중에 문화적 이질성을 경험했다. 그들의 여정은 모든 것을 뒤로하고 떠나라는 부름으로 시작되었다. "여호와께서 아브람에게 이르시되 너는 너의 고향과 친척과 아버지의 집을 떠나 내가 네게 보여 줄 땅으로 가라."창 12:1

모든 모험은 익숙한 것들을 떠남으로써 시작된다. 선교지에 화장지, 영양바, 게임기까지 챙겨 가는 단기 선교사들처럼 익숙한 것에 집착하다 보면 결국 자기 짐에 짓눌리게 된다. 수십 년 전 많은 서구 그리스도인들이 누렸던 특권과 지위, 인정을 요구하는 태도는 우리로 하여금 자꾸 그때를 동경하며 과거에만 머물게 한다. 결국 롯의 아내처럼 과거를 동경하며 뒤를 돌아보다가 돌처럼 굳어 버려 앞으로 나아갈 수 없게 되는 것이다. 그래서는 우리 앞에 펼쳐진 새로운 일들에 뛰어들 수 없다. 낯선 영역으로 전진하는 데는 대개 대가가 따른다.

나 역시 부모님과의 관계에서 그런 대가를 치러야 했다. 이민의 고통과 인종 차별의 상처를 감내하며 열심히 일한 부모님의 목적은 오직 자식인 내게 더 나은 미래를 선물하는 것이었다. 부모님의 기대대로 나는 고등학교 시절 스포츠와 리더십 분야에서 많은 상을 받았고, 성적 또한 우수했다. 고등학교를 전체 수석으로 졸업하며 졸업생 대표 연설을 맡았고, 〈유에스에이 투데이 *USA Today*〉가

뽑는 '전미 최우수 고교생' 20인에 이름을 올렸다. 엠앤엠 마즈[M&M/Mars]사가 수여하는 '전미 학업 우수 학생' 8인에 선정되어 인기 하이틴 잡지에 소개되었고, ESPN 특집 방송 프로그램에 출연하기도 했다. 그리고 마침내 모든 대만인 부모가 열망하는 최고의 영예를 안았다. 하버드대학교 합격 통지서. 나의 미래는 탄탄대로였다. 나는 누가 봐도 소수민족의 귀감이 될 만한 학생이었다.

그러나 하버드대학교에 입학한 나는 새로운 방식으로 그분을 따르라는 예수님의 부름을 들었다. 마가복음 10장을 다룬 성경 공부 시간에 주님이 이렇게 말씀하신다고 느꼈다. '톰, 너에게 맡길 사명이 있다. 가서 네가 가진 모든 것을 팔아 가난한 자들에게 주어라. 그러면 하늘에서 보화가 있을 것이다. 그런 다음 너는 와서 나를 따라라.'

초봉이 억대 연봉에서 시작되는 취업 기회들을 마다하고 IVF 선교사가 되어 후원금 모금을 하겠다고 부모님께 말씀드렸다. 두 분의 얼굴에 이루 말할 수 없는 상심과 실망이 어렸다. 부모님은 큰 충격을 받으셨다. 우리는 며칠 동안 이야기를 나누고, 언쟁을 벌이고, 또 울었다. 내 결심이 확고하다는 것을 아신 부모님은 결국 무릎을 꿇고 두 손을 내밀며 간청하셨다. "톰, 우리 인생이 네 손에 달렸다. 제발 우리를 무너뜨리지 말아다오." 어머니의 마지막 말씀은 이것이었다. "네가 이 일을 강행한다면 난 죽어 버릴 거다."

내가 그토록 사랑했던 부모님이 연락을 끊으셨다. 고통스러웠다. 전화를 해도 받지 않았다. 편지를 보내도 답장이 없었다. 두 분 모두 극심한 우울증에 빠졌지만 여전히 내게 아무 말도 하시지 않았다. 부모님은 교회 출석을 중단했고, 어울리던 친구들과도 만나시지 않았다. 부모님의 침묵과 은둔은 몇 년 동안 이어졌다.

그러다 2001년, 아내 낸시와 내가 선교를 위한 새로운 기회를 찾기 시작했을 무렵, 어머니가 위암 4기 진단을 받으셨다. 하나님은 이 극심한 고통의 때에 가족을 모이게 하셨다. 부모님의 연락을 받은 우리 부부는 나의 경력이나 앞날 그리고 과거 일은 일절 거론하지 않았다. 그 대신 우리는 어머니의 항암 치료와 매주 이어지는 병원 방문, 매일 챙겨드려야 하는 온갖 약에만 집중했다. 부모님과 함께 많은 시간을 보내면서 나는 하나님이 우리 관계를 회복시킬 문을 열고 계신다는 생각이 들었다. 이 기회를 위해 더욱 간절하고 절박하게 기도하기 시작했다.

이후 몇 달 동안 하나님이 부모님 안에서 놀랍게 일하시는 것을 보았다. 부모님은 하나님께로 돌이켜 도움과 자비를 구했고, 자신들을 용서하시고 하나님과의 관계를 회복시켜 주시기를 간청했다. 부모님은 정기적으로 기도하며 매일 성경을 읽으셨고, 어머니의 기력이 허락하는 한 교회에 가서 예배를 드리셨다. 그리고 어머니의 암 진단 소식을 전하며 친구들과도 다시 만나시기 시작했다. 몇 년 간의 고립에서 벗어나 공동체 안에서의 관계도 점차 회복되었다.

가장 마지막에 회복된 것은 나와의 관계였다. 크리스마스를 맞아 부모님 댁에 머물던 어느 날 저녁, 어머니가 쉬고 계시던 소파로 나를 부르셨다. 어머니의 뺨에 눈물이 흐르고 있었다. 어머니는 내 손을 꼭 잡으며 말씀하셨다. "토미, 오래전부터 하고 싶었던 말이 있단다. 정말 미안해. 지난 몇 년 동안 내가 너를 너무 아프게 했어. 그냥 널 지지하고 사랑했어야 했는데…… 정말 미안하다, 토미야. 사랑해.”

나는 어안이 벙벙했다. 그와 동시에 마음을 짓누르던 엄청난 짐이 벗겨지는 것이 느껴졌다. 여러 해 동안 드린 기도가 마침내 응답된 것이다. “알아요, 엄마……. 용서할게요. 저도 엄마를 많이 아프게 해서 죄송해요. 엄마, 사랑해요.”

어머니와 나의 관계 회복은 2002년 초까지 이어졌다. 그러던 어느 날 낸시와 나는 부모님을 모시고 우리의 향후 계획을 나누었다. 우리는 몽골 IVF를 개척하러 갈 생각이었다. 이야기를 시작하려니 심장이 두려움으로 쿵쾅거렸다. 어머니의 암이 발견된 후 몽골 이야기는 꺼내지도 않았지만, 주님은 그해 우리를 몽골로 부르고 계셨기에 부모님의 축복을 간절히 받고 싶었다. 그러나 한편으로 부모님이 다시 버림받았다고 느끼실까 봐 두려웠다.

마음을 털어놓자 아버지는 눈물을 흘리며 말씀하셨다. “지난 한 해 동안 내 인생을 많이 돌아보았단다. 그리고 내 모든 꿈이 이루어졌다는 걸 깨달았어. 이 나라에 와서 하나님은 내게 안정된 직장과 멋진 두 아들, 네 엄마와 집을 주셨지. 토미, 나는 네 꿈들도 이루어지길 바란다. 하나님이 너를 몽골로 부르신다면 너는 가야 해.”

지난 10년 동안 간절히 듣고 싶었던 말이었다. 용납과 지지와 사랑의 말. 그로부터 한 달 후 어머니는 세상을 떠나셨다. 하나님은 그분의 타이밍에 회복을 안겨 주셨다. 이제 부모님의 전폭적인 축복 속에 낸시와 나는 한결 가벼워진 마음으로 더 거대한 모험으로의 부름을 받아들일 수 있었다.

1989년까지 몽골에는 알려진 그리스도인이 전혀 없었다. 성경이 몽골어로 번역된 것도 2000년이 되어서야 이루어진 일이었다. 몽골의 평균 가계 소득은 40달러 미만이었고 겨울의 평균 온도는 영하 40도에 육박했다. 그런 겨울이 9월말부터 4월까지 이어진다. 그야말로 막막하기 이를 데 없는 난관들이었다. 하지만 우리는 여행 가방 세 개와 백팩, 겨울 코트만 챙겨서 정든 친구들과 익숙한 문화를 떠나 지구 반 바퀴를 돌아 몽골로 갔다.

그곳에서의 생활은 결코 쉽지 않았다. 울란바토르의 아파트에서 보낸 어느 추운 밤의 기억이 생생하다. 낸시와 나는 어둠 속에서 욕실 바닥에 웅크리고 앉아 흐느껴 울었다. 전기가 또 끊겼지만 말다툼을 하느라 그 사실조차 알아채지 못할 정도였다. 집이 그리웠다. 친구들이 보고 싶었다. 외로움이 사무쳤고, 모든 면에서 소외감이 느껴졌다.

그러나 하나님은 우리를 단순한 관광객에서 거류민sojourner 으로 빚어 가고 계셨다. 우리는 실제적인 상실을 경험하고, 실제적인 위험을 감수하며, 인간의 나약함과 취약함을 뼈저리게 느끼고 있었다. 친숙한 모든 것이 사라진 후에야 비로소 우리는 하나님이 정하신 방식대로 모험을 이어 갔고, 그분의 공급하심과 자비만을 전적으로 의지하게 되었다. 낸시와 나는 우리와 비슷한 상황에서 사역했던 바울에게 주님이 하신 말씀이 우리에게도 진리임을 믿지 않을 수 없었다. "내 은혜가 네게 족하도다 이는 내 능력이 약한 데서 온전하여짐이라."고후 12:9

종종 궁금해진다. 미국의 그리스도인들이 하나님이 예비하신 모험을 받아들이려면 무엇을 버리고 떠나야 하는가? 우리가 절박하고 무력한 심정으로 오직 하나님만 붙들 수 있게 하시기 위해 그분은 우리에게서 무엇을 벗겨 내실 것인가? 권력과 특권과 지위를 향한 갈망이 어떻게 우리를 그 자리에 주저앉히고 굳어 버리게 만드는가? 우리의 재정적 자산과 기술적 도구, 문화적 오만함이 하나님 및 세상과 정직하게 마주하는 일을 어떻게 가로막고 있는가?

오늘날 우리가 짐을 가볍게 하고 길을 떠난다는 것은 어떤 모습일까?

철저한 낮아짐의 시간

낸시와 나는 2002년에 몽골에 도착했다. 든든한 미국 여권과 자금이 풍부한 선교 단체의 지원이 우리와 함께했다. 그러나 우리는 새로운 취약함을 경험했다. 비유적으로 말해 우리는 눈멀고 귀먹고 말 못하는 신세였다. 몽골어를 읽을 줄도 말할 줄도 몰랐기 때문이다. 우리는 무력했다. 도시에서 자란 우리는 대부분이 시골인 그 나라에서 부딪칠 실질적 어려움을 해결할 준비가 되어 있지 않았다. 우리는 고립되어 있었다. 소셜 미디어와 원활한 인터넷 접속이 등장하기 이전 시대라 기존의 인적 네트워크를 활용할 수도 없었다. 소외되기도 했다. 외국인이었던 우리는 자주 조롱을 받고 강도를 당했으며 경찰의 삼엄한 감시를 받았다.

이런 취약함들은 새로운 미덕을 갖추라는 초대장과 같았다. 우리는 레슬리 뉴비긴^{Lesslie Newbigin}이 1990년대에 펴낸 저서 《오픈 시크릿^{The Open Secret}》에서 예언적으로 쓴 내용이 진실임을 깨달았다.

> 우리는 서구 교회가 탄생한 이래 한 번도 할 필요가 없었던 일을 해야만 하는 상황에 있다. 그것은 바로 서구 국가들의 힘과 영향력을 거부한 세계에서 유효한 방식으로 선교적 교회의 형태와 본질을 찾는 일이다. 선교는 더 이상 서구의 세력 확장의 흐름을 따라 이루어지지 않을 것이다. …… 이런 상황에서 우리는 신약 성경이 19세기(와 그 시대의 초기 서구 선교 운동)의 경우보다 우리에게 훨씬 더 직접적으로 말씀하시는 것을 발견하게 될 것이다. 우리는 강함의 자리가 아니라 약함의 자리에서 복음을 증거하는 것이 무엇인지 새롭게 배우게 될 것이다.[1]

낸시와 나에게는 미국인들이 자국에서나 타국에서나 사역을 펼칠 때 으레 사용하는 여러 자원과 기술들이 부족했다. 우리가 직면한 문제들은 돈을 쏟아부어 해결할 수 있는 성격이 아니었다. 전략을 짜거나 소통 기술을 발휘하고 인원을 동원한다고 해서 해결될 문제들도 아니었다. 아무것도 할 수 없는 그런 상황이 마음에 들지 않았다. 우리는 어린아이나 다름없었고 현지 몽골인들에게 일방적으로 의존해야만 했다. 그들에게 우리가 필요한 것보다 우리에게 그들이 더 필요했다. 그런데 그렇게 겸허해지는 과정에서 진실한 관계들이 열렸고, 우리가 주위 사람들에게 어떤 식으로 부담을 주었는지 살피게 되었다. 그렇게 해서 우리는 인간관계와 의무, 기회의 네트워크 안에 깊숙이 편입될 수 있었다. 그 과정에는 인내가 필요했다. 겸손이 요구되었다. 그리고 거기서 사랑이 생겨났다.

우리는 바트카Batka 같은 친구들을 통해 이 모든 은혜를 경험했다. 바트카는 우리가 주최한 여름 영어 캠프에 참가해 신앙을 갖게 된 몽골인 대학생이다. 낸시와 나는 그의 선생이었고, 우리는 바트카와 같은 몽골인 학생들을 위해 찾아온 선교사였다. 그러나 우리를 가르친 선생은 오히려 바트카였다. 몽골 문화에 대해, 그리고 우리가 사용하는 미국식 방법이 얼마나 효과가 없는지에 대해 그가 들려주는 뼈아픈 지적은 우리에게 꼭 필요한 진실이었다.

예수님을 향한 바트카의 뜨거운 첫사랑은 우리에게도 필요한 것이었다. 그 사랑이 우리 신앙에 신선한 자극이 되었다. 그의 우정은 우리에게 관대함과 은혜 또한 가르쳐 주었다. 3년 후, 바트카는 내게 본인의 결혼식 사회와 주례를 맡아 달라고 요청했다. 우리는 지금까지도 가까운 친구로 지내고 있다.

바트카 같은 친구들에게 의존하면서 우리는 무의식중에 지니고 있던 서구적 오만과 조급함, 개인주의를 상당 부분 씻어 낼 수 있었다. 우리가 겪은 이 철저한 낮아짐의 경험은 과거 서구의 선교 노력을 오염시켰던 메시아 콤플렉스와 문화 제국주의로부터 우리를 구원해 주었다. 우리는 새뮤얼 에스코바[Samuel Escobar]가 *The New Global Mission*[새로운 세계 선교]에서 말한 "아래로부터의 선교"를 받아들일 준비가 되어 가고 있었다. 이는 군사적·문화적·재정적·기술적으로 힘 있는 자리에서 사역하던 과거 기독교 세계의 패턴인 "위로부터의 선교"와 대조되는 개념이었다.[2]

아래로부터의 사역을 생각하면 아버지가 떠오른다. 아버지는 대만에서 가난하게 자라셨다. 가진 것이 거의 없고 영어도 서툰 상태에서 미국으로 이주하셨다. 여러 기준에서 볼 때 아버지는 성공했고 이른바 아메리칸드림을 이루셨다. 그러나 아버지는 자신이 다른 사람들보다 더 열심히 일했다거나 더 신실해서 그렇게 된 거라고 스스로를 속이지 않으셨다. 아버지 못지않게 열심히 일했어도 아시아에서 여전히 가난하게 사는 이들이 많다는 것을 아셨기 때문이다. 비슷한 영어 실력을 갖추었어도 아버지처럼 안정적인 중산층에 진입하지 못한 이민자들도 많았다. 다른 나라에서 온 다른 이민자들은 훨씬 더 노골적이고 치명적인 인종 차별을 겪기도 했다.

아버지는 자신이 가진 모든 것이 하나님의 은혜로 주어진 선물임을 아셨다. 그랬기에 다른 이민자들을 포함해 누구에게나 관대하셨다. 직장에서 동료들에게 소외당하거나 승진에서 누락될 때도 아버지는 그들을 향한 사랑의 마음을 끝까지 놓지 않으셨다. 아버지는 이런 일들에 대해 굳이 많은 말을 하시지 않았지만 아버지의 삶이 곧 메시지였다. 아버지의 겸손과 하나님을 향한 전적인 의존은 곁에서 지켜보는 것만으로도 충분히 전해졌다. 나는 내가 어떤 모험의 여정에 있든 자랑스러운 우리 아버지의 아들, '린성차이의 아들'로 알려지고 싶다.

다른 한편으로, 나는 무엇보다 하나님의 아들로 불리고 싶다. 우리가 예배하는 하나님은 취약한 상태로 세상에 오셨다. 아기로 태어나 요셉의 보호와 마리아의 돌봄에 의지하셨고, 막달라 마리아, 수산나, 요안나 같은 여인들의 재정적 지원을 기꺼이 받으셨다.^{눅 8:2-3} 사마리아 여인에게 물을 받아 드셨으며, 마리아와 마르다의 식탁에 자주 앉으셨다. 겟세마네에서 제자들이 그분을 격려하며 곁에 있어 주기를 바라셨다. 이러한 취약함은 그분의 기적이나 가르침 못지않게 초기 제자들을 경외감을 넘어 사랑의 관계로 이끌었다. 이는 한때 제국을 변화시켰던 '문화 참여 윤리'의 본보기가 되었으며 오늘날에도 다시 세상을 변화시킬 수 있다.

뜻밖의 동반자와 함께하며 협력하는 모험의 묘미

냇시와 나는 몽골의 신자들에게 어떻게든 귀한 것을 줄 수 있기를 바라며 그곳으로 갔다. 결과적으로 우리는 그 일을 해냈지만, 새로운 몽골인 친구들에게서 많은 것을 받기도 했다. 우리의 사역은 현지 몽골인 신자들과의 진정한 동역으로 이루어졌고, 우리가 타인에게 전적으로 의지하며 보낸 수 개월 동안 형성된 진실한 관계가 그 사역의 토대가 되었다.

우리는 각 사람에게 서로 다르지만 중요한 기술과 지식이 있으며, 그 모두가 하나님이 펼치신 몽골 선교의 일부임을 알아보게 되었다. 어느 토요일 오전, 몽골인 학생 리더들이 수련회를 이끄는 동안 낸시와 나는 잠시 휴식을 취하고 있었다. 학생 리더들은 몽골어로 성경 공부를 인도하고 비기독교 친구들과 소통할 준비도 충분히 된 이들이었다. 그런데 갑자기 우리 집 전화벨이 울렸다. 리더들의 다급한 목소리가 들렸다. "바로 오세요! 지금 두 분이 필요해요!"

가서 보니 그들이 낸시와 나를 찾은 이유가 각각 달랐다. 낸시에게는 열렬히 기도하는 학생들이 가득한 방을 가리키며, 성령의 권능을 힘입어 귀신을 쫓아내는 축사逐邪 사역을 부탁했다. 그들은 낸시의 특별한 은사를 알고 있었다. 나에겐 다른 방으로 가서 학생들과 보드게임을 하는 일을 맡겼다. 우리 부부는 각자가 가진 구체적인 은사로 수련회에 기여했다.

우리 문화 안에는 서로 어울리기 힘든 다양한 개인들이 팀으로 모여 각기 독특하고 아주 중요한 방식으로 자기 몫을 해내는 사례가 가득하다. 〈어벤저스 *The Avengers*〉와 《반지의 제왕 *The Fellowship of the Ring*》 같은 영웅적 이야기들이 있고, 정적政敵들을 등용한 링컨의 내각과 뜻밖의 군사적 승리 같은 역사적 사례들도 있고, 많은 이들이 직접 체험한 개인적인 이야기들도 있다.

우리가 서로가 없이는 온전해질 수 없다는 '상호 의존성'의 필요성을 인식하면 우리 자신과 다른 이들을 제대로 보게 된다. 즉, 우리 모두를 고유하고 가치 있는 은사를 지닌, 하나님의 형상으로 지음받은 존재로 보게 되는 것이다. 그런 자세는 우리를 이끌어 함께 모험에 나서게 한다. 우리는 모든 기술이 하나님 나라에서 중요하다는 것을 알기에 다른 사람의 성공에 위협을 느끼는 대신 함께 기뻐하게 된다. 그리고 이것은 더 깊은 연합으로 이어진다.

우리가 타인과 맺는 이 진정한 상호 의존의 관계를 기꺼이 받아들인다면 무엇이 달라질지 상상해 보라. 우리가 서로의 필요성을 긍정하고 우리의 죄와 상처를 기꺼이 인정하면, 인종 차별, 동성애자 혐오, 여성 혐오, 우리와 다른 면을 가진 이들에 대한 냉담함이 사라질 것이다. 선교하는 교회들, 특히 재정적으로 넉넉한 미국 교회와 영적 활력이 넘치는 다른 나라 교회들이 참된 동역 관계로 이어질 수 있다. 종교와 문화를 초월한 진정한 대화는 공통 관심 영역뿐 아니라 서로의 차이도 진지하게 받아들이게 할 것이다. 그때 우리는 더욱 인간다워지고 더욱 예수님을 닮아 갈 것이다.

겸손과 상호 의존성에서 비롯되는 '하나님 나라를 위한 동역'의 사례들은 우리 주변에서 종종 발견된다. 몇 년 전, 나는 위클리프성경번역선교회Wycliffe Bible Translators, 세이브더칠드런Save the Children, 유니세프UNICEF, 이케아IKEA의 로고가 동시에 나란히 박힌 중국 신문 공고를 보고 깊은 인상을 받았다. 그들은 중국의 소수민족 어린이들에게 모국어로 된 교육 자료를 보급하기 위한 언어 번역 사업을 공동 후원하고 있었다.

세이브더칠드런은 아이들을 교육하고 싶어 했지만 언어학적 전문 지식이 부족했다. 위클리프는 언어학적 전문 지식이 있었지만 정부 승인을 얻는 데 어려움이 있었는데, 이 문제는 유니세프가 해결해 줄 수 있었다. 유니세프는 소수민족 집단의 빈곤 퇴치를 위한 전 지구적 사업을 시작했지만, 현장에서 아이들과 소통하며 일할 숙련된 조직이 필요했다. 이 모든 단체에는 자금이 절실했고, 이케아는 수익을 지역 공동체에 환원하며 너그럽게 나누길 원했다. 결국 영리 기업인 가구 회사와 복음주의 선교 단체, 그리고 두 국제 NGO가 어디에서도 볼 수 없는 독특한 상호 의존적 동역을 이룬 결과 하나님 나라가 확장된 것이다!

내가 몸담은 IVF에서도 유사한 사례들을 경험했다. 최근 캘리포니아의 한 대형 공립 대학교가 IVF 측에 국제 학생들을 위한 신입생 환영 주간 운영을 맡아 달라고 요청해 왔다. 대학 측은 우리의 다문화적 역량과 지역 공동체 동원 능력을 높이 평가했다. 우리 역시 이 제안이 새로 입학한 외국인 학생들에게 더 가까이 다가가는 데 도움이 될 것을 알았다.

비슷한 시기에 NCAA^{미국대학체육협회} 디비전 I에 속한 한 학교에서도 요청이 왔다. 코치와 운동부 직원들이 학생들을 상대로 인종 차별 및 다문화 협력에 관한 대화를 잘 이끌 수 있도록 훈련시켜 달라는 것이었다. 그들은 IVF 학생들이 성경 공부 모임에서 이런 주제로 깊이 있게 토론하는 모습을 보고, 학교의 코칭 스태프들도 훈련 현장에서 그와 같은 대화를 이끌어 주길 바랐다. 이는 캠퍼스 전체에 유익한 일이었다. IVF 역시 운동부 학생들과 날마다 부대끼며 그들에게 직접적인 영향을 주는 코치들에게 사역의 상당 부분을 의지하고 있었다. 기독교인 학생 선수들이 신앙 안에서 잘 성장하도록 곁에서 이끌고 지지해 줄 이들이 바로 그 코치들이었기 때문이다. 이처럼 서로가 서로를 필요로 하는 상호 의존성은 하나님 나라를 전진시키는 협력으로 이어졌다.

그러나 이러한 상호 의존의 과정에는 어려움이 따르기 마련이다. 서로 얼마큼 동역할 수 있는지, 혹은 상대의 입장에 어디까지 동의할 수 있는지 분별해야 하기 때문이다. 특히 일부 그리스도인들은 다른 기독교 전통이 자신들보다 신학적으로 미흡하고, 선교적 열정이 부족하며, 행실이 일관되지 않다고 여긴다. 이처럼 타인과 선을 그어 자신들의 영적 혈통을 증명하려는 이들과의 동역 관계는 유독 어려운 과제다. 그들은 신학적 타협과 순수성이 훼손되는 것을 무엇보다 경계한다.

2015년, 나는 상호 의존 문제에 대해 새로운 방식으로 씨름해야 했다. 당시 나는 16,000명의 학생이 모이는, 3년마다 한 번씩 열리는 세계 선교 대회인 어바나Urbana의 기획을 이끌고 있었다. 우리는 전 세계 그리스도인들이 압제에 어떻게 대응하는지에 초점을 맞춘 일일 프로그램의 일환으로 아시아의 성경 강해자, 이란의 교회 개척가, 튀니지의 캠퍼스 선교 리더 등을 초대해 그들의 경험을 들었다.

그리고 세인트루이스의 아프리카계 미국인 예배 인도자를 초청해 미국 내 인종 차별의 억압 아래에 있는 미국 흑인 교회의 경험을 들려 달라고 요청했다. 그녀는 흑인 교회가 예배와 기도로 파괴적인 세력에 맞선 과정을 나누며, 대다수가 백인인 복음주의 교회의 침묵을 비판했다. 아울러 블랙라이브즈매터Black Lives Matter, BLM(흑인 목숨도 소중하다) 운동에 참여한 이들을 포함한 아프리카계 미국인들이 예언자적 목소리로 그 침묵을 꾸짖은 것을 긍정적으로 언급했다.

87

　　어바나 대회를 앞두고 어느 정도의 논란을 예상했던 나는 직접 블랙라이브즈매터 웹사이트를 살펴보았다. 나는 흑인 공동체가 "이 사회와 인류에 기여해 온 회복 탄력성과 치명적 압제 속에서도 인내해 온 모습"에 그리스도인들이 당연히 동의할 수 있을 거라고 생각했다. 그리고 "자유와 정의를 위해 사랑과 용기로 힘차게 일한다"는 목표 역시 충분히 공유할 수 있을 것으로 보았다.

　　물론 그 웹사이트에는 내가 동의할 수 없는 입장이나 진술도 있었고, 해당 운동 산하에서 이루어지는 모든 조치를 인정할 수도 없었다. 그러나 이는 다른 많은 기독교 선교 단체와 교회들의 웹사이트를 살펴볼 때도 마찬가지일 터였다. 비기독교 운동의 모든 주장을 전폭적으로 수용할 수 있을 거라 기대하지는 않았지만, 우리나라의 인종 차별이라는 죄악에 맞서기 위해 우리가 함께 노력할 수 있기를 바랐다.

　　하지만 모두가 내 생각과 같지는 않았다. 개인적 성결에 대한 IVF의 입장을 지지하면서도 구조적 불의에 대응해야 한다는 우리의 호소는 거부하는 일부 그리스도인들이 나의 리더십에 성난 비난을 퍼부었다. 몇 달 후, IVF가 인간의 성性에 대한 역사적 기독교의 가르침에 헌신한다는 입장을 재확인했을 때는 반대편에서 비판이 들려왔다. 인종 정의를 다루는 우리의 노력은 인정하지만 인간의 성에 대한 우리의 견해는 거부하는 이들이었다. 개인의 의와 사회적 의를 모두 아우르는 성경적 윤리를 지향하는 IVF는, 우리가 완전히 동의하지는 않는 여러 공동체들 사이의 경계에 서 있다.

　　그리스도인들은 보편적인 신념과 관련된 문제들에 대해 다른 단체들과 어느 정도까지 협력하거나 연대를 표명할 수 있고, 또 표명해야 할까? 나는 궁금해졌다. 이와 비슷한 생각을 〈워싱턴 포스트 *The Washington Post*〉에 실린 "흑인의 목숨은 복음주의자들에게 중요한가?"라는 에세이에서 존 이나주가 다루었다. 그는 다음과 같은 결론으로 기고문을 마무리했는데, 지금도 여전히 나는 그 내용이 옳다고 생각한다.

> 공통점을 찾는다는 것은 우리가 가까이 다가가는 사람들의 모든 목표나 가치를 인정한다는 뜻은 아니다. 그러나 그들에게 다가가는 것 자체는 반드시 필요하다. 이것이 내가 '확신 있는 다원주의'라고 부르는 비전의 핵심이다. 이 비전은 우리 주변의 다원주의라는 현실 속으로 들어가 공통점을 찾으라는 도전이다. 우리는 자신의 믿음에 대한 확신을 가지고 그렇게 할 수 있다.[3]

우리는 대개 자신의 핵심 신념과 상당 부분 다른 사람, 기관, 운동과 협력하며 살아간다. 우리가 속한 가족, 직장, 국가의 목표와 열망이 비기독교적인 경우도 허다하다. 그런 조직의 목표와 갈망이 불의하거나 악한 것일 때는 그것들과 거리를 둘 필요가 있다. 그러나 가능한 범위 내에서는 가까이 다가가 공통점을 찾아내야 하며, 선을 긋는 일은 최대한 아껴야 한다. 소금이 소금 그릇에만 남아 있어서는 안 된다. 등불을 그릇으로 덮어 두어서는 안 된다. 그리스도인은 어디서든 선하고 참되고 아름다운 것을 볼 때마다 기꺼이 그것을 인정해야 한다. 그것이 비록 평소 우리가 동의하지 않는 이들에게서 나온 것이라 해도 말이다.

우리는 차이 속에서도 함께 여행해야 한다. 세상 속에서 산다는 것은 늘 복음 중심적이지는 않은 사람들 및 사안들 속에서 공통점을 찾는다는 의미다. 모험가에게 이는 반가운 소식이다. 색다른 질문을 던질 수 있는 기회가 생기기 때문이다. "이 상황에서 하나님은 어떤 일을 하고 계실까? 내가 공감할 수 있는 분투는 무엇일까? 어디에 다리를 놓을 수 있을까? 하나님 나라는 어디에서 드러나고 있을까?"

이런 관대한 정신의 원천은 순진한 낙관주의가 아니라 하나님의 주권과 긍휼에 대한 신뢰다. 이 정신은 기쁨을 기대하게 한다. 낯선 것을 단순히 견디는 상태를 넘어, 뜻밖의 모습 속에서 발견하는 가치를 겸손하게 인정하는 단계로 우리를 이끈다. 새로운 경험, 새로운 생각에 열려 있게 만든다.

분별과 성경적 비판이 필요할 때가 분명히 있지만, 그 목소리에 반드시 겸손과 사랑이 담겨야 한다. 어떤 이들은 이런 자세가 우리를 위험에 노출시킨다고 주장할 것이다. 분명히 그렇다. 모험은 본질적으로 위험하다. 이 사실을 가볍게 여겨서는 안 된다. 하지만 이 모험에 소망과 확신을 가질 수 있는 이유는 우리의 안내자가 신뢰할 만한 분이시기 때문이다.

실패, 회복 탄력성을 기를 기회

물론 우리도 실패할 때가 있을 것이다. 그러나 모험에 나서는 이들에게 위험과 실패는 곧 회복 탄력성을 기를 기회다. 나는 단기 선교 여행을 준비하는 대학생들을 훈련할 때 자주 이렇게 말하곤 했다. "여러분이 여기서 무슨 일을 하는지는 중요하지 않습니다. 진짜 중요한 건 그다음에 여러분이 무엇을 하느냐입니다." 학생들이 어리둥절해하면 나는 설명을 덧붙였다. "아무리 조심하고 공들여 준비해도, 여러분은 이번 여행의 다문화적 환경 속에서 반드시 실수를 저지를 겁니다. 당혹스러운 상황에 처할 것이고, 어쩌면 우리를 환대한 현지인들을 불쾌하게 만들지도 모릅니다."

이 대목에서 학생들은 대개 당황한 표정을 감추지 못한다. 그러면 나는 이렇게 말을 이었다. "나는 여러분이 저지른 실수 자체에는 큰 관심이 없습니다. 중요한 건 그 실수 이후의 행동입니다. 수치심에 뒤로 물러날 것입니까? 아니면, 그 일을 그저 없었던 일로 치부해 버릴 것입니까? 그것도 아니면, 자신을 비난하며 자책만 할 것입니까?" 나는 이 대목에서 잠시 말을 멈추고, 학생들이 자신도 모르게 자동적으로 튀어나왔던 반응이 무엇이었는지 스스로 되돌아보게 했다.

그리고 다시 물었다. "아니면, 그 상황에 정면으로 달려들어 보겠습니까? 질문을 던져 무엇이 잘못되었는지 배우겠습니까? 사과하고 보상할 길을 찾겠습니까? 자신에게 자비를 베풀겠습니까? 지금의 실수를 관계가 깊어지는 계기로, 혹은 자신의 취약함을 드러내며 타인을 의지하는 기회로 삼겠습니까? 중요한 것은 여러분의 실수가 아니라, 그 이후의 모습입니다."

그 학생들은 그때까지 올바른 일을 하고 올바른 생각을 하고 올바른 말을 해서 늘 성공만 해 온 이들이었기에 내 말을 받아들이기 힘들어했다. 평생 실패를 모르던 학생들이었으며, 언제나 어려움을 모면할 방법을 찾아냈던 이들이었다. 이는 사회학자 크리스천 스미스Christian Smith와 멜린다 런드퀴스트 덴튼Melinda Lundquist Denton이 "도덕주의적 치료적 이신론Moralistic Therapeutic Deism"이라 명명한 문화, 즉 불편함을 두려워하고 실패를 회피하는 풍토에서 자라난 그리스도인들에게 특히 두드러지게 나타나는 모습이다.[4] 그 결과, 예나 지금이나 많은 학생들에게 실패해도 다시 일어나는 힘, 곧 회복 탄력성이 부족하다.

어떻게 하면 회복 탄력성이 있는 믿음을 가진 그리스도인을 길러 낼 수 있을까? 나는 비서구권 국가의 교회들, 이민자 교회들, 유색인종 교회들이 이 영역에서 우리를 가르쳐 줄 수 있다고 믿는다. 그들은 수 세기에 걸쳐 회복 탄력성을 몸소 보여 주었다. 그들은 사회적 제재와 문학적 억압 한복판에서도 기쁨의 증인이 된다는 것이 무엇인지 보여 준다. 성경을 굳게 붙들고 불의와 죄악에 정면으로 맞서는 애통의 모델을 제시하며, 돈과 섹스와 권력 등의 우상 뒤에 숨은 영적 "통치자들과 권세들"에 대항하는 법을 보여 준다. 그들은 넉넉한 재정 자원 없이도 세계 선교에 동참한다. 그들이 보여 주는 '아래로부터의' 신학과 선교는 너무나 오랫동안 위에서 아래로top-down 사역해 온 이들에게 큰 축복이 된다.

몇 년 전, 나는 나이지리아 복음주의학생선교회 전국 대회에 참석했다. 그곳 학생들은 열정적으로 예배하고 갈급한 심정으로 성경을 대했다. 하지만 미국 대회와 결정적으로 다른 점이 있었다.

콘퍼런스 센터 주위를 기관총으로 무장한 수십 명의 경호원이 지키고 있었다는 사실이다. 이슬람 무장 세력의 테러 공격에 대비한 이 삼엄한 경계가 그들에게는 일상적인 사역 환경이었다. 실제로 2015년 케냐 가리사대학교^{Garissa University} 테러 당시 그들의 또래인 기독교인 학생들은 목숨을 잃었고, 친구와 가족들은 보코하람〔2002년 결성된 나이지리아의 이슬람 극단주의 테러 조직-옮긴이〕에게 살해당했다. 150만 명이 넘는 그리스도인들이 살던 집에서 쫓겨나 굶주림에 허덕이고 있었다.

그럼에도 불구하고 수천 명의 학생은 무슬림이 지배하는 북부 지역으로 가라는 부름에 응답하며 자신의 생계와 목숨을 기꺼이 내걸었다. 아시아의 폐쇄된 국가들로 가서 복음을 전하라는 도전을 받아들인 학생들은 그보다 더 많았다. 무엇이 그들에게 이런 회복 탄력성을 주었을까? "우리는 두려움에 굴복하지 않을 것입니다. 복음은 목숨을 바칠 만큼 가치가 있습니다." 그들은 복음의 진정한 가치를 알았기에 그렇게 선언할 수 있었다.

보다 최근에 나는 레바논, 요르단, 이스라엘, 팔레스타인을 방문해 아랍계 그리스도인들의 이야기를 들었다. 그곳에서 나는 하나님이 지난 수 세기 동안 어떤 방식으로 그분의 교회를 보존해 오셨는지 목격했다. 하나님이 오늘날에도 기적적인 방법으로 무슬림들을 부르고 계신다는 이야기도 들었다. 특히 강제 추방과 군사 점령, 국제적 고립 속에서도 팔레스타인 사람들을 돕는 팔레스타인 기독교 지도자들을 만나 많은 것을 배웠다. 무엇이 그들에게 회복 탄력성을 주는가? 그들은 하나님의 능력과 주권을 깊이 신뢰하고 있다.

미국 내에서도 나는 흑인 교회와 히스패닉 교회들이 복음 증거 속에 정의와 전도를 통합해 담아내는 모습에 끊임없이 도전을 받는다. 그들의 예배에는 애통과 찬양, 깊은 소망과 정직한 고통이 공명한다. 그들은 구조적 억압과 경제적 빈곤, 삶의 터전에서 끊임없이 밀려나는 아픔을 몸소 겪어 온 이들이다. 종종 다른 그리스도인들은 이들의 고민을 외면하거나 가볍게 여기기 일쑤지만, 그들은 한정된 자원 속에서도 창의적으로 사역을 이어 간다. 무엇이 그들에게 이런 회복 탄력성을 주는가? 그들은 하나님 나라가 이미 임했고, 또 오고 있다는 사실을 명확히 이해하고 있다.

진정한 모험, 삶을 완전히 뒤바꾸다

내가 모험을 좋아하는 이유는 참된 모험이 우리를 변화시키기 때문이다. 무모한 일탈은 우리를 변화시키지 못한다. 〈스타워즈 Star Wars〉와 〈인디애나 존스 Indiana Jones〉처럼 내가 자라면서 본 영화에는 대부분 필요한 모든 것을 갖춘 영웅이 등장했다(당시 영웅은 거의 언제나 남자였다). 재치, 압도적인 신체 능력과 민첩함, 넉넉한 자원, 고대어나 정체 모를 생소한 언어까지 이해하는 놀라운 능력. 자신에게 없는 것은 빼앗으면 그만이었다. 현지인의 도움을 받아야 하는 상황은 그저 빨리 해결해야 할 성가신 문제일 뿐, 새로운 인연을 맺게 되는 축하할 기회가 아니었다. 집으로 돌아온 그는 아무런 변화 없이 떠날 때 모습 그대로이고 상처 하나 없다. 아주 재미있는 영화들이긴 했지만, 궁극적으로는 공허함을 느꼈다.

그에 반해, 깊은 울림을 주는 이야기 속 모험가는 반드시 여정을 통해 변화를 겪는다. 《반지의 제왕》의 주인공 프로도는 처음에는 약하고 무력한 존재로 등장한다. 그는 길 찾기부터 안전과 생존에 필요한 먹을거리까지 모든 것을 타인에게 의존한다. 너무나 무력하고 취약한 나머지 그는 결국 실패하고 만다. 사명이 완수된 것은 그의 능력 덕분이 아니라, 그의 실패에도 불구하고 이루어진 일이었다.

하지만 그 여정은 그를 변화시켰다. 그것은 단순한 일탈이 아니었다. 그는 완전히 달라진 모습으로 고향에 돌아오지만, 너무도 고결해진 동시에 너무도 깊이 부서져 더 이상 예전처럼 그곳에 머물 수 없게 된다. "나는 샤이어를 구하려 애썼고, 샤이어는 지켜졌어. 하지만 나를 위한 것은 아니었어. 샘, 무언가가 위험에 처했을 때는 흔히 이런 법이야. 다른 이들이 그것을 지킬 수 있도록 누군가는 그것을 포기하고 잃어야만 해."[5]

프로도처럼 우리도 지금 처한 황무지를 받아들이고 하나님이 우리 앞에 펼치시는 여행에 몸을 던진다면, 지금 이 자리에 그대로 머물러 있을 수는 없다. 처음 시작했던 그 자리로 되돌아가는 것도 불가능할 것이다. 이제 우리는 모험을 떠나야 한다. 서로와 함께, 하나님과 함께.

"아직 멀었어요?"

대답은 늘 한결같다. "조금만 더 가면 돼. 조금만 더 참으렴."

4

두려움과 불편을 무릅쓰고
공공의 광야에 길을 내다

개척자 정신으로 마주하다 

Entrepreneur

루디 카라스코 ◦ Rudy Carrasco
머독공익신탁(Murdock Charitable Trust) 기획관,
전 기독교지역사회개발협의회(CCDA) 이사

잡지 시안이 사라졌다. 전날 밤 사무실 책상 위에 분명히 두고 퇴근했는데, 아침에 보니 온데간데없었다. 열여섯 장의 백지를 스카치테이프로 이어 붙인 그 시안에는 파란색 잉크로 휘갈려 쓴 메모와 박스, 헤드라인이 가득했다. 〈어번 패밀리*Urban Family*〉 창간호를 위해 만든 투박한 견본이었다.

1991년 여름, 기독교 공동체 개발과 인종 화해 사역에 힘써 온 존 퍼킨스*John Perkins* 박사는 흑인 사회를 향한 언론의 지속적인 부정적 보도에 대응하기로 했다. 그는 사회 문제를 다른 각도에서, 더 희망적인 시선으로 조명하는 균형 잡힌 매체를 세우고자 했다. 나는 대학을 막 졸업한 직후 퍼킨스 박사의 팀에 합류했고, 1년도 채 안 되어 〈어번 패밀리〉의 책임 편집자가 되었다.

무無에서 유有를 창조하는 사람들

그날 정오, 사라진 잡지 시안의 미스터리가 풀렸다. 퍼킨스 박사가 친구들과 교회 지도자들을 만나는 자리에 그 시안을 챙겨 간 것이다. 나중에 듣기로는, 그가 그 모임에서 잡지 시안을 마치 광선검이라도 되는 양 휘두르며 잡지의 비전을 설파했다고 한다. 도시의 난제를 해결할 희망과 대안을 제시하고, 흑인을 비롯한 소외 계층을 긍정적인 시각으로 조명할 전국구 잡지의 탄생을 알린 것이다.

그로부터 몇 주 뒤, 그날 모임에 참석했던 누군가가 우리에게 무려 10만 달러라는 거액의 후원금을 보내왔다. 나는 엄청난 충격을 받았다. 알고 보니, 테이프로 덕지덕지 붙여 만든 그 투박한 시안이 기부자의 마음을 움직였다. 그는 퍼킨스 박사에게 이렇게 말했다고 한다. "등사기로 밀어서 스테이플러로 찍어 낸 정도로는 독자를 모을 수 없습니다. 제대로 된 컬러 표지도 만들고 디자인도 갖추어야 합니다."

퍼킨스 박사가 〈어번 패밀리〉를 구상한 건 영화 〈사회에의 위협 Menace II Society〉 같은 작품들을 보고 난 뒤였다. 그는 대중매체가 흑인을 묘사하는 전반적인 방식에 깊이 낙심했다. 갱단 문화의 실상을 다룬 영화에는 대규모 자본이 투자되지만, 희망을 주는 이야기는 잘 소개하지 않는 현실 때문이었다. 그는 불평만 하지 않고, 대중매체의 이런 묘사에 대해 조치를 취하기로 결심했다. 〈어번 패밀리〉는 제법 프로다운 구색을 갖추고 출범했지만, 사실 그는 필요하다면 잡지를 직접 복사해서 일일이 나눠 줄 각오까지 되어 있었다. 그는 문제를 만나면 투덜대기보다 해결책을 찾는 사람이었다.

우리는 스스로를 개척자 entrepreneur 라 부르지 않았지만, 사실은 개척자였다. 무에서 유를 창조하여 특별한 빈틈을 메웠다. 흑인이 운영하는 잡지사로서 우리는 희망과 해결책에 집중했다. 1년이 지나자 흑자까지는 아니었지만, 발행 부수는 15,000부에 달했고 광고 수익도 상당했다. 비영리 조직이었기에 퍼킨스 박사의 폭넓은 인맥을 통한 후원에 의지했고, 적은 월급에 직원은 다섯 명뿐이었다. 그래도 사무실 공간, 전화기, 컴퓨터 등 기본 시설은 이미 갖추어져 있었다. 화려하지는 않은 신생 기업이었음에도, 우리 잡지는 충실한 취재와 시각적 편집으로 상당한 파급력을 보여 주었다. 급기야 〈크리스채너티 투데이 Christianity Today〉가 이런 콘텐츠의 시장성을 타진하기 위해 1년간 우리 기사를 게재하기로 했다.

사업을 시작할 때 가끔 일어나는 일인데, 역사의 우연으로 우리 잡지의 시의성이 증폭된 것이다. 1992년 4월 29일, 〈어번 패밀리〉 창간호가 우편 발송을 시작한 바로 그날, 로스앤젤레스에서는 흑인 운전자 로드니 킹 Rodney King을 폭행하는 영상 증거가 명백했음에도 가해 경찰관 네 명에게 무죄 판결이 내려졌다. 이 선고는 닷새에 걸친 격렬한 소요 사태로 이어졌다. 전 세계가 지켜본 이 사태의 결과로 63명이 사망했고 2,300명이 다쳤으며 약 12,000명이 체포되고 10억 달러 이상의 재산 피해가 있었다. 이 기간에 로드니 킹은 텔레비전에 출연하여 이렇게 물었다. "우리 그냥 다 같이 잘 지낼 수는 없나요?"

마침 〈어번 패밀리〉의 창간호 기사 제목들은 "흑인 공동체는 누가 대변하는가?", "흑인과 백인은 이웃이 될 수 있을까?" 등 생각을 일깨우는 질문들을 제시하고 있었다. 인종 갈등은 로스앤젤레스만이 아니라 미국 전역에 걸쳐 이후 수년 동안 심화되었고, 그 여파 속에서 〈어번 패밀리〉는 해결책과 인종 화해를 바라는 사람들 사이에서 확고한 기반을 구축했다.

내가 〈어번 패밀리〉를 경험하면서 배운 한 가지 교훈은 사회 문제를 해결하는 데서 개척자적 풀뿌리 활동이 발휘하는 힘이다.

우리 팀은 비판하는 데 그치지 말자고, 문제의 심각성을 부각하는 수준을 넘어 해결책을 제안하고 실행에 옮기자고 거듭 다짐했다. 퍼킨스 박사는 이를 두고 "문제에 책임을 지는 일", 우리가 초래하지 않은 난장판일지라도 기꺼이 치우기로 선택하는 일이라고 말했다. 나는 이 일에 적극적으로 참여했다. 달려들어 문제를 내 것으로 삼았고, 당면 과제를 감당할 준비가 되어 있지 않다고 느끼면서도 해결책을 찾고자 노력했다.

"마지못해 나선 개척자"

스스로를 개척자로 여기든 아니든, 가끔은 삶에 떠밀려 개척자의 역할을 맡게 된다. 그리스도인들은 종종 자신이 전혀 준비되지 못했다고 느끼는 중대한 상황 속에서 실제적인 대응에 나서라는 부름을 받는다. 당신도 이런 적이 있을 것이다. 어떤 사안에 대해 소신껏 발언했는데, 주위 사람들이 당신의 말에 동의하고 그다음엔 무엇을 해야 하느냐고 묻는다. 어떤 문제에 대해 조치를 취했을 뿐인데, 여러 사람과 단체가 찾아와 자신들의 문제도 도와 달라고 청한다. 사람들이 당면한 어려움에 대처하도록 도와주는 실제적인 조력자나 리더로 자처한 적이 없는데, 어느 순간 포레스트 검프가 된 것 같은 기분이 든다. 그냥 뛰고 싶어서 뛰었을 뿐인데, 정신을 차려 보니 수많은 사람이 당신 뒤를 따르며 당신의 말을 기다리고 있다.

이런 이들을 가리키는 용어가 바로 "마지못해 나선 개척자

Reluctant Entrepreneur"다. 흔히 우리는 개척자라고 하면 기존 자원의 제약에 구애받지 않고 도전에 뛰어드는 사람을 떠올린다. 그에 반해 작가 랜디 오터브리지Randy Otterbridge의 정의에 따르면, "마지못해 나선 개척자"는 두려움을 무릅쓰고 새로운 일을 시작하기 위해 첫걸음을 내디딘 사람이다.[1] 그리스도인 리더들이 늘 스스로를 개척자라고 생각하지는 않겠지만, 도전적인 상황으로 부름받은 이들은 사실상 마지못해 나선 개척자라고 할 수 있을 것이다. 그리고 그런 이들은 우리 주위에 가득하다.

용기 있는 행동으로 변화의 씨앗을 뿌리는 패니 루 해머Fannie Lou Hamer 같은 이들이 대표적이다. 패니 루 해머가 1964년에 민주당전당대회에서 한 증언은 미국 흑인 투표권 역사의 행로를 바꿔 놓았다. 그녀는 투표권 운동에 이어 빈곤 퇴치 활동을 이끌었고, 1969년에는 지역 사회 기반의 농촌 경제 개발 프로젝트인 자유농장협동조합Freedom Farm Cooperative을 설립했다.

오래된 숙원이자 시급한 필요를 채우기 위해 행동에 나선 이들도 있다. 청소년 사역자로 훈련받았던 웨인 고든Wayne Gordon과 시카고 론데일커뮤니티교회Lawndale Community Church의 팀원들은 교인들과 이웃들에게 보다 값이 저렴한 주택이 절실하다는 사실을 깨달았다. 그들은 지역 사회 출신의 리더십과 전문 기술을 갖춘 인재들을 모아 론데일기독교개발기구Lawndale Christian Development Corporation를 설립했다. 이 조직은 2019년에 이르기까지 1억 달러가 넘는 규모의 서민 주택 개발 사업을 추진해 왔다.

나 역시 마지못해 나선 개척자이기에 이런 사례들에서 큰 격려를 받는다. 〈어번 패밀리〉에서의 시간을 시작으로 등 떠밀리듯 개척자의 역할을 감당해야 했던 상황을 많이 경험하면서, 행동에 나설 힘을 주는 세 가지 격언을 정리했다.

* **1단계** 모든 것이 산산이 부서진다(무너져 내린다).
* **2단계** 길은 걸어가면서 만들어진다.
* **3단계** "내게 능력 주시는 자(그리스도) 안에서 내가 모든 것을 할 수 있느니라."빌 4:13

치누아 아체베 Chinua Achebe 의 《모든 것이 산산이 부서지다 Things Fall Apart》는 나이지리아 공동체가 영국 식민 지배에 굴복하면서 주인공이 절망하는 과정을 연대기순으로 기록한 책이다. 나는 이 의미심장하고 통렬한 제목에 깊은 인상을 받았다. 세상은 망가졌고, 무슨 일이 벌어지는지 우리가 이해하든 못 하든 때로 모든 것이 산산이 부서진다. 우리 모두는 삶에서 이런 무너짐을 경험한다. 나는 새로운 고통을 마주할 때마다 이 말을 떠올리며 위안을 얻는다. '그렇다, 모든 것 무너져 내린다. 하지만 그것이 끝은 아니다.'

"길은 걸어가면서 만들어진다 Se hace camino al andar"라는 스페인어 문구가 있다. 아무런 길도, 계획도, 역할 모델도, 참고할 선례도 없다는 사실을 깨달으면 의지가 꺾이기 마련이다. 마지못해 나선 개척자는 이런 버거운 과제와 마주하면 한동안 마비 상태에 빠질 수도 있다. 그러나 "길은 걸어가면서 만들어진다"는 조언은 비록 큰 대가가 따를지라도 우리 앞에 가야 할 길이 분명히 있음을 가르처 준다.

"내게 능력 주시는 그리스도 안에서 내가 모든 것을 할 수 있느 니라"라는 구절은 기독교 신앙의 핵심이자 마지못해 나선 개척자들이 외치는 슬로건이다. 결국 우리는 죽은 자들 가운데서 부활하신 분을 믿는 사람들이다. 큰 도전에 직면할 때, 해결책이 없는 것처럼 보이는 문제들에 맞닥뜨릴 때 우리는 무에서 세상을 창조하신 성령께서 우리를 인도하실 것임을 믿고 용기를 낼 수 있다.

나는 30년이 넘게 사역을 하면서 나를 포함해 많은 이들이 두려움을 무릅쓰고 개척자로서 첫발을 내디딜 때 일어나는 긍정적 변화들을 목격했다.

개척자 정신이 맺은 열매들

1994년, 나는 〈어번 패밀리〉를 떠나 퍼킨스 박사가 설립한 하람비기독교가족센터 Harambee Christian Family Center 로 자리를 옮겼다. 하람비는 인종 화해를 위한 도시 청소년 사역 단체였다. 내가 거주하면서 섬기던 패서디나 북서부 지역의 당면 과제는 소수 인종들과 다수의 백인 간의 인종 갈등이 아니라, 아프리카계 미국인들과 라틴계 주민들 사이의 깊어지는 골이었다. 1980년대만 해도 흑인들이 주를 이루던 지역이었는데, 라틴계 이주민들이 대거 유입되면서 두 집단 사이에 불신의 골이 깊어졌다. 더군다나 흑인 갱단과 라틴계 갱단은 주민들을 더욱 갈라놓았다.

하람비의 우리 팀은 이런 지역 사회의 역학 관계 안에서 복음의 능력을 어떻게 전할 수 있는지 고민했다. 사역 동역자인 데릭Derek과 나는 개척자적 사고와 계산된 위험을 감수하려는 의지, 무에서 유를 창조하겠다는 사명감을 가지고 우리가 믿는 인종 화해의 산증인이 되기로 결심했다.

미시시피에서 자란 흑인 리더였던 데릭과 로스앤젤레스 동부에서 태어난 멕시코계 미국인인 나는 사역지에 함께 거주하며 온 가족이 식탁을 공유하고, 동등한 의사결정권을 갖고 단체를 공동 운영하기로 했다. 이는 사실 나보다 열 살이 많고 도시 사역 경험이 훨씬 풍부했던 데릭에게 더 큰 희생이었다.

첫 3년의 노력을 통해 우리는 흑인들과 라틴계 사람들이 서로를 돌보는 문화를 하람비 안에 만들어 냈고, 많은 이웃에게 우리가 복음이 가진 화해 능력을 진지하게 믿는다는 확신을 심어 주었다. 그들 스스로 위험을 감수하고 인종적 경계를 넘어 더 깊은 관계를 맺도록 설득하는 일은 훨씬 더 힘들었다. 하지만 시간이 지나면서 우리에게 영향을 받아, 쓰는 언어가 달라도 서로를 이런저런 행사나 집으로 초대하는 흔치 않은 일들이 일어났다.

1997년, 개척자적 행동이 필요한 또 다른 상황이 발생했다. 데릭과 나를 포함한 청소년 사역 리더들이 오렌지카운티의 데니스 레스토랑에서 아침 식사를 하고 있었다. 우리는 도시 환경에 맞게 설계된 청소년 사역 자원이 부족한 현실을 한탄하다가 직접 행사를 만들기로 결정했다. 우선 산타아나 히스패닉사역센터의 래리 아코스타Larry Acosta 박사와 연계해 시범 행사를 기획했다. 각자의 네트워크를 통해 홍보하며 아주사퍼시픽대학교Azusa Pacific

University를 행사 장소로 정했다. 예산은 적었지만 일단 행사가 열리고 사람들이 그 광경을 한번 본다면 추진력을 얻을 수 있을 거라 생각했다. 첫해에 100여 명의 사역자가 모였고, 반응은 뜨거웠다.

그러나 행사 준비는 진이 빠지는 일이기도 했다. 적어도 하람비 팀에게는 그랬다. 데릭과 나는 래리를 만나 그 행사는 이제 우리가 감당하기에 너무 버겁다고 털어놓고, 그가 도시청소년사역자협회 UYWI 행사를 맡아 준다면 안심이 되겠노라고, 우리가 뒤에서 지원하겠다고 말했다. 래리는 행사와 관련된 전 과정에서 활력을 얻은 듯했고 우리의 제안을 기꺼이 수락했다. 그 이후는 다들 아는 사실이므로 더 말할 것이 없을 듯하다. 도시청소년사역자협회는 지금도 전미 최고의 도시 청소년 사역자 훈련의 장으로서의 위상을 이어 가고 있다.

2007년, 개척자로 나설 또 한 번의 기회가 찾아왔다. 그때 마이크(가명)가 하람비의 내 사무실 문가에 서서 이렇게 말했다. "이곳에 최고의 갱 프로그램이 있다고 들었습니다. 그 내용을 좀 알고 싶습니다." 처음 듣는 이야기였다. 우리에게는 갱 프로그램이 없었기 때문이다. 내가 물었다. "누가 그러던가요?"

마이크는 하람비가 갱단의 영향을 받은 청소년들을 대상으로 효과적인 사역을 한다는 얘기를 패서디나 시 주변의 몇몇 사람들에게 들었다고 했다. 알고 보니 주로 인근 중학교 학생들에게 들은 것이었다. 그 아이들은 우리의 '주니어 스태프' 프로그램에 참여하고 있었는데, 이 프로그램은 대학 입시 준비와 제자 훈련 활동을 하면서 시설 곳곳에서 일한 만큼 급료를 받는 방식이었다.

그해는 청소년 프로그램 책임자인 플로렌스Florence가 나를 찾아와 우리가 더 많은 청소년을 고용해야 한다고 말한 해이기도 했다. 우리는 당초 열두 명의 청소년이 파트타임으로 일할 수 있도록 예산을 세우고 기금을 모았지만, 플로렌스는 일자리 소문을 듣고 새로 찾아오는 아이들이 줄을 잇고 있다고 전했다. 그들은 그리스도인도 아니었고 하람비를 경계했지만, 이 프로그램에는 참여하고 싶어 했다. 우리는 그들 중 일부가 갱단에 속한 친척이 있어 그 길을 따를 위험에 처해 있다는 사실을 알게 되었다.

나는 플로렌스에게 우리가 무엇을 해야 할지 물었고, 그녀는 반대로 내게 무엇을 할 수 있느냐고 물었다. 나는 기금 모금 노력을 두 배로 늘릴 수 있다고 답했지만, 필요한 자금을 얼마나 빨리 모을 수 있을지는 확신할 수 없었다. 그러자 플로렌스는 청소년 각자의 평균 노동 시간을 줄이면 주니어 스태프 인원을 늘릴 수 있다고 제안했다.

"정말입니까?" 내가 물었다. 그렇게 되면 노동 시간이 주당 평균 4시간으로 줄어들 텐데, 아이들이 고작 그 몇 시간을 일하러 여기 올지 의문이었다. 게다가 이미 맡길 일감 자체가 부족한 상황이었다. "학생들이 전부 돌아가면서 똑같은 화장실을 청소해야 할 판인데, 그래도 될까요?" 내가 묻자 그녀는 할 수 있다고 답했고, 정말로 해냈다.

그해에 함께한 서른 명의 청소년들은 내가 하람비에서 19년을 보내며 만난 아이들 중에서도 가장 집중력이 높고 정직하며 예의 바른 아이들이었다. 만약 우리가 몰려드는 아이들을 마주했을 때, 주니어 스태프 인원을 늘리기로 결정하고 비용은 나중에 마련하기로 하는 개척자적 대응을 하지 않았다면, 그들은 결코 우리와 함께하지 못했을 것이다.

거름이 필요한 곳으로

나눌 사례가 한 가지 더 있다. 2013년, 나는 가족과 함께 미시건주 그랜드래피즈로 이사했고, 비즈니스를 통한 빈곤 퇴치에 초점을 둔 세계적인 기독교 단체인 파트너스월드와이드Partners Worldwide에서 일하게 되었다. 우리 팀은 그랜드래피즈 전역의 비즈니스 리더들이 모이는 자리에 초대받았는데, 그들은 그들 중 상당수가 알고 지내던 한 흑인 청년의 죽음을 애도하기 위해 먼저 모여 있었다.

논의가 진행되는 도중, 아프리카계 미국인 남성들, 특히 전과가 있는 이들의 실업 문제를 어떻게 해결할 것인가에 대한 질문이 나왔다. 그날의 논의는 주로 그들을 잠재적 피고용인으로 보는 데 머물렀지만, 우리 팀은 그들이 지속 가능한 일을 꾸려 갈 수 있도록 도와야 한다는 점을 알고 있었다. 어떤 이들은 취업 자체가 힘들었고, 어떤 이들은 수입이 부족해 건설 현장이나 잡역, 식당일 등 종류를 가리지 않고 부업을 구해야 했으며, 직접 자기 사업을 시작하는 데 관심이 있는 이들도 있었다.

그랜드래피즈는 사기업 운영과 자립을 장려하는 문화가 뿌리 깊은 비즈니스의 천국이었기에 개척자 정신으로 실업 문제를 해결한다는 구상에 다들 즉각적인 관심을 보였다. 그러나 사람들은 그 구상이 실제로 효과가 있다는 증거를 원했다. 우리에게는 우리가 돕고자 하는 표적 집단의 필요를 딱 맞게 채워 줄 개척자적 모델이 지역 내에 전혀 없었다. 많은 비즈니스 개발 프로그램이 있었지만 대개 높은 교육 수준이나 전문적인 비즈니스 식견을 전제로 하고 있었다. 우리가 만날 이들은 학업 수준이 높지 않거나 사업 계획서, 예산안, 스프레드시트, 마케팅 계획, 세세한 법률 준수 같은 복잡한 사업 형식에 익숙하지 않은 사람들이었다.

그래서 우리 팀은 미국 전역을 뒤져 우리가 돕고자 하는 대상을 상대로 가장 성공적인 결과를 낸 프로그램을 찾아 나섰다. 우리는 테네시주 채터누가에서 론치LAUNCH라는 그룹을 발견했다. 그들은 아직 공식 사업가가 아닌 이들에게 비즈니스 언어를 교육하는 커리큘럼과 방법론을 만들어 냈다. 파트너스월드와이드는 이 론치의 방법론을 그랜드래피즈로 도입하도록 도왔다. 이 접근법은 고용 불안을 겪는 전과자들뿐만 아니라 훨씬 더 폭넓게 사람들의 필요를 채워 주었다. 첫 구상이 시작되고 5년 후, 그랜드래피즈에서 실업률이 가장 높은 지역의 주민 300여 명이 비즈니스 훈련을 마쳤고, 지속적인 코칭을 받으며 200개가 넘는 사업체를 창업했다.

〈어반 패밀리〉, 하람비, 도시청소년사역자협회, 주니어 스태프 프로그램, 파트너스월드와이드는 개척자적 사고와 추진력으로 사회적 도전들에 대응하고자 노력했던 수많은 사례 중 다섯 가지에 불과하다. 실행에 나선 행위는 그 자체로 강력하고 실제적인 목적을 이루게 해 주었다. 그런 시도들을 통해 변화가 실시간으로 일어나는 것을 보았기에 다른 사람들도 문제 해결이 가능하다는 확신을 갖게 된 것이었다.

버거운 사회적 도전들에 개척자적인 방식으로 대응하는 데는 실제적인 근거뿐 아니라 신학적인 근거도 있다. 팀 켈러가 2장에서 지적했듯이, 예수님은 하나님의 빛이 가장 필요한 곳, 즉 우리의 개척자적 노력이 가장 절실히 요구되는 곳에서 신앙을 살아 내라고, 세상의 소금이 되라고 우리 각 사람을 부르신다.

앤서니 브래들리 Anthony Bradley 박사는 이 소금의 본질에 대해 놀라운 통찰을 제시한다. 소금을 거름으로 보는 시각이다. 그는 2016년의 〈크리스채너티 투데이〉 기사에서 고대 세계에서는 소금을 거름으로 이해했다는 농업 전문가 유진 디트릭 Eugene Deatrick 과 로버트 포크 Robert Falk 의 연구를 인용했다. 브래들리는 이러한 관점이 오늘날에도 여전히 유효하다고 덧붙인다. 필리핀 코코넛청 PCA 에 따르면, 소금은 "작물의 성장과 발육을 촉진하고 수확량을 증대시킨다. …… 실제로 소금 비료를 준 농가들은 소금을 쓰지 않았던 코코넛 나무들에 비해 수확량이 125퍼센트나 증가했다."

브래들리에 따르면, 소금을 거름으로 보는 이러한 이해는 그리스도인들이 현재 어떤 것도 제대로 자라지 않는 곳으로 가서 새 생명이 자라도록 도우라는 부름을 받았다는 적용으로 이어진다. "그리스도인들은 단순히 세상에 맛을 더하거나 세상이 부패하지 않게 막기 위해서만 여기 존재하는 것이 아니다. 예수 그리스도의 제자들은 세상의 황폐한 곳에 가서 성장을 자극하고, 세상의 거름더미에 기꺼이 섞여 들어가 하나님이 그 거름을 사용하셔서서 새롭고 고결한 삶을 일으키실 수 있도록 하는 사명을 받았다."[2]

나는 브래들리의 시각이 맘에 든다. 내가 개척자 정신으로 참여했던 활동들 속에서 하나님이 어떻게 일하셨는지 깨닫게 해 주기 때문이다. 당시 나는 무언가를 해야 하고 그 일은 위험을 무릅쓸 가치가 있다는 것밖에 몰랐다. 그러나 이제는 그리스도인들이 믿음으로 반응하고 개척자가 되기로 선택함으로써 세상에 거름을 주고, 필요한 곳에 생명을 전하고 있음이 더 분명하게 보인다.

2007년의 패서디나에는 거름이 필요했다. 내가 1990년대 초에 도착했을 때 지역 사회는 갱단 관련 폭력의 파도가 덮치고 있었다. 1991년, 〈로스앤젤레스 타임스 Los Angeles Times〉는 하람비 사역 현장에서 두 블록 떨어진 곳에서 발생한 총기 난사 사건을 보도하며, 2주 동안 그런 사건이 여섯 건이나 일어나 주민들이 공포에 떨고 있다고 언급했다.[3] 2007년에도 패서디나 북서부 지역에서 유사한 갱단 폭력이 되풀이되었다. 그해 9월 무렵 갱 관련 살인은 이미 10건에 달했다. 지역 주민들은 이 수치에 깜짝 놀랐다. 이전 3년간 있었던 살인 사건이 총 13건이었기 때문이다. 경찰은 보수적으로 추정해도, 우리 지역에서 약 11개 갱단, 신원이 확인된 500여 명의 단원들이 활동하고 있다고 발표했다.[4]

주민들과 지역 리더들은 갱단의 영향력이 커지는 상황을 우려했고, 이 난관에 맞서고자 '비전 20/20 사업'을 기획했다. 이 사업은 2007년 후반, 패서디나 시의원 재크 로빈슨 Jacque Robinson 의 행동 촉구에 반응하여 시작되었고, 로스앤젤레스 카운티 전역에서 갱들과 함께 일했던 현지 기독교 지도자 앤서니 마센게일 Anthony

Massengale이 개발한 폭력 예방 체계를 빠르게 도입했다. 갱단 활동 예방과 교정 교육에 초점을 맞춘 비전 20/20 사업은 경찰, 지역 사회 단체, 신앙 기반 단체, 자선 단체, 기업, 시민 단체, 교육 기관 등 여러 분야의 연합으로 시행되었다.

하람비도 이 연합체에 합류하기로 했다. 하지만 나는 합류하기에 앞서, 우리의 참여가 우리 조직에 어떤 영향을 미칠지 신중히 따져 보았다. 우리가 연합체에 참여한 것은 함께 모이면 각 단체가 개별적으로 일할 때는 찾을 수 없었던 해결책에 도달할 수 있기 때문이었다. 우리 지역에는 갱단의 일원이거나 갱단의 위협을 받는 젊은이들과 부모들이 많았기에, 지역에서의 모든 긍정적 움직임은 그들에게 도움이 될 것이었다.

하지만 우리에게는 시간 사용 문제와 조직 가치관의 희석이라는 두 가지 난제가 있었다. 시간 사용이 문제가 된 것은 지역 사회 연합체가 움직이는 데는 끝도 없이 이어지는 모임이 뒤따랐기 때문이다. 정기 모임, 위원회 실무를 위한 후속 모임, 연합체에 참여한 각 단체를 알아가기 위한 모임, 변화를 촉구하거나 이 사업에 대한 지지를 호소하기 위한 공직자 및 후원자들과의 만남 등 시간과 노력을 쏟아야 하는 모임이 줄줄이 뒤따랐다.

조직 가치관의 희석이 난제로 등장한 이유는 연합체에 참여한 모든 집단이 하람비의 기독교 중심적 사명에 동의하는 것은 아니었기 때문이다. 하람비의 후원자들은 연합체 참여를 사명과 가치의 타협으로 인식하지 않을까? 동시에 연합체의 다른 단체들도 하람비의 참여를 염려했다. 그들은 우리의 청소년 제자 훈련 프로그램을 알고 있었고, 우리가 정치적 입장이 다른 개인들이나 진보적인 정치 의제에 동의하지 않는 교회들과 동역한다는 사실도 알고 있었다.

연합체 참여의 장점과 난점을 인식한 하람비 팀과 나는 신뢰를 쌓는 일에 공을 들였다. 하람비는 그해 20/20 사업에 참여한 소수의 신앙 기반 단체 중 하나였고, 사업에 참여한 많은 단체 리더들은 우리의 지지에 고마워했다. 나는 그들이 이후 각자의 네트워크에 하람비를 소개했을 것이라 믿는다. 그렇게 해서 마이크가 하람비의 갱 프로그램에 대해 듣고 우리 사무실 문 앞까지 오게 된 것이다. 그렇다. 인근 중학교의 아이들이 마이크에게 우리 이야기를 했겠지만, 20/20 사업 논의에 참석했던 사람들도 그에게 하람비가 갱단의 영향을 받는 아이들과 하는 일을 알아보라고 말해 주었을 것이다.

20/20 사업은 갱단에 관여한 청소년과 청년들을 돕는 다양한 접근법을 개발했는데, 그중에는 현장 기능직 일자리를 제공하는 견습생 프로그램이 있었고, 그 과정에서 평소에 자주 협력하지 않았던 기관들 사이에 새로운 관계가 형성되는 뜻밖의 소중한 결실이 있었다. 하람비가 이 일에 모종의 '거름'이 될 수 있었던 이유를 돌이켜 보니, 두 가지 요소가 떠오른다. 바로 '근접성'과 '무언의 메시지'였다.

근접성에 대해 말하자면, 다른 사람들과 직접 얼굴을 마주할 때 우리는 그들의 관점이나 성격에 대해 전해 들은 내용에 매이지 않고 개인적으로 그들을 알게 된다. 그러면 처음 생각했던 것보다 서로 공통점이 많다는 것을 발견하는 경우가 많다. 20/20 사업에 참여한 어떤 이들은 하람비의 신앙 기반 접근법에 대해 듣고, 우리의 유일한 관심사가 사람들을 개종시키거나 교회에 데려가는 것이라고만 생각했다. 그 회의론자들은 우리가 지역 사회의 모든 사람들을 섬기는 데 헌신하며, 기독교 영역만이 아니라 공동선에 보탬이 되는 해결책에 초점을 맞춘다는 사실을 알고 나서 깜짝 놀라며 기뻐했다.

무언의 메시지는 몸짓 언어^{body language}를 말한다. 우리의 몸짓 언어가 보내는 메시지는 거름이 될 수 있는 우리 능력을 강화할 수도 있고 훼손할 수도 있다. 갱단의 영향을 받는 청소년과 청년들을 섬기는 연합체처럼 깨어지기 쉬운 협력 관계 속에서 우리는 참여자들 사이의 신뢰를 쌓기 위해 할 수 있는 모든 일을 해야 했다. 우리는 회의 테이블에 앉은 사람들에게 진심으로 마음을 쓰고 있는가? 다른 사람들이 하는 말에 진정한 관심이 있는가? 협업 과정을 따를 열린 마음이 있는가?

팔짱을 낀 손, 꼰 다리, 삐딱한 자세는 우리가 이런 질문들을 어떻게 생각하는지 고스란히 전달한다. 그리고 우리의 몸짓 언어를 스스로 점검하면 자신의 동기와 마음을 들여다볼 수 있다. 가끔 나는 내 몸짓 언어에서 불편함을 발견하는데, 그러면 다음과 같은 질문을 깊이 생각해 본다. '나는 왜 불편할까? 이 상황에서 내가 취할 수 있는 조치는 무엇일까? 이 불편함의 원인은 사람일까, 생각일까, 아니면 또 다른 요소일까? 나는 다른 사람들과 어떻게 의사소통을 하고 있나? 내 몸이 말해 주는 내용에 반응하여 내가 해야

할 일이 있을까?'

창조적으로 길을 열어 주시는 분

개척자가 된다는 것은 아무것도 없는 상태에서 무언가를 창조하려는 의지를 갖는다는 의미다. 그리고 '마지못해 나선 개척자'가 된다는 것은 두려움과 불안 속에서도 그 방향으로 발걸음을 내딛는 것을 뜻한다. 때로는 사회적 평화, 인종 화해, 공동체적 선의가 확장될 것이라는 전망이 희망적이지 않아 보일 때도 있을 것이다. 그러나 우리는 기억해야 한다. 우리가 섬기는 하나님은 창조적인 분이시기에 우리 또한 지역 사회의 난제들에 창조적으로 대처할 수 있다. 하나님은 우리를 그분의 형상으로 만드셨고, 그분이 우리에게 맡기신 일을 능히 감당할 역량을 주셨다.

우리가 사는 시대는 불편하고 비범한 행동에 나서라고 우리를 부를 수 있다. 우리가 그런 상황을 스스로 선택하는 경우는 드물다. 우리는 종종 당면 과제를 감당할 준비가 되지 않았다고 느낀다. 하지만 교회나 교단이 당대의 거대한 사회적 이슈들과 씨름하는 모습을 보며 지역 사회의 긴장을 직시하게 되기도 하고, 공적 영역에서 신실하게 자리를 지키는 동료 신자들을 지원하라는 부름을 받기도 한다. 어느 쪽이든 우리는 안심하고 확신할 수 있다. 하나님은 그분을 경외하고 생명을 전하는 사람들을 위해 언제나 길을 열어 주시는 분이기 때문이다.

좁힐 수 없는 차이 속에서

어떻게 소통할 것인가

내가 속한 시공간을 정확히 읽어 내며
영원한 현실을 선언하다

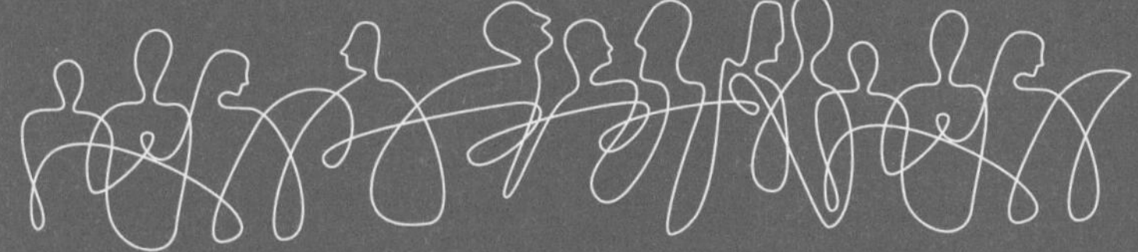

작가로서 통로가 되어 

Writer

티시 해리슨 워런 ◦ Tish Harrison Warren
펜실베이니아주 피츠버그 어센션교회(Church of the Ascension) 성공회 사제,
《오늘이라는 예배》(*Liturgy of the Ordinary*) 저자

스스로를 작가라 부르는 일은 때로 불편하다. 나를 포함해 어느 누구도 단순히 '작가'라는 이름만으로 작가일 수 없으며, '작가들'을 대변할 수도 없기 때문이다. 많은 이들이 글을 쓴다. 희곡이나 사용 설명서, 이메일, 소설, 시, 판타지, 블로그, 아동 도서, 미스터리, 회고록, 철학 논문, 화학 교과서를 쓴다. 이 모든 작업이 글쓰기이지만, 각각 다른 결의 기술을 필요로 한다. 나는 그중 한 부류의 작가일 뿐이다. 나는 보통 대중 신학, 즉 비전문가들을 위한 신학이라고 부를 만한 글을 쓴다. 글을 쓰는 모든 이는 각자가 택한 특정 장르와 목적, 독자의 영향을 받는다.

내가 나를 작가로 부르기를 주저하는 이유는 또 있다. 작가라는 단어가 무척이나 이국적이고 가슴 설레는 느낌을 주기 때문이다. 작가라고 하면 머릿속에서 소설가 헤밍웨이^{Hemingway}나 케루악^{Kerouac}처럼 섹시하고 쿨하며 불안정한 매력이 넘치는 모습이 떠오른다. 내가 아는 글 쓰는 이들은 대부분 지극히 평범한 보통 사람들이다. 우리는 딱히 흥미로울 것 없는 존재들이다. 빨래를 하고 잔디를 깎으며 지낸다. 그저 종이에 우리의 생각을 잘 옮겨 담길 바랄 뿐이다. 그 일이 뜻대로 잘될 때도 있지만, 그렇지 못할 때도 있다.

작가라는 말이 불편한 가장 큰 이유는 단 한 번도 내가 작가가 되려고 마음먹은 적이 없기 때문이다. 나는 언제나 목사가 되고 싶었다. 열네 살 무렵에 하나님이 나를 목회로 부르신다고 느꼈고, 결국 내가 다니던 침례교회에서 강단 앞으로 나아가, 그곳 사람들이 흔히 말하듯 '내 삶을 전임 사역에 바치기로' 결단했다. 나는 사회 정의와 경제 정의를 향한 열정을 품고 대학을 졸업했고, 내가 속했던 캠퍼스 선교 단체에서 말한 '세계를 변화시키는 사람'이 되고 싶었다. 그러나 어떻게 세상을 변화시켜야 할지는 전혀 알지 못했다. 나는 해외로 나가 가난한 이들과 함께 일했고 미국 내에서는 이민자 아동을 섬기는 교회에서 사역했다. 그러면서 서점과 병원, 마약 재활원, 유기농 식료품점, 초등학교, 보모 일 등을 전전했다. 그 후 신학교에 진학했고, 졸업 후 거의 10년 동안 캠퍼스 선교 단체에서 일했다. 그러고 나서 마침내 성공회 사제로 서품을 받았다.

사제 서품을 준비하는 5년 동안 나는 글쓰기가 내 삶에 점점 더 크게 자리 잡고 있음을 서서히 깨달았다. 참으로 놀랍게도, 내가 글쓰기의 소명을 발견한 것만큼이나 글쓰기의 소명도 나를 발견해 주었다. 나는 전혀 다르면서도 동시에 일어난 두 가지 상황 속에서 비로소 나 자신을 작가로 인식하기 시작했다. 하나는 새로운 사랑, 곧 생명의 경험이었고, 다른 하나는 갈등이라는 혹독한 도가니였다.

나는 간절히 아기를 바랐지만, 몇 년 동안 불임의 긴 터널을 지나야 했다. 그러던 어느 행복한 가을 아침, 마침내 임신 사실을 알게 되었다. 그날 이후, 모든 의미에서 생명을 잉태하고 창조하는 계절이 시작되었다. 딸아이가 내 안에서 자라나듯 문장들이 내게서 쏟아져 나오기 시작했다. 오래전부터 언어를 다루는 묘미에 푹 빠져 지냈던 나는 충동적으로 근처 대학에서 열리는 대학원 수준의 시 창작 수업을 덜컥 신청했다. 시를 가르치는 교수들과 배우는 학생들이 모인 그곳은 흡사 '낱말 열광자들의 동맹' 같았다. 우리는 매주 단어 하나하나에 담긴 경이로움을 찬미했고, 언어를 다루는 나의 솜씨도 조금씩 자라났다. 작가로서 경력을 쌓겠다는 전략적 계획 같은 건 없었다. 이 수업이 나를 어디로 이끌지 전혀 모른 채 그저 나는 쓰는 즐거움 때문에 글을 썼다.

그러다 마샤^{Marcia}를 만났다. 그녀는 남편과 사별한지 얼마 안 된 중년의 여성이었고, 마음의 슬픔이 깊고 생생했다. 하지만 동시에 마샤는 활기가 넘쳤고 삶에 대한 애정으로 빛나는 사람이었다. 그녀는 나의 멘토이자 뜻밖의 뮤즈가 되었다. 한 온라인 잡지의 편집자였던 그녀를 만나자마자, 나는 우리 부부가 결혼 생활의 칠흑 같은 시기에 안식일을 지키기 시작했고 그 덕분에 관계가 회복되었다는 이야기를 불쑥 꺼냈다. 그녀는 그 경험을 잡지에 써 보라고 권했다. 내가 글을 보냈더니 그녀에게 전화가 왔다. "당신에게는 특별한 목소리가 있어요! 계속 써요. 멈추지 말고 계속 써요!"

그 말은 내게 큰 울림을 주었지만, 당시 나는 출산을 앞두고 눈코 뜰 새 없이 바빴기에 자주 글을 쓸 순 없었다. 하지만 마샤는 나를 가만두지 않았다. 몇 달에 한 번씩 전화로 안부를 물으며 글을 써 보라고 재촉했다. 그러다 하나님의 은혜로 나는 어느 매체에 글을 쓰게 되었다. 곧이어 더 많은 기회가 열렸다. 쓰면 쓸수록 글 쓸 기회가 더 많이 생겨났다.

글쓰기와 엄마 노릇이 함께 시작된 이 새로운 시기는 정말 짜릿했다. 단어들이 내 안에서 밝게 타올랐다. 밤에 자다가도 눈이 떠지면 일어나 문장을 다 쏟아 내고 나서야 잠들 수 있었다. 문장들이 어서 써 달라고 나를 닦달했다. 내가 글을 쓸 수 있다는 사실과 신뢰할 수 있는 편집자가 있다는 건 정말 신나는 일이었다. 나는 사랑에 빠진 여자였다. 새로운 일과 갓 태어난 아기, 새로운 낱말들과 사랑에 빠졌고, 나 자신과 하나님 그리고 세상을 바라보고 소통하는 새로운 방식에 완전히 매료되었다.

나는 내 삶을 이해하고 주목하며 그 의미를 찾아내기 위해 썼다. 내가 무엇을 생각하고 믿는지 알아내기 위해, 배우기 위해 썼다. 때로는 글쓰기 자체의 순수한 아름다움 때문에 썼고, 스쳐 지나가는 빛나는 순간을 붙잡아 두기 위해 썼다.

글을 쓸 때 우리는 아담과 하와가 에덴동산에서 받았던 '이름 짓기' 소명에 동참한다. 우리는 실재에 이름을 붙여 주고 우리의 말과 글을 통해 그 실재가 형태를 갖추도록 돕는다. 에세이든 시든 이야기든, 이 이름 짓기의 소명을 통해 우리는 우리가 명명하는 대상과 새롭고도 신비로운, 깊은 관계를 맺는다. 이러한 창조적 행위는 우리가 세상을 경험하는 방식을 바꾸고 우리 자신을 변화시킨다. 우리가 하는 이야기와 시, 우리가 펼치는 논증이 우리 삶의 모양을 빚어 가는 것이다.

언어의 힘과 분명한 한계

글쓰기와 뜨거운 사랑에 빠져 있을 당시 나는 갈등과 상실의 시기도 함께 지나고 있었다. 사제 서품을 준비하던 2년 동안 밴더빌트대학교^{Vanderbilt University}에서 대학원생과 교수들을 대상으로 캠퍼스 사역을 했다. 그런데 2011년 어느 봄날, 대학 측으로부터 우리 선교 단체가 캠퍼스 내 활동 자격을 잃게 될지도 모른다는 소식을 들었다. 학생 리더들이 단체의 교리 선언문에 동의해야 한다는 요건을 없애지 않으면, 더 이상 캠퍼스에 남아 있을 수 없다는 통보였다.

그 전에 한 학생이 자신이 동성애자라는 이유로 기독교 남학생 사교 클럽에서 쫓겨났다고 주장한 일이 있었다. 대학 측은 캠퍼스 내의 어떤 단체든 참여하거나 리더가 되고 싶은 학생들을 상대로 일체의 신념 기준을 요구하는 것을 금지함으로써 그 사건에 대응했다. 대부분의 캠퍼스 단체와 마찬가지로 우리 단체 역시 누구에게나 회원 자격을 열어 두었다. 그러나 우리는 핵심 학생 리더들, 곧 임원진과 소그룹 성경 공부 인도자들에게는 기독교 신앙의 전반적인 내용을 담고 있는 우리 단체의 교리 선언문을 인정할 것을 요구했다.

대학 측은 구속력 있는 모든 신념 선언문을 의심의 눈초리로 바라보았다. 그들은 교리적 충실함을 요구하는 일이, 성적 정체성 때문에 사회나 교회에서 소외된 이들을 배제하는 트로이 목마로 이용될 수 있다고 생각했다. 그뿐만 아니라, 어떤 이유로든 누군가를 배제하는 행위 자체를 억압적이고 부당하다고 보았다. 한번은 비공개 모임에서 내가 학교 측에 성경 공부 인도자들에게 부활을 인정하도록 요구하는 것과 인종적 편견을 동일시하는 것이 과연 정당하다고 생각하느냐고 물었다. 그랬더니 대학의 부총장이 대답했다. "교리상의 차별도 차별입니다."

지역 캠퍼스의 이 갈등은 순식간에 널리 보도되는 뉴스거리가 되었다. 전국구 언론 매체들이 몰려와, 종교 단체들을 캠퍼스에서 축출하려 하는 새로운 '반차별' 정책에 대해 말할 수 있는 사람이라면 누구든 붙잡고 인터뷰를 시도했다. 우리는 곧 일부 매체가 현장의 복잡한 사실 관계를 왜곡하고 있음을 알게 되었다. 밴더빌트대학 안에서의 갈등은 어느 진영에서나 가져다 쓰기 좋은 상투적인 얘깃거리가 되어 버렸다. 청중의 이데올로기에 따라, 이 이야기는 진보적이고 세속적인 대학이 캠퍼스의 온순하고 온화한 그리스도인들을 억압하는 서사가 되거나, 반대로 진보의 영웅들이 완고하고 뒤떨어진 그리스도인들에게 응분의 벌을 내리는 서사가 되었다.

우리가 직접 우리 이야기를 하지 않으면 다른 이들이 우리 이야기를 대신하게 될 것이며, 그것은 절반의 진실만을 담은 채 문화 전쟁의 분노에 휩쓸려 왜곡될 것임을 우리는 깨달았다. 그래서 나는 글을 쓰기 시작했다.

동료들과 나는 동역자들, 학생들 그리고 이 사태를 지켜보는 세상 사람들에게 캠퍼스에서 벌어지는 일을 실시간으로 알리기 위해 블로그를 개설했다. 개별적 이름은 사용하지 않고 공동으로 글을 쓰기로 결정했다. 한 공동체를 대표하여 공동체로서 글을 쓰기로 한 것이다. 블로그와 대학 신문에 기고하는 에세이들을 통해, 우리는 여러 신조와 종교 공동체를 짓밟아 차이를 없애 버리는 대신 캠퍼스 내의 관점과 생각의 다양성을 보존해야 한다는 논리를 펼치려 노력했다.

캠퍼스에서 보낸 그해는 몹시 지치고 슬픔으로 가득했다. 이 논란이 있기 전까지만 해도 대학은 우리 가족에게 안식처이자 집 같은 곳이었다. 남편은 그곳에서 박사 학위를 마무리하며 교수가 되기를 꿈꾸고 있었다. 거절을 경험한 우리는 고통 속에 갈피를 잡을 수가 없었다. 대학 측은 우리를 백인 우월주의자들에 비유했다. 그들은 "우리는 종교적 신념이 캠퍼스의 합리적인 의사 결정에 영향을 미치는 것을 원치 않습니다"라고 말했다.

우리는 조롱과 조소의 대상이 되었고, 계속해서 바뀌는 캠퍼스의 정책 탓에 혼란에 빠졌다. 우리는 활동 자격 유예 처분을 받았다가 다시 풀렸다는 통보를 반복해서 받았다. 학교 측과의 면담이 잘 풀린 뒤에는 희망에 부풀었다가도 2주 뒤에는 학교 측이 정책을 더욱 강화했다는 뉴스 기사를 읽어야 했다. 결국 우리는 다른 14개의 종교 단체들과 함께 캠퍼스에서 쫓겨났다. 그 단체들이 대표하는 학생 수는 모두 합쳐 약 1,400명에 달했다. 나는 이 모든 일이 진행되는 내내 글을 썼다.

그해에 내가 계속 글을 쓴 것은 일정 부분 주장을 펼치기 위해서였다. 사태의 진실에 도달하기 위한 시도였다. 어두운 격동의 시기에 명확한 빛을 던져 주기를 바라는 마음으로 논쟁에 참여했다. 캠퍼스 갈등이 이어진 그해 동안, 나는 글의 힘을 새롭게 깨달았다.

논쟁의 초기에 우리 단체의 상급자는 우리 팀에게 가장 적대적인 대학 측 인물 앞에서도 차마 말하거나 쓰지 않을 내용이라면 그 어디서도 말하거나 쓰지 말라고 당부했다. 우리는 불필요한 갈등을 일으키지 않으려고 조심했다. 우리 상급자는 실용적인 외교 기술을 넘어, 우리가 다른 사람들을 사랑하도록 부름받았다는 사실을 상기시켰다. 따라서 우리와 의견이 다른 이들에게 말하고 글을 쓸 때도 그들이 수긍할 수 있는 용어로 해야 한다고 지적했다. "남에게 대접을 받고자 하는 대로 너희도 남을 대접하라"마 7:12라는 성경의 명령은 우리가 상대를 존중하는 신중한 언어를 구사할 것을 요구했다.

그리고 여기서 나는 작은 기적을 발견했다. 우리가 사용하는 언어가 우리 자신을 형성한다는 사실이었다. 너그럽고 사랑이 담긴 언어를 사용하라는 상급자의 권고는 우리가 학교 측을 느끼는 방식을 바꿔 놓았다. 정말 그렇게 말과 글을 사용했더니 우리와 의견이 다른 사람들에게 좀 더 너그러워졌고, 벌어지는 상황을 이해하는 방식도 달라졌다.

대학 측의 좋은 점들을 존중하면서, 동시에 대학 측과의 견해 차이를 명확히 글로 표현하는 일은 결코 쉽지 않았다. 학계의 진보적 엘리트들을 맹렬히 혹평하는 쪽이 훨씬 쓰기 쉽고 관심도 더 많이 끌었을 것이다. 우리가 맡은 더 미묘하고 까다로운 과제는, 공개적으로 의견을 달리하되 어설프고 불완전하게나마 진실하며 겸손한 언어를 쓰는 것이었다. 그리고 논쟁 상대의 존엄성을 존중하는 논증을 구사하는 것, 즉 확신을 가지고 말하고 쓰되 잠깐의 만족을 위한 독선적 독설은 거부하는 것이었다. 이 과제에 충실하려니 정신을 바짝 차릴 수밖에 없었고, 우리를 거부한 이들과의 의미 있는 관계 유지를 위해 긴장하면서 노력할 수밖에 없었다.

우리는 우리와 견해가 극명하게 갈리는 이들이 내놓는 최선의 논증을 이해하려 애쓰는 동시에, 우리의 신념을 당당하게 밝히고자 노력했다. 좋은 게 좋은 거라는 식의 안일한 화합주의나 악을 쓰고 덤벼드는 전투적 입장 사이에서 우리는 제3의 길을 찾고 싶었다. 상급자의 도전적인 권고를 받아들임으로써, 우리는 사상적 적수를 보다 공감 어린 시선으로 바라볼 수 있게 되었다. 우리가 스스로를 볼 때처럼 바라볼 수 있었다. 우리 자신을 보듯 그들도 오류를 범할 수 있으나 하나님 보시기에 가치 있는 인간으로 보게 된 것이다. 우리의 언어가 우리 마음을 변화시켰다.

그러나 그해 나는 언어의 한계에도 부딪쳤다. 솔직히 나는 내가 올바른 논증을 제시하고 적절한 권위자의 말을 인용하며 잘못된 범주를 뒤흔든다면, 즉 충분히 글을 잘 쓰기만 한다면 이 갈등을 해결할 수 있을 거라고 믿었다. 적절한 말을 찾는 일이 결국 우리를 구해 줄 줄 알았다. 그러나 매력적인 태도나 지적 엄밀함, 문화적 참여나 섬세함을 동원해도 화해를 가져오기에는 충분치 않다는 사실을 깨달았다. 언어 그 자체는 구원이 될 수 없다. 말과 글은 오해나 두려움에서 우리를 건져 내지 못한다. 말은 편협함과 이기심, 어리석음이나 근시안적 태도로 치닫는 우리의 본성을 끝내 이겨 낼 힘이 없다.

말과 글을 사랑하는 사람으로서, 나는 언어가 지닌 아름다움과 힘을 예찬하면서도 동시에 우리가 내뱉는 말과 글이 흔들리고 넘어지는 순간이 있음을 자주 떠올린다. 말이 없으면 우리는 문화를 변화시키지 못하고, 우리 자신의 삶을 이해할 수도 없으며, 누군가를 온전히 알거나 알려질 수도 없을 것이다. 하지만 언어만으로는 그 과제를 감당하기에 결코 충분하지 않다.

그리스도인으로서 우리는 말이 우리를 진리로, 궁극적으로는 말씀이신 분께로 이끄는 정도만큼만 우리에게 도움이 된다는 사실을 인지하며 언어를 사용한다. 그분은 모든 말 이전에 계셨으며, 우리의 영광스러우면서도 다루기 힘든 말, 빛나면서도 한계가 뚜렷한 이 작은 말들까지 포함한 모든 것을 심판하고 구속하신다.

전령으로서의 글쓰기

사도이자 작가였던 요한은 예수님을 말씀, 즉 로고스라 불렀다. 예수님은 하나님의 말씀이시며, 만물을 존재하게 한 언어이시다. 그 말씀이 우리에게 말들을 주신다. 이 말들은 베토벤의 미사곡 C 장조와 릴케의 시, 일요일자 신문의 십자말풀이, 이케아의 카탈로그를 탄생시키는 지상의 도구다. 우리가 이 세속적인 말의 기술을 익혀 글을 쓸 때, 우리는 감히 그 말씀의 구속 사역에 동참하게 된다.

신학교 시절 어느 교수님이 나의 특별한 소명은 전령herald이 되는 것이라고 했다. 당시에는 그 일에 글쓰기가 포함될 줄은 전혀 몰랐다. 그러나 말을 글로 빚고 다듬는 작업에 많은 시간을 보내면서 그 전령의 이미지가 자주 떠올랐다. 전령은 구조자나 구원자가 아니며, 이야기의 영웅은 더더욱 아니다. 전령의 말이 누군가를 직접 구원하는 것은 아니다. 전령의 임무는 그저 메신저가 되어, 자신이 아닌 다른 이와 그의 일을 선포하는 것이다.

문학에서 전령은 전형적인 캐릭터, 원형적 인물에 해당한다. J. K. 롤링Rowling의 '해리 포터Harry Potter' 시리즈에서는 해그리드가 바로 전령이다. 그의 등장은 현실이 해리가 생각했던 것과 완전히 다르며, 이제 곧 새로운 이야기가 펼쳐질 것을 알리는 신호다. 신데렐라 이야기에서 전령은 무도회 초청장을 전달했고, 고대 그리스 신화에서 헤르메스는 신들의 전령이었다. 고대 로마에서 전령은 마을로 들어와 새로운 왕의 등극이나 새로운 법의 반포, 혹은 왕실의 결혼이나 전투의 승전보 같은 중대 사안을 알렸다. 이처럼 전령은 새로운 현실이 도래했음을 선언한다.

작가들은 현실과 가능성을 진실하게 선포하려고 한다. 기독교 작가들은 전령이다. 우리의 과제는 어린양의 혼인잔치, 부활을 통해 거둔 승리, 죽음의 패배 같은 하나님 나라의 새로운 실재를 알리는 일이다. 우리는 또 다른 현실이 우리의 현실 속으로 침입했음을 알린다. 우리는 이야기의 결말을 선언한다. 모든 것이 망가졌고 모든 것이 새롭게 될 것임을 문장으로, 시로, 속삭이고 말하고 외친다.

우리의 메시지, 우리의 복음을 항상 직설적으로 진술하는 것은 아니다. 변증적 또는 논증적으로 전달할 때도 있다. 그러나 에밀리 디킨슨Emily Dickinson의 표현처럼 "에둘러 말하기"도 한다. 잘 만든 이야기, 소네트, 은유나 적절한 어구 전환이 에둘러 말하는 방법이 된다. 나는 기독교의 이야기가 의심스러워질 때 N. T. 라이트Wright의 부활에 대한 변증서를 읽는다. 그러나 정말 의심이 들 때는 스캇 케언스Scott Cairns의 시나, 애니 딜라드Annie Dillard가 족제

비의 두개골을 묘사한 대목, 혹은 바다에 대한 루시 쇼^{Lucy Shaw}의
시들을 읽는다. 이 작가들은 우주가 지금 내가 맛볼 수 있는 것보다
훨씬 더 깊고 풍성한 아름다움, 비극, 신비를 품고 있다고, 하나님
은 실재하실 뿐 아니라 세상에서 거침없이, 야성적으로 일하신다
고 믿도록 나를 이끈다.

내 시대의 언어로 영원한 진리를 전하다

그리스도인이자 작가인 우리는 하나의 메시지를 선포한다. 그
러나 중요한 점은 우리가 이 일을 전수받은 제한적인 언어를 사용
하여, 역사 속 특정한 순간에, 특정한 맥락 속의 청중에게 행한다는
사실이다. 시간과 공간, 언어와 문화를 초월하는 복음은 특정 문화
에 매이고 시간의 제약을 받으며 금세 사라지는 '언어'라는 투박하
고 때로 어설픈 선물을 통해 선포되고 기록되며 수용된다.

전령의 일에는 언제나 '말'의 사용이 포함된다. 전령의 일은
자신이 구사할 수 있는 말들을 사용하여 자기보다 더 큰 무언가를
선포하는 과정이다. 그는 질그릇에 신성한 보물을 담으려고 시도
한다. 그러므로 전령의 일에는 메시지를 알고 선포하는 것뿐 아니
라, 시공간 안에서 자신에게 주어진 순간을 알고 이해하는 과정이
반드시 포함되어야 한다.

시몬 베유^{Simone Weil}는 "언제나 시의적절하려면 영원한 것들을
말해야 한다"[1]라고 했다. 우리는 피조물들의 존엄과 가치, 인류의
근본적인 부서짐, 하나님의 거침없는 구원, 우리에게 손짓하는 영

131

광스러운 새로움 같은 이 영원한 것들을 배워야 한다. 그리고 우리가 속한 짧은 시대와 장소 특유의 혼란과 갈등, 갈망과 한계 속에서 이를 이해하게 해 줄 언어와 목소리로 말하는 법을 익혀야 한다. 전령이 된다는 것은 메시지를 말하는 법을 배우는 것일 뿐 아니라, 그 메시지를 맥락에 맞게 즉석에서 제때에 올바른 방식으로 전하는 법을 배우는 것이다.

그리스도인 전령의 과업 중 하나는 직면하기 어렵고 심지어 인기 없는 진실, 곧 문화에 따라 변하지 않으며 어떤 식으로든 모든 문화의 비위를 거스르는 영원한 진리를 선포하는 것이다. 하지만 불편한 진실을 말하는 동기가 단순히 우리가 옳다는 것을 증명하거나 스스로 만족하기 위해서여서는 안 된다. 우리의 과제는 인간이 온전하게 피어나는 삶에 대한 의미 있는 비전, 곧 하나님을 아는 길을 다른 이들에게 전달하여 사람들이 그 비전이 진실이기를 간절히 바라게 만드는 것이다.

물론 모든 이들이 우리의 메시지를 받아들이지는 않겠지만, 설령 그들이 거부한다 하더라도 우리가 정확하게 전달한 바로 그 메시지를 거부하게 되기를 바란다. 부자 청년 관원을 대하신 예수님처럼 우리도 청중이나 독자가 슬픈 기색으로 떠나가는 상황을 감수해야 할 것이다. 다만 그들이 우리의 생각을 거부한다 해도 우리가 전하는 실제 메시지 때문이어야지, 우리가 그것을 알아볼 수 없고 사실도 아닌 뭔가로 꼴사납게 바꿔 버렸기 때문이어서는 안 될 것이다. 우리는 그런 일이 일어나지 않도록 부단히 노력해야 한다.

1998년 영화 〈위대한 레보스키 The Big Lebowski〉의 듀드가 친구 월터의 지나치게 열성적인 주장에 대꾸한 장면이 있다. "월터, 자네 말이 틀린 건 아니야. 자네가 그냥 개자식일 뿐이지." 전령의 목표는 결코 단순히 자기가 옳다는 것을 내세우거나 자기 목소리를 내는 것이 아니다. 그리스도인들은 정확한 말을 아주 불쾌하게, 혹은 진실한 말을 아주 진부하게 내뱉을 위험이 있다. 그렇게 되면 친절을 베푸는 일에 실패할 뿐 아니라 하나님 나라를 선포하는 일에도 실패하게 된다.

우리가 전하는 영원한 메시지는 수학 방정식처럼 인지적으로 암기하거나 명제적으로 동의하면 그만인 단순한 개념이 아니기 때문이다. 우리는 실재에 대한 비전, 즉 인간으로 존재한다는 것과 잘 사는 것, 하나님을 아는 것이 무엇인지에 대한 총체적인 비전을 선포한다. 우리는 이 비전을 글과 이야기로, 그리고 우리의 말과 삶의 실천을 통해 선포한다.

결정적으로, 우리의 말은 우리의 실천에 영향을 주고, 실천 또한 말에 영향을 준다. 사물에 이름을 짓는 과제는 곧 진실을 말하기 위한 훈련이다. 이 과제는 현실을 진실하게 표현하는 법을 넘어, 그 현실을 진실하게 살아내는 법을 배우게 한다. 루시 쇼의 표현을 빌리자면 "신의 초월성과 이 땅에서의 인간적 경험을 한데 엮는 이야기를 들려주고 또 들려주는" 이 의도적인 훈련은 우리 자신과 독자들을 신앙인으로 빚어낸다.[2] 내가 스탠리 하우어워스 Stanley Hauerwas 의 통찰에서 배웠듯이, 우리가 하는 거짓말이 우리에게 말한다.[3] 그리고 우리가 말하는 진실 또한 우리에게 말한다. 우리의 말, 논증, 예의와 절제의 실천, 말을 빚어내는 습관은 우리에게 다시 돌아와 우리가 누구인지, 어떻게 생각하는지, 그리고 우리가 세상 속에서 세상을 향해 무엇을 말할지에 영향을 미친다.

침묵과 경청 훈련으로 깊이를 기르다

오늘날에는 인류 역사상 일찍이 볼 수 없었던 방식으로 글이 어디에나 있다. 광고판, 문자, 트윗, 포스팅한 글이 우리를 에워싼다. 스마트폰이 도래한 이래, 대부분의 사람들이 빛나는 말의 세계를 통째로 주머니에 넣고 다닌다. 수많은 글을 끊임없이 접하는 이런 상황은 우리가 말을 너무 중요하게 여기거나, 반대로 충분히 중요하게 여기지 못하는 결과로 이어질 수 있다.

한편으로, 우리는 글에 너무 많은 비중을 둔다. 우리는 정의를 추구하는 일, 곧 제도와 체계를 건설하고 변화시키는 느린 작업을 단순히 올바른 해시태그를 쓰거나 소셜 미디어에 의견을 쏟아내고 분노를 표출하거나 자신의 도덕적 우월감을 과시하는 행위와 혼동하곤 한다. 해시태그 달기나 소셜 미디어를 사용하는 것이 나쁘다는 말은 아니다.

그러나 소셜 미디어는 절대 중립적 도구가 아니다. 그것은 우리가 세상을 보는 방식, 그리고 그 안에서 말하고 행동하는 방식에 영향을 준다. 아이러니하게도, 소셜 미디어는 우리가 세상에 대한 정보를 소비하면 할수록 실제 세상으로부터는 멀어지게 만들 수 있다. 그로 인해 우리는 말하고 쓰는 데는 너무 빨라지고, 깊이 귀 기울이고 이해하며 창의적인 행동으로 대응하는 데는 너무 느려질 수 있다.

글이 어디에나 있다 보니 가치가 떨어지고 가볍게 취급될 수 있다. 블로그와 소셜 미디어의 등장으로 지금은 누구나 키보드만 누르면 어떤 주제에 대해서든 출판 작가가 될 수 있다. 매스컴은 항상 우리 손끝에 있고, 그와 더불어 모든 사건에 대해 공개적으로, 글로써 최대한 빨리 대응하고 싶은 유혹이 찾아온다. 우리는 매일 매 순간 수천 가지의 자극적이고 즉흥적인 논평에 파묻힐 수 있다. 넘쳐 나는 말의 한복판에서 우리는 말에 대한 신중함을 잃게 되고, 의미 있는 논증과 지혜를 잃어버릴 수 있다.

이제 우리는 인터넷이 우리의 뇌 신경망을 변화시킨다는 사실을 안다. 온라인상의 편재하는 글들은 실제로 우리 뇌의 회로를 재구성하여 단편적인 정보를 빨리 받아들이게 만드는 대신, 길고 미묘한 논증과 이야기를 따라갈 능력은 빼앗는다. 해일처럼 밀려오는 글과 정보는 제대로 생각하고 쓰는 일을 더욱 어렵게 만든다. 그리고 이는 무례함과 부족주의를 낳는다. 니콜라스 카Nicholas Carr는 이렇게 썼다. "우리는 사안에 깊이 관심을 기울이기보다 표면적인 관심만 두는 데 길들여지고 있다. 한때 나는 글의 바다 속을 헤엄치는 스쿠버다이버였으나, 이제는 제트스키를 타는 사람처럼 수면 위를 빠르게 훑고 지나간다."[4]

작가들은 여기에 대응하여 깊이를 길러야 한다. 이를 위한 한 가지 방법은 참을성 있는 침묵과 경청을 훈련하는 것이다. 이는 아마도 반직관적인 일이겠지만, 우리는 경청하는 마음을 길러 다른

135

사람들, 우리 내면의 삶, 교회의 위대한 전통, 그리고 하나님께 깊이 귀 기울여야 한다. 토머스 머튼Thomas Merton은 "침묵에서 태어나지 않은 설교는 시간 낭비"라고 말했다.[5] 글쓰기도 마찬가지다. 아니, 언어를 사용하는 모든 일이 마찬가지다.

우리는 숨 가쁜 속도로 유행하는 것들에 즉각 반응하고 싶은 충동에 저항할 수 있다. 문화적 논쟁을 너무나 쉽게 가두어 버리는 기존의 짜인 틀에 맞설 수 있다. 글쓰기는 힘들다. 힘들어야 마땅하다. 그래야 우리의 생각이 더 나아지기 때문이다. 세상을 이해하는 데는 침묵과 경청, 신중한 사색이 필요하다. 그리고 이 모든 일에는 시간과 인내와 연습이 요구된다.

작가로서 우리는 신념에 확신을 갖되 겸손해야 한다. 팀 켈러는 이 책에서 이 어려운 균형을 탐구했다. 우리는 가끔 겸손과 확신을 대립적인 것으로 생각한다. 우리가 틀릴 수 있으며 실제로 자주 틀린다는 사실을, 어떤 것도 명확하게 말하지 못하는 일종의 상대주의와 혼동하는 것이다. 그뿐만 아니라 우리는 독단을 피하는 것과 교만을 피하는 일을 하나로 묶어 생각하곤 한다. 그러나 우리 모두는 결국 어딘가에 자리를 잡아야 한다. 모두가 각자가 믿는 실재와 진리, 도덕에 자신의 삶을 건다.

작가들은 밴더빌트대학교 캠퍼스에서 우리 사역자들이 목표로 삼았던 것과 같은 것을 목표로 삼아야 한다. 바로 우리의 신념을 명확하게 그리고('그러나'가 아니라!) 겸손하게 진술하는 것이다. 우리는 확신 있는 사람이 되는 법을 배우되, 우리가 죄로 인해 타락했고 불완전한 존재이며 우리의 글쓰기조차 그 한계 아래 있음을 늘 기억해야 한다. 이런 현실을 직시할 때 우리는 적절한 두려움과 떨림을 가지고, 그러나 하나님의 자비에 대한 더 강한 소망을 품으며 펜을 들거나 컴퓨터 자판을 두드릴 수 있을 것이다.

인간 공통의 가치와 존엄을 일깨우는 사명

소설가이자 시인인 존 버거 John Berger 는 이렇게 썼다. "우리가 제대로 살고 죽기 위해서는 사물의 이름을 제대로 지어야 한다. 우리의 언어를 되찾자."[6] 언어를 다루는 일은 결코 가벼운 과업이 아니다. 언어를 되찾고 그 의미를 구속救贖하는 이 소명은, 에덴동산에서 행했던 이름 짓기와 맥을 같이하는 그리스도의 새 창조 사역의 일부다. 그리고 이름을 짓는 이 행위는 우리가 어떻게 살고 죽을지를 결정한다. 언어는 우리가 무엇을 믿고 누구인지를 안내하는 이정표다. 그렇기 때문에 우리는 언어를 진실하고 올바르게 사용할 수 있도록 교회 공동체의 도움을 받아야 하며, 작가로서 마땅한 책임감을 가져야 한다.

세상을 진실하게 보고 신중하게 이름을 붙여 주는 일, 곧 그것을 올바르게 언어로 표현하는 일은 사랑의 행위다. 작가는 이야기와 논증, 비유를 통해 독자를 사랑할 수 있으며, 그들이 더욱 풍성하게, 경이에 민감하게, 더욱 정의롭고 사려 깊으며 온전하게 살도록 도울 수 있다. 이 시대의 기독교 작가가 부름받은 사랑의 소명 중 하나는 좌파와 우파, 아군과 적군, 선인과 악인이라는 안일한 이분법을 뒤흔드는 것이다. 그런 것들은 오늘날의 대화를 교착 상태에 빠뜨리는 단순하고 자기만족적인 꼬리표다.

러크레이가 7장에서 쓴 것처럼, 이것이 좋은 스토리텔링과 글쓰기의 핵심이다. 우리는 사람들을 갈라놓는 지나치게 깔끔한 범주에 의존하지 않는다. 그 대신 모든 인류와 정치 체계, 그 해결책에 영향을 미치는 공통의 부서짐을 선포하면서도, 모든 사람이 가진 공통의 가치와 존엄을 선포한다. 프랜시스 스퍼퍼드 Francis Spufford는 "기독교는 오늘날 우리가 관례적으로 세상을 이해하는 개별적 범주들을 압도하며, 거북할 정도로 집요하게 공통의 토대를 고집한다"라고 썼다. 그리고 우리에게 상기시킨다. "이는 그리 달가운 일이 아니다."[7]

작가들은 다른 예술가들과 마찬가지로, 우리를 갈라놓는 차이점이 무엇이든 우리에게는 공통점이 훨씬 많다는 사실을 일깨워준다. 우리 모두는 피를 흘린다. 희망하고 절망한다. 어둠 속에서 새벽을 기다린다. 맛보고 만지고 냄새 맡는다. 우리는 겁 없이 존재를 드러내는 복어와 반딧불이, 바다오리, 펭귄, 산호초와 이 지구를 공유한다. 우리 모두는 언젠가 죽으며, 우리가 사랑하는 이들과 사랑하지 못한 모든 이들도 언젠가는 죽는다.

모두가 부서지기 쉽고 취약한 상태로 매 순간을 살아간다. 작가들은 우리가 살아 있는 것이 우리가 잘나서가 아니며, 이 생명이라는 선물은 빛과 어둠이 공존하는 이 세상에서 함께 살아가도록 모든 이에게 주어졌음을 일깨워 준다. 우리 모두는 지극히 인간적이다. 우리 모두는 깊은 두려움 속에 산다. 우리 중 가장 선한 자나 가장 악한 자나, 결국은 다 우리와 다를 바 없는 인간일 뿐이다.

슬프게도, 작가는 독자들을 사랑하려 해도 독자들이 작가를 사랑해 주지 않을 때가 있다. 글쓰기에는 언제나 위험이 따른다. 작가와 작품은 비판과 비평을 받게 마련이고, 그것은 고통스럽지만 진실에 다가가고 더 나은 작가가 되기 위해 꼭 필요한 과정이다. 그러나 지금 이 시대에는 어떤 주장을 펼칠 때, 단지 필요한 반응뿐 아니라 비이성적이고 인신공격적인 독설, 때로는 거대하고 순식간에 퍼져 나가는 독설이 쏟아질 수 있다.

사랑으로 글을 쓰면 많은 기쁨이 따르지만 필연적으로 어느 정도의 상처와 고통도 뒤따른다. 글쓰기가 사랑의 행위가 되려면 우리를 부당하게 공격하는 비판자들에게도 관용과 자애를 베풀어야 한다. 기독교 작가이자 리더로서 신실하고자 하면 우리는 우파와 좌파 양쪽에서 비판을 받을 것이며, 때로는 양측 모두가 자신들의 목적을 위해 우리의 글을 이용하려 들 것이다. 이런 긴장 속에서 살며 글을 쓰려면 훈련이 필요하다. 우리는 글쓰기 기술을 연마한다. 그리고 공동체 안에서 참을성 있는 침묵과 경청, 기도를 통해 세상을 진실하게 명명하며, 우리의 메시지를 명확하고 겸손하게 선포하는 법을 오랜 시간에 걸쳐 배운다.

나는 새로운 사랑과 혼란스러운 갈등의 맥락 속에서 작가가 되었다. 그리고 여전히 사랑과 상실, 경이와 공포, 기쁨과 슬픔, 평화와 갈등이 가득한 세상에서 글쓰기를 훈련하고 있다. 이 소중하고 아름다우면서도 길 잃고 울고 있는 이 세상 속에서 우리는 말씀이신 하나님을 증거한다. 최종 발언권을 가지신 분, 그 영광스러운 분을 증언한다.

비극과 아름다움, 그 마디마디를
정직한 노래로 증언하다

송라이터로서 통로가 되어

Songwriter

세라 그로우브즈 ○ Sara Groves
싱어송라이터

얼마 전에 나는 열 살배기 딸 루비Ruby와 단둘의 오붓한 시간을 보냈다. 피자를 먹으면서 서로 어떻게 지내는지 나누다가 루비에게 엄마가 요즘 같은 시기에 그리스도를 따르는 삶에 관한 책에 글을 써 달라는 요청을 받았는데 어떤 말로 시작해야 할지 막막하다고 고민을 털어놓았다.

아이는 다 안다는 듯 웃으며 말했다. "요즘 시기요? 엄마, 써도 되는 내용이 뭔지 알아요? 적절한 가이드라인이 있는지 물어봤어요?"

"아니, 안 물어봤는데."

내 말에 루비는 한숨을 내쉬며 두 손을 식탁에 올려놓았다. "좋아요." 아이는 엄마의 문제를 해결해 줄 준비가 되어 있었다.

"요즘에는 기술technology 이야기를 꼭 해야 해요. 트럼프 대통령 이야기도 해야 하고요. 가만 있자……" 아이는 잠시 고개를 절레절레 흔들더니 진지하게 말했다. "아, 인종 차별! 인종 차별에 대해서도 말해야 해요." 긴 침묵 후 루가 다시 입을 열었다. "밈Memes도 중요해요. 슬라임도요. 내 친구 중에 슬라임 없는 애가 없어요." 루비는 잠시 더 생각을 하더니 이렇게 말을 맺었다. "요즘 일어나는 일은 이 정도예요. 하지만 그분들에게 연락해서 뭐가 적절한지 꼭 확인해 보세요."

지난 20년간 나는 송라이터로서 내가 사는 세상과 호흡하려 노력해 왔다. 신학자나 목사, 혹은 번역가처럼 송라이터 역시 우리의 경험에 이름을 붙이고, 우리가 느끼는 바를 이해하도록 돕는 언어를 찾는다. 이 작업에는 정확한 언어가 중요하기에 나는 수년간 그 일에 힘써 왔다. 그런데 송라이터의 일이 추가되었다. 바로 '모든 것을 말하라'는 부름이다. 모든 긴장을 포함한 인간 경험의 전 범위를 있는 그대로 증언하라는 것이다. 탄식과 두려움, 따분함과 침묵, 불의와 정의, 소망과 열렬한 찬탄, 아름다움과 사랑, 열정, 그리고 자연적인 것과 초자연적인 것 모두를 말하도록 초대받았다.

송라이터가 세상의 비극이나 아름다움 앞에 서게 되는 이유는 그 상황을 영적으로 해석해 주거나 해답을 내놓기 위해서가 아니다. 그저 주위를 둘러보고 이렇게 외치기 위해서다. "세상에! 이 헤아릴 수 없는 아름다움을 보세요!" 혹은 "세상에! 이 난장판을 좀 보라고요!" 어쨌든 이것이 우리가 시편에서 볼 수 있는 모습이다.

글을 이어 가기에 앞서, 송라이터로서 나의 삶을 묘사할 때 쓰는 많은 언어가 음악계와 예술계에서 내가 모델로 삼은 이로부터 나왔음을 밝히고 싶다. 바로 음악 프로듀서 찰리 피콕^{Charlie Peacock}과 그의 아내인 작가 앤디 애쉬워스^{Andi Ashworth}, 시각 예술가 마코 후지무라^{Mako Fujimura}다. 그들은 대화와 글, 삶으로 내게 영감을 주었고 나는 그 영감을 나의 세계와 나의 음악, 나의 이웃들에게로 가져왔다. 그들은 (생명을 낳고 가꾸는) "생성적^{Generative} 삶"[1]에 대한 그들 나름의 정의를 통해 내가 확신을 가지고 문화에 참여할 수 있는 토대를 마련해 주었다.

마코는 그의 책 《컬처 케어^{Culture Care}》에서 문화는 싸워 이겨야 할 전쟁터가 아니라 가꿔야 할 정원이라고 주장했다. 이 아름다운 생각의 혁신은 적의 개념에 매달려 있던 우리를 양육과 창조의 품으로 데려간다. "우리가 생명력을 불어넣는 생성적 삶을 살 때, 우리는 창조성을 발휘해 새롭고 생기 넘치는 무언가를 탄생시킨다. …… 생성적이라는 것은 가치를 떨어뜨리거나 제한하는 것과 정반대다. 그것은 건설적이고 확장적이며 긍정적이다. 그것은 부족하다는 결핍의 사고방식을 뛰어넘어 자라난다." 마코는 "생존이 위협받는 가장 가혹한 환경에서조차"[2] 이것이 무엇보다 중요하다고 믿었고, 나 또한 그렇게 믿게 되었다.

더없이 가혹한 환경에서도 생명을 일구는 삶을 살 수 있다는 생각은 사라예보 Sarajevo 의 첼로 연주자, 베드란 스마일로비치 Vedran Smailovic 의 이야기로 내게 실감 나게 전해졌다. 이미 유명한 이야기였지만, 나는 2003년에 찰리와 함께 '대상의 이면 The Other Side of Something' 앨범을 작업하면서 비로소 그 이야기를 듣게 되었다.

당시 나는 정체성의 혼란과 신앙의 위기 끝자락에서 글과 사상의 가치에 의문을 품고 있었다. 차라리 아예 새로 시작해서, 현장에서 직접 몸으로 도울 수 있는 새로운 일을 직업으로 삼아야 하는 건 아닌지 고민하던 중이었다. 나는 생각했다. '노래와 시가 무슨 소용이지? 피를 보고 기절하지만 않는다면 간호사가 되어 내 두 손으로 직접 아픈 사람들을 위로하고 보살필 텐데. 그 편이 훨씬 낫지 않을까?' 식탁에 앉아 찰리와 앤디에게 이런 생각을 털어놓았더니 찰리가 내게 사라예보의 그 첼로 연주자 이야기를 들려주었다.

스마일로비치는 보스니아 내전 기간에 고국에서 벌어진 거대한 슬픔을 목격했다. 빵을 사려고 줄을 서서 기다리던 민간인들 사이에 표적을 빗나간 포탄이 터졌고, 그 자리에서 스물두 명이 사망한 것이다. 스마일로비치는 그날 목숨을 잃은 이들을 기리며 스물두 번의 콘서트를 열기로 결심했다. 그는 연미복을 갖춰 입고 보스니아 전역을 다니며 폭탄 구덩이와 파괴된 건물 한복판에서 첼로를 연주했다.

그의 아름다운 저항은 내 삶을 움직이는 강력한 은유가 되었다. 폭격으로 만들어진 구덩이 주위에 둘러서서 그 구덩이에 대해, 즉 그 구덩이가 어떻게 생겨났고 누구 탓이며 구체적인 특징들이 무엇인지 말하기는 쉽다. 그러나 그 가장자리를 지나 구덩이 한복판으로 내려가, 무언가 생명력을 불어넣는 말이나 행동을 하거나 무언가를 만들어 내는 것은 훨씬 어려운 일이다. 찰리는 그의 책 *A New Way to Be Human* 인간이 되는 새로운 방법에서 이렇게 진술한다.

내가 스스로 깨달은 것은 하나다. 내가 그러려고 노력하든 하지 않든, 내 삶은 하나의 이야기를 들려줄 것이라는 사실이다. 그 이야기는 이렇게 말할 것이다. "이것이 예수를 따르는 사람의 모습이다. 이것이 이 사람이 관심을 두는 일이며, 이것이 이 사람이 믿고 신뢰하는 대상이고, 이것이 이 사람이 중요하게 여기는 가치다"라고 말이다.[3]

예수님은 완전한 공동체를 떠나 우리의 폭탄 구덩이 속으로 내려오셨다. 그분 자신의 것이 아닌 고난 속으로 들어와 곡을 연주하셨다. 그것은 참으로 놀라운 곡이었다! 주위의 모든 사람이 군대 동원과 진군을 원했지만, 대신 예수님은 지금까지 울려 퍼진 것 중 가장 아름답고 참된 노래를 연주하셨다. 전쟁으로 찢긴 나라에 있지 않더라도 우리는 어디서든 폭격으로 패인 구덩이를 발견할 수 있다. 내가 어디에 있든 나는 신적 본성에 참여할 수 있고, 만물을 새롭게 하시는 하나님과 동역할 수 있으며, 무너진 곳을 보수하는 자가 될 수 있다. 송라이터인 나는 인간 경험 전체를 증언하라는 초청에 응하고, 폭탄 구덩이에서 연주된 곡처럼 내 증언 하나를 올려 보냄으로써 그 일을 시작할 수 있다고 믿는다.

제 곁에 앉아 다시 들려주세요.

늘 들려주던 그 이야기를,

우리를 붙잡아 줄 그 능력을,

그 아름다움, 그 아름다움을

그것이 왜 중요한지를.

제가 이해할 때까지 말해 주세요.

이 아름다움, 오, 이 아름다움에 관해

생각하고 창조하며

이야기하려는 우리의 노력이 왜

어떻게 중요한지를.[4]

내가 받은 최고의 글쓰기 조언이자 내 직업에서 가장 많은 결실을 거두게 한 조언은, 나 자신을 편집하지 말라는 것이었다. 자신을 편집하지 말라는 말은 모든 자제심을 버리라는 뜻이 아니라, 오히려 진실에 가장 가까운 것을 말하라는 뜻이다. 진실을 말하라. 온전하고, 복잡하고, 엉망이고, 상충되며, 결코 미화되지 않은 진실을 말하라.

진실을 말하는 일은 "내가 무슨 말을 해야 하는가?"라거나 "어떤 말이 신앙적으로 올바른가?"라는 질문으로 시작될 수 없다. 그것은 하나의 경험에서 시작되어, 거기서 흘러나오는 것이라면 무엇이든 그 방향을 따라 나아가는 것이다. 그것은 고백이나 찬양일 수도 있고, 명명하는 일이나 증언일 수도 있다. 우리가 어떤 생각을 충분히 마주하기도 전에 미리 판단해 버린다면, 우리는 진정한 증언에 이르는 길을 가로막는 적대적인 환경을 스스로 만드는 셈이다.

몇 년 전, 나는 충동적인 선택으로 사람들에게 상처를 준 친구의 사연을 바탕으로 곡을 작업한 적이 있다. 그 이야기를 접하자 팥죽 한 그릇에 자신의 유산을 팔아 버린 에서가 떠올랐다. 나는 삶의 좋은 것들에는 어느 정도의 헌신이 필요하다는 내용을 그 곡에 담을 생각이었다. 당연히 코러스에서는 우리가 삶의 선하고 영원한 것들을 기다리는 힘든 일을 감당해야 한다는 점을 강조할 계획이었다. 하지만 우리는 실제로는 그렇게 하지 않으며, 나 역시 거의 매일같이 그러지 못한다.

그 곡에 공을 들일수록 팥죽으로 가득 찬 내 배가 점점 더 선명하게 보였다. 그로부터 7년이 지나서야 나는 무엇을 해야 하는지 가르치는 교훈적인 노래가 필요한 것이 아님을 깨달았다. 내게 정 말로 필요했던 것은, 식사를 마치고 나서 후회 속에 잠겨 있는 에서 와 나의 곁에 나란히 앉아, 이곳 지상의 삶이 참으로 춥다는 사실을 인정해 주는 노래였다. 나는 무한히 더 나은 미래의 유산이 있음에 도 불구하고, 지금 여기의 나라를 얻으려 그 유산을 거듭 팔아치우 고 있다는 사실을 직시할 공간이 필요했다.

오, 내버려둔 상처가 가진 힘이여,
번개 같은 찰나에 내 나라를 팔아 버렸네.
손에 잡히는 신神을 가지려 애쓰다
뒤엎어진 이 모든 것은 내 탓이겠지.
중성자 하늘을 지나는 양자처럼 떠돌며
스쳐 가는 모든 이들에게 치유를 구걸하네.
오, 죽 한 그릇과 맞바꾼 나의 유산이여,
네 자리를 한 줌의 온기와
손에 잡히는 것들이 채워 버렸네.[5]

스스로에게 진실을 말하는 일은 아주 어려웠다. 꾸미지 않은 진실과 씨름하고 그것을 가사로 쓰기 위해서는 겸손과 자각, 은혜, 여유가 필요했다. 나 역시 자주 그 목표에 미치지 못하고, 편집되지 않은 자아를 표현하는 데 실패한다. 곡을 쓸 때면 거의 언제나 내가 말해야 한다고 생각하는 내용에서 출발해 참된 무언가를 향해 힘

겹게 나아간다.

플래너리 오코너 Flannery O'Connor는 글쓰기에 대한 에세이집 인 *Mystery and Manners* 신비와 예절에서 이 점에 대해 아름답게 말했다.

> 소설가는 눈을 뜨고 주변 세상을 바라볼 의무가 있다. 그가 보는 것이 그리 교훈적이지 않다 해도, 여전히 바라보아야 한다. 그다음에는 자신이 보는 것을 글을 통해 재현할 의무가 있다. 바로 이 지점에서 그리스도인 소설가는 자신이 소설가로서 해야 할 일과 그리스도인으로서 해야 할 일 사이에서 모종의 불화를 느끼게 된다. 그가 늘 목격하는 것은 잘못된 철학으로 왜곡된 타락한 인간이기 때문이다. 그는 이 모습을 있는 그대로 재현해야 하는가? 아니면 보이는 그대로가 아니라, 신앙에 비추어 마땅히 그래야 한다고 생각하는 모습으로 바꾸어 제시해야 하는가?[6]

오코너는 자신이 보는 것에 대해 진실을 말하려 노력하는 이들은 선지자적 비전을 가진 사람이라고 판단했다. "선지자는 멀리 내다보는 현실주의자다."[7] 선지자는 만물이 완전히 회복될 것이라는 지식과 믿음을 가지고 있기에, 그에 대비되는 현재 상황의 고통스러운 격차를 직시한다.

시편 기자는 분명 마음 놓고 "멀리 내다보는 현실주의자"가 될 수 있었다. 그는 자신의 광기, 수치심, 두려움, 모든 것이 엉망으로 보이는 상황을 숨김없이 나누었다. 시편 73편에서 아삽은 이렇게 증언했다. "악인들은 참 행복해 보이는구나! 그들은 살이 찌고 힘이 세며 다른 사람들과 달리 아무런 어려움도 없는 것 같다. 나는 하루 종일 손을 씻고 마음을 깨끗하게 지켰는데, 그 대가로 돌아오는 건 얼굴을 한 대 얻어맞는 것뿐이구나. 나는 왜 선하게 살려고 애쓰는 것인가."[8]

나도 이와 비슷한 생각을 했다. '나는 왜 남들을 섬기고 올바로 사랑하려고 이토록 전력을 다하고 있는 걸까? 이웃이 매일 나를 모욕하는데 나는 왜 친절하게 답하려고 애쓰는 거지? 내 이웃은 돈을 벌러 일터로 나가고, 그저 그렇게 사는 데 아무런 문제가 없어 보이는데 말이다. 선과 악을 분별하느라 하루 종일 씨름하는 일이 정말 필요한 걸까?'

아삽은 자신이 본 모든 것 때문에 혼란에 빠졌다. "나는 우둔하고 무지하여 짐승과 같습니다."[9] 나는 이 말씀을 읽을 때 혼자가 아니라는 느낌을 받는다. 나 역시 내가 무지하고 우둔한 짐승처럼 느껴질 때가 있었다. 그리고 그 사실에 대해 진실을 말하는 것이 중요하다.

다른 사람보다 먼저 그렇게 하기는 힘들 수 있다. 부족함과 분노, 혼란, 두려움을 고백하는 첫 번째 사람이 되는 일은 어렵다. 하지만 그런 위험을 감수할 때마다 분명 그럴 만한 가치가 있었다는 것을 나는 증언할 수 있다. 내가 약함을 드러내면 다른 사람도 기꺼이 자신의 약함을 드러낼 용기를 얻는다. 내가 쓰기 가장 힘들었던 곡들을 듣고 위로와 자유를 얻었다는 이들을 나는 수없이 만났다.

네 번째 앨범 '대상의 이면The other side of something'에 들어갈 곡들을 작업할 때 나는 신앙의 렌즈 자체보다는 그 렌즈를 통해 본 것들에 대해 더 많이 써야 한다는 부담을 느꼈다. 나는 CCM 산업의 문화와 예상 가능한 명료하고 확신에 찬 가사만을 요구하는 정형화된 분위기가 힘들었다. 나는 내 결혼 생활의 진짜 문제들과, 변화와 탈바꿈을 믿는다고 말하면서도 그것을 늘 경험하진 못하는 현실에 대해 쓰고 싶었다.

> 나비는 뒤돌아보고
> 날개를 퍼덕이며 말할 수 있네.
> 난 다시 애벌레가 될 필요가 없다고 ⋯⋯
> 나는 손에 잡히는 실체를 갈망하네.
> 내 안에 변화가 일어났다는 증거를 ⋯⋯
> 변화는 더디고 내 안에는 큰 의심 가득하네.[10]

지금 보면 별일 아닌 것 같지만, "내 나비의 시절이 오고 있네" 같은 믿음 좋은 구절을 덧대어 포장하지 않고 의심의 가사로 그냥 남겨둔 것은 나에게 큰일이었다. 찰리에게 이 이야기를 꺼내자 그는 이렇게 대답했다. "하나님은 넓은 바다신데, 우리는 계속 물 한 잔 정도의 이야기만 쓰고 있는 거예요!"

그는 내게 멈추지 말고 계속 나아가라고, 모든 것에 대해 쓰라고 나를 격려해 주었다. 인간으로 존재한다는 것의 의미가 무엇인지, 이곳 지상에서 성육신이 어떤 모습으로 나타나는지, 우리가 하나님의 영광에 얼마나 턱없이 미치지 못하는 존재인지를 말이다. 건강한 신학은 모든 것이 어떻게 중요한 의미를 갖는지 곰곰이 생각하라고 초청하는 역할을 한다.

우리가 형통만 증언하고 애통을 회피한다면 신뢰를 잃게 된다. 그리고 애통해할 일은 너무나도 많다. 몇 년 전, 나는 가난한 지역 사회를 지원하는 시카고의 한 단체를 위한 기금 모금 행사에서 공연했다. 내빈들은 레드라이닝redlining에 대해 말했는데, 이는 초기 도시 지도자들이 아프리카계 미국인들의 거주 허용 지역을 지도 위에 문자 그대로 빨간 선을 그어 결정한 역사적 관행을 의미했다.[11]

이 관행은 잔혹한 부동산 불평등과 결합하여 아프리카계 미국인들이 집을 거의 소유할 수 없게 만들었다. 50대 후반의 한 남성은 성공한 의사였던 아버지가 1978년까지 주택 융자를 받을 수 없었다고 눈물을 흘리며 회상했다. 한 집에 두세 가정이 함께 살면서도 터무니없이 비싼 집세를 냈던 상황을 그가 설명하자 그 자리의 많은 이들이 깊이 공감하며 고개를 끄덕였다. 그것은 그들 모두가 공유하는 공통된 경험이었다.

그로부터 몇 달 후, 나는 재정적인 염려에서 벗어나 평안을 누리는 법을 가르쳐 준다는 교회의 한 소그룹 모임에 참석했다. DVD 강사는 집을 살 때 꼭 '철길의 제대로 된 쪽The right side', 즉 부유한 동네에 사야 한다고 가르쳤다. 영상 시청이 끝난 후, 나는 우리 도시 지도자들이 철길을 경계로 어디는 '제대로 된 곳'이고 어디는

'잘못된 곳 The wrong side'이라며 어떻게 사회적 경계를 인위적으로 선을 그었는지에 대해 소그룹 사람들에게 눈물 어린 강연을 쏟아냈다.

한 가지 질문이 내 속에서 타오른다. '그리스도를 따르는 우리는 이러한 구조적 불평등에 계속 가담하고 있는 현실을 어떻게 생각해야 하는가? 나는 불의와 슬픔이 남긴 그 폭격 맞은 구덩이 안에 무엇을 놓을 수 있는가?'

어떤 마음들은 범람원 위에 지어지네.
비가 오려나, 한쪽 눈으로는 하늘을 살피며
곧 쓸려 내려갈 땅을 일구며 살아가네.
더 가까이 살아갈수록……
위험과 넘실대는 심연에 더 가까이
도망과 끝없는 패배에 더 가까이
우리를 무릎 꿇게 하는 것들에 더 가까이
어떤 마음들은 그렇게 범람원 위에 지어지네.[12]

시편 109편에서 다윗은 어떤 사람이 이웃을 학대하는 광경을 목격하고 하나님께 바치는 노래를 지었다. 현대인의 성경 "그는 다른 사람에게 친절을 베풀지 않았고 가난하고 힘없는 자와 마음이 상한 자를 핍박하고 죽였습니다."16절 다윗은 슬프고 화가 났지만 억압받는 자들을 향한 하나님의 마음을 신뢰했다. 그는 그 노래를 이런 말로 마무리했다. "내가 …… 많은 군중 가운데서 그를 찬양하리

153

라. 여호와는 가난한 사람의 오른편에 서서 그를 죄인으로 몰아 죽이려는 자들에게서 그의 생명을 구하신다."30-31절

2005년에 한 젊은 여성을 만났다. 그녀는 언어도 통하지 않는 나라로 팔려와 사창가에서 강제로 일해야 했다. 그녀는 국제정의선교회 사람들의 치밀하고 끈기 있는 활동 덕분에 구출되었다. 그녀를 만나고 나자 나는 실질적인 도움을 주어야 한다는 책임감을 느꼈다. 소용돌이치는 듯한 감정을 느끼며 나는 친구를 찾아가 변호사든 요양보호사든, 송라이터보다 더 의미 있는 일을 하고 싶다고 털어놓았다.

친구는 내 말이 끝나기도 전에 두 손을 내저었다. "아니, 그러지 마. 노래를 지어. 우리에게는 노래가 필요해."

집으로 돌아오는 비행기 안에서 나는 수첩을 꺼내 이렇게 썼다. "짊어지기엔 너무 무겁고, 외면하기엔 불가능한 일."

집으로 돌아온 나는 이후 몇 달 동안 내가 만난 그 여성을 위해 '당신이 아는 것을 말해 줘요 Tell Me What You Know'라는 음반의 모든 곡을 썼다. 국제정의선교회 활동가들에게 사람들이 무엇을 알았으면 좋겠느냐고 묻자, 한 친구가 이렇게 답했다. "완전한 치유까지는 여러 해가 걸릴 수 있지만, 제가 늘 놀라는 것은 자유를 얻은 지 불과 몇 분 만에 유머가 되살아나고 노래가 터져 나온다는 사실입니다."

당신이 아는 것들을 말해 줘요,
하나님과 세상, 그리고 인간 영혼에 대해.

이렇게 많은 일이 잘못되어도

그래도 여전히 노래가 있어요.[13]

어려운 일을 증언하고 진실을 말하려는 노력의 구속적 가치는 그 과정이 도리어 나를 구원했다는 데 있다. 나는 관념적인 내세 신앙에서 삶으로 체화된 복음으로 이동하는 일이 내게 얼마나 필요했는지 미처 몰랐다. 내 안과 내 공동체 안의 부서진 곳들을 정직하게 증언하면서 나는 회복과 화해를 이루시는 예수님의 역사를 목격했고, 그 증언이 냉소와 분노로 메말라 가던 나를 다시 소생시켰다.

비인간화를 경계할 것

생성적인 삶을 산다는 것이 어려운 문제를 피하거나 유익한 질문과 토론을 거부한다는 뜻은 아니다. 오히려 마코의 표현대로 "공동의 번영"이라는 비전을 품는 것을 의미한다. 상대방이 지닌 인간으로서의 면모를 망각하는 것만큼 정직한 사유와 증언의 사명을 무력화하는 것도 없기 때문이다.

최근에 영화 〈월Wall-E〉에 나오는 한 장면이 생각났다. 로봇 이브는 생명체를 찾는 임무를 띠고 지구로 왔다. 이브는 지령을 수행해야 한다. 오랫동안 지구에 혼자 있었던 구형 로봇 월-E는 우정을 나누고 싶어 한다. 이브와 월-E가 서로 좋아하기 시작할 무렵, 이브의 센서가 살아 있는 식물 한 그루를 감지한다. 이브는 로봇처럼 경직되더니 그 식물을 저장 공간에 넣고 동면에 들어간다. 지령 수행 모드에 돌입한 것이다.

월-E는 무슨 일이 벌어지는지 이해하지 못한다. 이브에게 우산을 씌워 주고 빛을 깜빡인다. 월-E는 이브의 손을 잡으려 한다. 그는 이브를 보살피고 인간적인 일을 하지만, 이브는 인간적인 모습이 줄어들고 소통을 차단한다.

요즘 우리의 인간관계에서 이런 과정이 되풀이되기 쉽다. 대화는 긴장이 가득하다. 수많은 화제에 지령 수행 모드로 반응할 수 있고, 그렇게 되면 마음을 닫고 지령 수행을 위해 지시 사항을 기계처럼 읊어 대기 시작한다. 생명력을 불어넣고 생명을 일구려고 애쓰는 송라이터인 나는 열려 있기 위해 싸워야 하고 비인간화를 초래하는 표현과 선동에 저항해야 한다.

나는 우리가 삶, 돈, 시간으로 '의사 표시'를 한다는 생각에 공감한다. 그러나 나의 유일한 정체성이 내가 속한 교회, 교단, 정당을 대변하는 일에 있다고 느낀다면, 나의 말과 창조성은 선전에 불과하게 된다. 나는 긴밀한 동질감을 갖는 집단의 결점을 인정하기가 두려운 나머지 정직한 탐구를 막고 있는 것은 아닌지 스스로에게 물어야 한다.

조직 내의 문제들에 대해 정직하게 말하는 것이 불충한 일이 될까 봐 두려워하고 있지는 않은지 살펴야 한다. 목사나 정치가가 말도 안 되는 행동을 할 때, 그로 인해 교회나 정당이 해를 입을까 봐 그 행동을 변호하거나 적당히 둘러대려는 수많은 말이 쏟아진다. 내가 어릴 때 속했던 교단이 몇몇 유명인의 추문을 그대로 뭉개던 기억이 생생하다. 그들은 추문을 감추고 조직을 보호하려 했고 사실을 부인했다. '옹호할 수 없는 것들은 옹호할 필요가 없다'는 사실을 깨닫고 안도하던 날도 기억난다. '내 정체성은 이런 단체들에서 나오지 않는다. 그리스도의 몸인 교회는 내 신앙에 꼭 필요하지만, 투명성과 정직한 탐구를 희생하면서 특정 단체를 보호할 필요는 없다.'

지금은 여성들이 성폭행 경험을 말할 용기를 얻고, 남성들 역시 학대자에게 입은 깊은 고통의 상처를 드러내고 있는, 사회적으로 매우 중대한 시점이다. 이런 때에 수많은 기독교인 지도자들이 뒤로 숨어 방어적인 태도를 취하거나, 책임을 회피하고 침묵으로 일관하는 현실을 마주하는 것은 너무나 가슴 아픈 일이다. 하나님은 약한 자들을 향한 그분의 마음을 결코 숨기지 않으신다. 그러기에 나는 정의를 구하는 이들의 편에 서고 싶다.

이 도시에 불이 켜질 때

그 일이 터져 나올 때

나는 정의의 편에 서고 싶다.

이 도시에 불이 켜질 때

그 일이 터져 나올 때

나는 긍휼의 편에 서고 싶다.

불이 켜질 때

나는 진실을 말하고 싶다.[14]

그리스도인들이 세상에 무엇을 내놓아야 할지에 대해 동료들과 대화를 나누었다. 어떤 이들은 우리가 신앙을 지키며 그리스도의 기쁨과 관대함을 증언해서 세상의 공격을 받는다고 믿었다. 반면, 다른 이들은 우리가 기독교 내부의 문화와 온갖 관례, 특권에 눈이 멀었다고 주장했다. 파벌주의와 국가주의를 내세우느라 우리의 증언이 힘을 잃었다는 것이다. 나는 그 자리에서 이런 생각을 했다. '난 둘 다 봤어.'

나는 하나님의 사람들이 보여 준 비할 바 없는 관대함을 보았고, 그것을 증언한다! 기독교 국가주의의 이름으로 난민들에게 쏟아 내는 믿기 힘든 냉담함도 보았고, 그것을 향해 외친다! 신앙을 따라 시간과 에너지를 다해 타인을 섬기는 경건한 이들을 알고 있으며, 그들의 신앙을 증언한다! 현재의 구조적 인종 차별이 누군가의 상상력이 만들어 낸 허구일 뿐이라 믿는 신자들과도 대화해 보았고, 그리하여 외친다! 주여, 우리에게 긍휼을 베푸소서!

내가 보는 진실을 말할 용기를 달라고 기도한다. 그것이 내가 속한 집단의 지령을 거스르는 일이라서 미움을 사거나 경제적인 손해를 입어야 한다 해도 두려워하지 않게 해 달라고 기도한다. 내가 마음을 닫고 지령 수행 모드로 들어가는 것을 느낄 때마다 지혜를 구한다. 나를 인간답지 못하게 만들고, 다른 사람들을 인간 이하로 취급하게 만드는 그 악한 관성들과 잘 싸울 수 있게 해 달라고 하늘에 묻는다.

〈잇츠 미It's Me〉라는 곡은 내가 결혼 생활 중 남편을 한 인간으로 존중하는 마음을 잊었던 순간을 기록한 노래다. 곡의 초반에서 남편 트로이Troy와 나는 다정함이라는 은혜 안에 머물며 평온한 시간을 보낸다. 그러다 상처가 되는 말이 오가고, 우리의 의지와 상관없이 냉랭한 기운이 내려앉는다. 우리는 각자의 내면 깊숙한 곳으로 숨어 대화를 시도하지만, 다정함은 이미 온데간데없다.

목숨을 걸고 달려.
다정함은 전부 사라졌어.
눈 깜짝할 사이에
모든 선의가 물러나 버렸네.
보폭을 재며 서로를 응시해 보지만
아, 당신과 나는 끝났어, 끝났어, 끝났어.

부엌의 식탁 앞에 서서 이렇게 생각했던 기억이 난다. 마치 고립된 섬처럼 느껴지던 그곳에서 나는 자문했다. '내가 사랑하던 이 남자 안의 소년은 어디로 갔을까? 그 소년을 사랑하던 내 안의 소녀는 어디에 있을까?' 상처 입고 성난 채 제멋대로 움직이는 우리의 자아가 상황을 완전히 망쳐 버리기 전에 우리가 다시 이어질 가능성이 조금이라도 있을지 알 수 없었다.

내면 깊은 곳에서 소녀가 깨어나네.
소녀는 사랑하는 소년을 부르네.
나야.[15]

한 지붕 아래 살며 진심으로 사랑하는 사람과도 이토록 순식 간에 멀어질 수 있다면, 일면식도 없는 타인들에게는 얼마나 더 비인간적으로 행동할 수 있겠는가? 각 사람 안에 있는 본질적인 가치를 알아보는 것은 하나님의 고귀한 선물이다. 가끔은 이것이 우리 신앙의 핵심이며, 그리스도께서 우리 마음속에서 행하시는 일의 전부가 아닐까 하는 생각이 든다.

출애굽 이야기에는 너무나 캄캄하여 "사람들이 서로 볼 수 없"출 10:23었던 흑암의 재앙이 나온다. 우리는 지금 그 시절과 비슷한 어둠, 즉 상대방이 나와 같은 한 인간임을 망각하게 만드는 흑암과 싸우고 있는지도 모른다. 우리에겐 서로의 번영을 추구하는 동시에 진실을 말할 수 있는 하나님의 도움과 지혜가 절실하다.

전부 다 말할 수 있는 안전한 장소

2011년, 트로이와 내가 "폭격으로 생긴 구덩이에 무엇을 채워 넣을 것인가?"라는 질문에 대해 찾은 답은 바로 '아트하우스 노스 Art House North'라는 공간이었다. 우리는 전국 각지를 누비며 수많은 노래를 세상에 내놓았다. 그러던 중 우리는 길 위에서 경험했던 일들을 우리 공동체와 나눌 수 있는, 집과 같은 안식처를 간절히 갈망하게 되었다.

아트하우스 노스라는 영감의 원천은 내슈빌에 첫 번째 아트하우스를 설립한 찰리 피콕과 앤디 애쉬워스 부부였다. 그들이 만든 공간은 사람들 안에 있는 하나님 나라에 대한 상상력을 일깨웠다.

그곳은 환대, 생명을 일구는 생성적 삶, 창의성, 대화, 소망이 깃든 장소였다. 내슈빌에는 예술가들이 커리어나 비즈니스에 대한 조언을 구할 곳은 많았지만, 예술가이자 그리스도의 제자로서 세상 속 자신의 역할에 대해 의미 있는 대화를 나눌 수 있는 곳은 아트하우스밖에 없었다.

찰리와 앤디가 이미 나아가고 있던 그 강물의 흐름에 동참하는 과정은 흥미진진했다. 그들은 그 물길을 열어 우리와 수많은 사람을 초대했다. 우리는 그곳에서 때로는 음반을 만들고, 때로는 정의를 향한 하나님의 마음에 대해 배웠으며, 때로는 그저 다양한 손님과 저녁 식사를 함께했다.

트로이와 나는 2011년 1월, 미네소타주 세인트폴의 웨스트엔드에서 아트하우스 노스를 열었다. 미국 전역의 세 군데에 있는 아트하우스 중 하나였다. 세 곳은 각자 독특한 공동체의 모습을 보여 주면서도, '공동선을 위한 창조적 공동체'라는 슬로건을 공유한다.

이곳에서 우리는 문화 전쟁에서 벗어나 정원을 가꾸는 일로 나아가고자 노력했다. 놀랍게도 여러 지역 사회 협력 사업에 힘입어 아트하우스 노스는 지역 사회에 뿌리내릴 수 있었다. 주말마다 모이는 지역 교회, 1년에 세 편의 연극을 공연하고 어린이를 위해 연극 캠프를 여는 극단, 예술가들을 위한 정기적인 랍비 성경 공부 모임이 이곳을 거점으로 삼았다.

그리고 연례행사인 광장 댄스가 인기 있는 새로운 전통으로 자리 잡았다. 몇 시간 동안 도로의 차량 통행을 막고 전 연령대의 지역 주민들을 춤판으로 초대하는데, 지역에 이만한 다른 행사는 없다. 지난여름 이 행사를 마친 후 친구 마이크^{Mike}가 말했다. "여기 말고 사람들이 두 시간 내내 웃는 모습을 볼 수 있는 다른 데가 있을까?"

이런 정기적인 일정 외에도 우리는 아트하우스 노스에서 여러 행사와 프로그램들을 연다. 찰리와 앤디처럼, 우리도 이미 우리가 몸을 맡긴 강물의 흐름 속에 이러한 활동들을 뿌리내리려 했다. 우리 아이들이 학교에 다닐 나이가 되었을 때, 우리는 동네 아이들을 위해 영화 〈스쿨 오브 락^{School of Rock}〉 스타일의 음악 교실 '렛츠 락^{Let's Rock}'을 시작했다. 아이들이 즉흥 연주 밴드 안에서 악기를 배울 수 있는 프로그램이었다.

아트하우스 노스에는 사려 깊은 대화를 이끌어 내는 특유의 친밀함이 있다. 우리 건물은 140명만 수용할 수 있기에 행사의 규모와 성장 전략에 대한 대화는 멋지게 배제된다. 우리는 종종 행사를 계획하면서 우리가 무엇에 대해 말하고 싶은지 자문한다. 주최하는 행사 중 내가 제일 좋아하는 시리즈는 '예술가들의 응답'이다. 이 시리즈에서 우리는 세 명에서 다섯 명의 예술가에게 하나의 주제를 던져 주고, 그저 각자의 예술로 그 주제에 응답해 달라고 요청한다. 우리는 그들에게 어떤 말을 해야 할지, 어떤 결론에 도달해야 할지 지시하지 않는다.

첫 번째 '예술가들의 응답' 행사는 샌디후크초등학교^{Sandy Hook Elementary School} 총기 난사 사건이 발생한 바로 다음 주에 열렸다. 뉴스 매체들의 관심은 이미 다음 뉴스들로 넘어가고 있었고, 나는 교회에서조차 충분히 애도할 공간이 없다고 느꼈다. 나는 다섯 명의 예술가들을 초대했다. 지역의 시인, 첼로 연주자, 배우, 송라이터, 무용수였다. 그들은 그 어떤 토론 방송이나 신문 분석 기사가 해내지 못한 일을 해냈다.

시인 친구는 사라예보의 첼로 연주자에 관한 시를 낭독했고, 첼로 연주자는 같은 이야기의 주제곡인 유명한 아다지오를 연주했다. 배우 친구는 당시에 일인 여성극 〈나는 안네 프랑크다^{I Am Anne Frank}〉에 출연 중이었는데, 그 자리에서 "어린 소녀의 영혼 안에서 그렇게 많은 일이 벌어졌다고 누가 생각하겠어요?"라고 독백을 하는 연기를 선보였다. 내 친구인 무용수는 "나와 동행하소서, 주님. 나와 동행하소서"라는 느린 애도로 시작해서 춤사위가 차츰 격렬해지다가 마침내 모두를 기립하게 만든 경이로운 공연을 보여 주었다. 그리고 송라이터 친구가 진실을 말하는 노래와 애가로 마무리를 했다. 결코 잊을 수 없는 성스러운 경험이었다. 그 자리는 우리의 약함을 서로 드러내고, 함께 증언하며, 전부 다 말할 수 있는 안전한 장소였다.

가장 최근에 열린 '예술가들의 응답'은 '창조 세계 돌보기'를 다루었다. 초대된 예술가들은 도리어 우리 모두를 우리와 창조 세계의 관계를 다시 상상하는 자리로 초대했다. 영감이 넘치는 아름다운 밤이었다. 나는 벅찬 가슴을 안고 집으로 걸어갔는데, 궁금한 것을 묻고 하나님이 예수님 안에서 이루신 화해의 사역이 얼마나 넓고 깊은지 탐구할 수 있는 곳이 있다는 것이 너무나 감사했다. 바울의 골로새서 말씀이 떠올랐다.

아버지께서는 모든 충만으로 예수 안에 거하게 하시고 그의 십자가의 피로 화평을 이루사 만물 곧 땅에 있는 것들이나 하늘에 있는 것들이 그로 말미암아 자기와 화목하게 되기를 기뻐하심이라.

○ 골로새서 1장 19-20절

나는 송라이터로서, 그리고 이제는 다른 이들이 창조적 목소리를 내도록 돕는 사람으로서 우리 주위의 폭격으로 생긴 구덩이들로 두려움 없이 걸어가라는 부름을 받았다. 인간 경험의 전체 스펙트럼을 증언하라는 부름을 받았다. 그리고 우리 딸 루비에게, 이 혼란스러운 시대에도 우리의 모든 말을 듣고 계시는 하나님께 모든 것을 말할 수 있다고 가르치라는 부름을 받았다.

하나님의 거대 서사로,
왜곡된 서사를 다시 직조하다

스토리텔러로서 통로가 되어

Storyteller

러크레이 ∘ Lecrae
힙합 아티스트, 송라이터, 음반 프로듀서

나는 스토리텔러다. 대부분의 훌륭한 이야기처럼 나의 이야기 역시 복합적이며, 복잡다단한 인물들로 가득하다. 순수한 영웅이나 순수한 악당은 드물다. 성경이 그렇듯 우리 삶의 악당들도 놀라운 강점을 지니며, 영웅들 또한 치명적인 약점을 안고 있다. 그리고 수많은 사람이 그 사이에 존재한다. 그러나 이런 경계의 모호함은 사람들을 불안하게 한다.

나는 이른바 성聖과 속俗의 경계를 넘나드는 힙합 아티스트로, 오해받는 일에 익숙하다. 어떤 주말에는 '약물에 취한 채로 쾌락주의에 찬사를 보내는 곡을 쓰는' 아티스트들과 한 무대에 섰다가, 같은 날 교회 콘퍼런스로 자리를 옮겨 강연을 하기도 했다. 사람들은 사물을 흑백으로 보길 좋아하고, 복잡성 앞에서 혼란을 느낀다. 미묘한 뉘앙스가 드러내는 아름다움에 경탄하는 데 시간을 들이기보다, 그것을 무시하고 익숙한 것을 택할 때가 많다.

선입견에 갇히지 않으려면

첫 파리 여행에서 나는 익숙함이 부리는 횡포를 경험했다. 내가 상상한 파리는 언제나 유토피아였다. 그곳에서는 모든 것이 아름답고 매력적이며 쉬울 것만 같았다. 하지만 막상 파리에서 지낸 시간은 아주 힘들었다. 언어도, 음식도, 문화도 달랐다. 나는 파리를 사랑하게 될 줄 알았으나, 이러한 차이들이 그 도시를 즐기는 데 커다란 장벽이 되었다. 식사를 주문하거나 대화를 나누는 간단한 일조차 힘들었다. 이틀 만에 나는 녹초가 되었고 친숙한 것들이 그리워졌다. 일주일도 안 되어 고급 프랑스 요리 대신 미국 패스트푸드 체인점을 찾아가고 있었다. 단지 쉽고 친숙하다는 이유에서였다. 파리에 대한 동경이 너무 컸던 탓에 나의 낭만적 이상화는 예상보다 더 많은 문제를 일으켰다. 메뉴판조차 이해하기 어려운 상황에서 아내와 낭만적인 저녁 식사를 하기란 쉬운 일이 아니었다.

내 선입견이 도전을 받는 그 상황이 불편했다. 아는 것에 머무는 쪽이 더 쉬웠다. 그러나 차이가 주는 생소함에 굴하지 않았던 많은 지인은 파리의 다양성과 언어, 문화의 아름다움을 발견했다.

무언가를 제대로 보고 그 가치를 인식하려면 때로는 노력이 필요하다. 그 대상이 우리가 이전에 경험해 보지 못한 것이라면 더욱 그렇다. 일반적으로 운동선수나 정치가나 그 외 유명인들처럼 우리가 사회에서 접하는 사람들은 온전히 알려지고 이해될 기회를 얻지 못한다. 우리는 그들의 이야기를 모른다. 그저 다른 사람들이 그들에게 부여한 서사narratives를 알 뿐이다.

랩rap 음악의 서사가 왜곡되는 방식은 나에게 훨씬 더 절박한 문제다. 나는 랩이라는 장르가 가치 있는 예술임을 그리스도인들에게 설득하는 데 많은 시간을 보냈다. 일부 그리스도인들은 랩을 폭력과 여성 혐오를 미화하는 데만 쓰이는 예술 형태로 본다. 랩이 그런 식으로 쓰이는 것도 사실이지만, 그것은 랩이라는 예술이나 그 기원의 본질이 아니다.

랩 음악은 여러 면에서 특정 공동체의 상황을 묘사하고 설명하는 서사의 표현이다. 이는 예술가가 직면하는 현실을 서술하는 기록이다. 그 기록은 일종의 선지자적 증언으로서 가치가 있다. 나아가 랩은 나를 예술가로 빚어냈다. 많은 이들이 저속하다고 치부하는 랩 음악의 선구자들이 없었다면 나도 이 자리에 없었을 것이다.

거리의 거칠고 생생한 이야기들과 나에게 영향을 준 쾌락을 찬양하는 음악이 없었다면, 나는 랩을 하거나 문화의 언어로 말하는 법을 알지 못했을 것이다. 나보다 앞선 이들이 내가 마주한 현실을 서술하는 법을 가르쳐 주었다. 그들은 이야기를 들려주었고, 나 역시 이야기를 들려준다. 우리 모두 서사를 만들어 낸다.

우리는 이야기를 하면서 그렇지 않았으면 엉망진창으로만 보였을 상황에 의미를 부여하고, 그런 혼란이 의미하는 모든 것을 머릿속에서 정리한다. 우리는 이야기를 이해하기 위해 영웅과 악당을 창조한다. 누가 영웅이고 누가 악당일까? 미국인들은 이런 종류의 이야기를 아주 잘 만들어 낸다. 아메리카의 '발견'을 둘러싼 세부 내용에서 우리가 사랑하는 추수감사절 이면에 숨겨진 실제 참상에 이르기까지, 역사적 사실들을 누락해 가면서 과거를 입맛에 맞게 이해한다.

때로는 우리의 영웅이 생각보다 더 악당 같고, 악당이 생각보다 더 영웅적일 때가 있다. 서구 문화는 미국 건국의 아버지들의 노예 제도 지지를 외면하고, 알 카포네처럼 살인을 일삼은 갱스터들을 낭만적으로 묘사하는 등 자긍심을 높이기 위해 서사를 바꾸고,

여성 혐오와 폭력의 이야기들을 유흥거리로 소비한다.

도시 문화의 많은 측면에 영향을 받은 흑인인 내가 책임 있는 아버지와 역할 모델이 된 것은 단지 정신을 차려서가 아니다. 나를 악당으로 여겨 포기하지 않고 성장 중인 장래의 영웅으로 바라본 사람들이 내게 영향을 끼쳤다.

우리가 내세우는 영웅들도 생각만큼 그렇게 무결점의 존재는 아니다. 우리가 비난하며 혐오하는 악당들 또한 우리와 완전히 다른 존재가 아니다. 그들과 같은 삶의 처지에 놓였더라면 우리도 어떻게 되었을지 장담할 수 없다. 인물들 배후에는 언제나 이야기가 있고, 그 이야기는 이러한 미세한 차이들을 드러내 준다. 우리가 만나는 사람들의 이야기를 공감하며 듣기 위해서는 겸손이 필요하다.

공감 어린 경청에는 세계관의 이해가 포함된다. 세계관은 세상을 바라보는 뿌리 깊고 종종 무의식적인 방식이다. 공감하는 태도로 귀를 기울이고 다른 이들의 세계관을 이해하려고 노력한 다음에야 인종적 · 문화적 · 종교적 간격을 넘어 진실한 관계를 맺는 법을 배울 수 있다. 이는 단순히 비즈니스적인 관계만이 아니라 진정한 우정을 뜻한다.

우리가 듣고 나누는 이야기들은 단순히 사실과 명제만을 다루는 것이 아니다. 이야기를 나눈다는 것은 감정을 공유하고 다른 이들에게 우리의 취약함을 드러내는 것을 의미한다. 그리고 우리는 이야기 안에서 감정의 다양한 스펙트럼을 인식할 수 있다. 분노는 파괴적이 아니라 건설적일 때 선하게 쓰일 수 있다. 건설적인 분노는 소외된 자들의 권리를 위해 열정적으로 싸우게 만들지만, 파괴적인 분노는 건물을 불태우고 폭동을 일으키는 것으로 이어진다.

지난 몇 년 동안 나는 건설적인 분노와 파괴적인 분노의 차이를 알리기 위해 노력해 왔다. 테드 TedX 강연부터 사설, 노래까지 사람들에게 분노라는 감정을 보다 세밀하게 이해하라고 간곡히 요청했다. 물론 여전히 오해는 있으며, 나는 참을성을 갖고 포기하지 않는 법을 배워야 했다. 사람들은 언제나 세상을 보는 현재의 방식과 일치하는 이야기에 끌리기 마련이다. 우리는 그렇게 만들어졌다. 나의 사례가 설명에 도움이 될 것 같다.

나는 세 번이나 페퍼스프레이 공격을 당했다. 페퍼스프레이는 화끈거린다. 그것도 아주 심하게 화끈거린다. 목구멍이 조여들고, 아주 매운 고춧물을 잔뜩 들이부은 것처럼 눈이 부어오른다. 너무나 충격적인 경험이라 아직도 그때의 상황이 생생하게 기억난다. 이 이야기를 제대로 하려면 별도로 몇 장章이 더 필요할 것이다.

내가 페퍼스프레이를 맞았다는 말을 듣고서 방금 당신이 어떤 생각을 했을지 궁금하다. 내가 악당이었을까? 누군가를 도발하여 자기방어에 나서게 만든 걸까? 아니면 도움을 주려고 나섰다가 무심코 페퍼스프레이 공격을 당한 영웅이었을까? 아니면 둘 다였을까? 이런 일들을 이해하려면 줄거리가 있어야 한다. 줄거리가 없으면 그 사건에 의미를 부여하기가 어렵다. 우리는 세상이 이치에 맞기를 간절히 바란다. 주위에서 벌어지는 일에 의미를 부여하기 위해 과학 이론, 역사적 서사, 점성술, 종교에 매달린다. 우리는 '왜' 그런지 알고 싶어 하도록 설계된 존재다.

그래서 우리는 이야기에 끌린다. 이야기는 의미를 구체화하는 데 도움을 준다. 설령 이야기를 잘못 파악한다 해도 '왜'라는 질문에 대한 답을 얻을 수 있기 때문이다.

우리가 세상을 보는 방식은 이야기를 통해 형성되고 우리의 의미는 모종의 거대 서사master narrative에서 나온다. 사람들은 차트와 그래프보다는 이야기를 선호하고 더 잘 공감한다. 주위의 교사나 설교자에게 물어보라. 많은 이들이 그렇듯, 나도 툭하면 강연과 설교 도중에 멍하니 딴생각을 하다가도 이야기가 시작되면 마치 마법에 걸린 듯 귀를 기울이게 된다.

우리는 극장과 텔레비전과 컴퓨터로 이야기를 즐기는 데 매년 수십억 달러를 쓴다. 자신과 동일시할 수 있는 원형과 캐릭터, 혹은 존경할 만한 영웅을 찾는다. 줄거리가 없이는 주어진 상황에 의미를 부여하기가 어렵기 때문이다. 그 결과, 대부분의 사람들은 부서진 세상에서 의미를 찾기 위해 세상을 '착한 편'과 '나쁜 편'으로 나눈다.

모든 이야기에는 필수 요소들이 있다. 무언가가 세상을 뒤집어 놓는다. 무언가가 파괴된다. 그러면 상황을 바로잡고 파괴된 것을 회복시킬 영웅이 등장한다. 그리고 그에 대항하는 적수나 원수인 악당이 나타난다. 2014년, 마이클 브라운Michael Brown이 피격당한 사건에 이어 미주리주 퍼거슨에서 일어난 일에서도 이런 요소들을 볼 수 있다. 거기서 벌어진 일은 분명 무언가를 의미한다. 그러나 그 의미는 전해지는 이야기에 따라 달라진다.

한 이야기는 흑인 공동체가 나쁜 환경에 처한 착한 사람들로 구성되어 있다고 주장한다. 지역 경찰은 권력을 남용하는 나쁜 사람들이다. 흑인 공동체는 이 나라에서 흑인의 목숨도 소중하다는 사실을 보여 주기 위해 싸워야 하며 경찰에게 책임을 물어야 한다. 많은 사람들이 이 서사를 통해 세인트루이스 교외에서 벌어진 일의 의미를 찾았다.

또 다른 이야기는 경찰이 위험한 직업군에서 최선을 다하는 영웅이라고 말한다. 마이클 브라운 같은 이들은 법을 어기고 본인의 행동에 따른 불운한 결과를 맞이한 악당이다. 인종 문제 때문에 범죄라는 본질을 보지 못해서는 안 되며, 사법체계가 결국 진실을 밝혀낼 것임을 믿어야 한다.

이 두 이야기에서는 주인공과 적대자가 각기 다르다. 착한 편과 나쁜 편이 다르다. 사건을 이해하게 해 줄 서사가 없으면 그 누구도 미주리에서 벌어진 일을 파악할 수 없는 것처럼 보인다. 게다가 우리는 자신의 세계관에 맞지 않는 서사를 소화하는 데 어려움을 겪는다. 자신의 관점을 뒤흔들고 박살내는 참된 서사보다는 자신의 세계관에 부합하는 거짓 서사를 믿는 쪽이 실제로 더 쉽다. 이는 각자의 입장과 상관없이 모두에게 해당된다.

우리 모두가 죄인이라고 말하는 기독교 세계관

성경적 서사를 따르는 기독교 세계관은 일반적이고 관습적인 서사와 구별된다. 기독교 세계관은 거대한 구도 안에서 우리 모두가 죄인이라는 사실을 보여 준다. 우리 모두가 악당이요, 나쁜 사람들이다. 진정한 악은 깨어진 인간성을 통해 얼굴을 드러내는 죄이며, 그 죄는 모든 사람에게 영향을 미친다. 유일한 참된 영웅은 깨어진 마음을 회복시키고 죄로 부패한 사회 구조를 바로잡으시는 예수님과 그분의 능력이다.

어릴 때 들었던 다윗과 골리앗 이야기가 기억이 난다. 골리앗은 270센티미터가 넘는 위협적인 블레셋 전사였고 이스라엘의 군대에 공포를 안겼다. 아마도 블레셋 사람들은 이스라엘 사람들보다 전쟁 기술이 훨씬 앞서 있었고 훨씬 뛰어난 무기를 갖추고 있었을 것이다. 그래서 이스라엘 군대 가운데서 용감하다고 하는 그 누구도 나라를 위해 골리앗과 정면으로 맞서려 나서지 않았다. 그때 작고 어린 목동 소년 다윗이 등장했다. 하나님을 온전히 의지한 다윗은 큰 용기를 내어 물매 하나로 골리앗을 무찔렀고 이스라엘은 승리했다.

당신도 나와 같다면, 이 이야기의 의미를 이런 식으로 이해했을 것이다. "당신이 약자고 제대로 준비되어 있지 않더라도 하나님을 신뢰하라. 그러면 당신도 다윗과 같은 영웅이 될 수 있다!" 나는 이 견해에도 진실이 담겨 있다고 믿지만, 하나님이 이 이야기를 통해 그분의 거대 서사를 전하신다고 더욱 믿는다.

우리 모두는 겁에 질려 위축된 이스라엘이다. 골리앗은 우리를 자기 뜻대로 좌지우지하려는 어둠과 악의 세력을 상징한다. 우리는 무력하게 서 있을 뿐이지만 하나님은 구원자를 보내신다. 그분은 전통적인 방식으로 싸우지 않는 겸손한 영웅이다. 대신 성부 하나님을 용맹하고도 철저하게 의지함으로써 어둠을 끝내고 사람들을 해방시킨다.

죄는 적대자이고 예수님이 주인공이시다. 죄와 사탄은 여느 대단한 악당들처럼 우리를 어둠의 편으로 포섭하며, 힘을 남용하고 폭동을 일으키고 죽이고 미워하도록 부추긴다. 그러나 그리스도께서는 찬란한 빛으로 들어오라고 우리를 초청하신다. 참된 영웅은 우리에게 사랑하고 공감하고 용서하며 죄로 깨어진 것을 회복시키기 위해 힘쓰는 방법을 보여 주신다.

누가 영웅인가, 누가 주인공인가

예술의 아름다움과 경이는 이야기를 들려주는 능력에 있다. 예술가는 스토리텔러다. 화가, 영화감독, 송라이터도 마찬가지다. 예술가는 이야기를 사용하여 사람들을 창조, 타락, 구속, 하나님과 함께 광야를 지나는 여정으로 이루어진 거대 서사로 이끈다. 사람들은 이야기에 끌린다. 〈반지의 제왕The Lord of the Rings〉 시리즈는 내 인생 영화 중 하나다. 존 싱글턴John Singleton의 〈보이즈 앤 후드Boyz n the Hood〉 다음으로 아끼는 작품이다. 두 영화 모두 인간의 부패와 마음의 어둠, 죄악된 본성과 씨름하는 우리의 삶을 보여 준다.

C. S. 루이스Lewis는 《사자와 마녀와 옷장The Lion, the witch and the Wardrobe》에서 하나님의 거대 서사를 드러낸다. 위대하고 완전한 왕이 전혀 사랑받을 자격이 없는 배신자 소년을 위해 자기 목숨을 내어 준다. 세상은 희생적 사랑에 대해 늘어놓는 파편적인 사실들이 아니라, 바로 이런 이야기에 매료된다. 이야기를 통하지 않고서

는 그 사실들이 품은 의미를 결코 파악할 수 없다.

뮤지션은 이야기를 사용하여 사람들이 하나님의 거대 서사를 보도록 도울 수 있고, 가치 없는 엉뚱한 주인공에게 주목하게 만들 수도 있다. 여러 해 전에 나는 〈웰컴 투 아메리카Welcome to America〉라는 곡을 썼는데, 거기에 미국에 대한 세 가지 시각과 이야기를 담았다.

1절은 스스로를 구조적 억압에 맞선 싸움의 주인공으로 여기는 도심 빈민가 청년의 시각에서 펼쳐진다. 그는 자신의 노력이 자신을 어떻게든 더 강하게 만들고 더 나은 곳으로 인도할 거라 믿는다. 범죄가 좋아서 선택한 건 아니었지만, 일자리도 없고 교육 시설도 형편없는 지역에 사는 그가 쥘 수 있는 최선의 패였다. 이 청년은 가족을 가난에서 구출하겠다는 희망을 품고 범죄에 발을 들인다. 그에게 적대자는 미국이다. 미국의 편향된 사회 시스템은 범죄가 발생하기 한참 전부터 존재했던 대물림되는 가난과 교육의 부재라는 압도적인 환경을 고려하지 않는다. 미국이 그를 이렇게 만들었다. 미국이 모든 고통과 부서짐의 근원이다.

2절은 사랑하는 나라를 위해 투쟁하고 싸워 온 군인의 이야기다. 그의 적대자는 그의 헌신에 고마워할 줄 모르는 미국의 비애국적인 부류다. 그는 그들의 유익을 위해 모든 것을 희생했다. 결혼 생활은 깨졌고, 정신 건강과 친구들의 우정을 잃었으며, 심지어 목숨까지 잃을 뻔했다. 그는 이 나라를 믿으며, 비록 완벽하지는 않아도 미국과 그 건국 원칙들이 순수하다고 믿는다. 이 원칙을 믿기에 자신의 투쟁이 헛되지 않았다고 확신할 수 있다. 하지만 정작 자신이 지켜 낸 국민과 나라는 그만큼의 애국심을 공유하지 않는다는 사실을 깨달아 가고 있다.

마지막 3절은 미국인들이 왜 이토록 훌륭한 나라를 두고도 감사할 줄 모르는지 이해가 안 가는 이민자의 이야기다. 그가 볼 때 미국인들은 넘치는 자유와 기회의 복을 누리고 있다. 먹을 것도 풍부하고 교육의 기회도 널렸다. 깨끗한 물과 잠자리, 의료 서비스도 부족함 없이 제공된다. 이민자는 미국인들이 누리는 사치품을 만드는 노동 착취 공장에서 일한다. 그는 이런 상황에 불평하지 않고, 그저 이 나라의 구성원 대열에 합류할 수 있기만을 바란다. 미국이 주인공이요, 영웅인 것이다. 이 나라는 그가 갈망하던 자유를 약속한다. 하지만 막상 이 사람은 미국에 왔으면서도, 까다로운 이민법 때문에 영주권을 얻지 못한다.

아이러니하게도 이 이야기들은 모두 사실이다. 다만 그것이 진실의 전부는 아니다. 각 이야기는 모든 악의 원인을 악당 탓으로 돌리고, 잘못된 영웅에게 궁극적인 소망을 둔다.

그리스도인은 미국이 파괴의 궁극적 원천도, 기쁨의 원천도 아님을 누구보다 명확히 인식해야 한다. 미국은 궁극적인 영웅이 아니다. 문제(악당)는 언제나 죄이며, 해결책(영웅)은 언제나 복음이다. 물론 이는 죄와 부패가 인간의 마음뿐 아니라 우리의 손과 그 손으로 일구어 낸 결과물까지 더럽혔다는 사실을 단순화한 표현이다. 죄로 물든 인간이 만들어 낸 제도와 사회 구조들이 오늘날 세계에 부정적 영향을 끼치고 있다. 수백 년 전 부패한 마음과 손이 만들어 낸 법률, 기업, 통상적 관행이 지금도 여전히 몹쓸 열매를 맺고 있다. 이런 망가진 시스템을 회복시키는 데는 구원받은 사람들이 필요할 것이다.

겨자씨 한 알이 바꾼 세상

이 거대한 이야기에서 우리의 역할을 알아보기란 쉽지 않다. 우리가 도대체 누구기에 그 거대한 역경에 맞선단 말인가? 하지만 바로 이 지점에서 예수님의 이야기가 여러 면에서 나에게 강력하게 다가온다. 나는 그분의 인성, 특히 그 단순함과 약함에 공감한다. 나는 때때로 그분의 이야기와 내 삶을 나란히 두고 읽곤 한다. 비록 내가 영웅도 악당도 아니긴 하지만 말이다. 어쩌면 조금씩은 둘 다일지도 모르겠다.

나는 미혼모의 아들로 태어났다. 어머니는 한동안 정부 보조금에 의지해 생계를 이어 가야 했다. 아버지에게는 약물 중독 문제가 있었다. 어머니는 내가 태어나기 전에 천사의 방문을 받지 않았다. 적어도 어머니 말씀으로는 그렇다. 유치원 시절, 나는 화장실에서 폭죽을 터뜨렸고, 초등학교 1학년 때는 존 카니라는 아이와 싸우다 그의 앞니를 부러뜨렸다. 이미 흔들리던 이였지만 다른 아이들은 그 사실을 몰랐다. 나는 어린 시절의 예수님처럼 헤롯을 피해 애굽으로 피난 가며 목숨의 위협을 느껴 본 적도 없고, 마을의 성경 학자들을 깜짝 놀라게 할 만큼 똑똑하지도 않았다.

중학교에 들어가서는 패싸움을 일으켜 툭하면 정학을 당했고, 경범죄로 경찰차에 태워져 집으로 호송되곤 했다. 이런 모습은

10대 후반까지 이어졌고, 사람들이 "저 녀석은 커서 별 볼 일 없는 사람이 되겠군"이라고 생각하게 만들기에 충분했다. 하지만 내가 저지른 실수와 내게 닥친 불행 속에서도 나는 혼자가 아니었다.

이런 배경이 있었기에 나는 예수님의 이야기에 깊이 공감할 수 있다. 사람들은 예수님이 인간의 모습으로 이 땅에 계실 때 그분과 그분의 나라를 대수롭지 않게 생각했다. 마태복음 13장 31-32절에서 예수님은 이렇게 말씀하신다. "천국은 마치 사람이 자기 밭에 갖다 심은 겨자씨 한 알 같으니 이는 모든 씨보다 작은 것이로되 자란 후에는 풀보다 커서 나무가 되매 공중의 새들이 와서 그 가지에 깃들이느니라."

현대의 기술 사회와 문화에서는 이런 식물 이야기는 그리 와닿지 않을 수도 있다. 하지만 예수님은 농경 사회를 배경으로 이 말씀을 하셨다. 식물과 농장, 가축은 그들에게 흔하고 일상적인 것이었다. 청중은 이 비유의 핵심을 잘 이해했을 것이다. 겨자씨가 결국 누구도 못 보고 지나칠 수 없을 만큼 거대하게 자란다는 사실을 알았을 것이다. 예수님은 사람들이 거대하게 자라날 무언가의 시작을 대수롭지 않게 여길 때가 많음을 짚으신 것이다. 하나님 나라는 웅장하다. 그러나 겨자씨 같은 그 시작은 전혀 웅장하지 않다. 하지만 하나님 나라를 겨자씨처럼 보잘것없어 보이는 시작만 가지고 판단해서는 안 된다.

나는 보잘것없어 보이지만 나중에 위대해지는 작은 것의 개념을 너무나도 잘 안다. 중학교 3학년 때 낙제 위기를 간신히 면하자, 진학 지도 상담 선생님은 어머니에게 연락해 내가 학습 장애아 반에 가야 한다고 말했다. 일반 또래 아이들과 같이 지내면 안 되고 대안 학교에 들어가야 한다는 것이었다. 나는 일찌감치 배제된 존재였다. 예수님도 이런 서사를 잘 아신다. 열두 명의 평범한 사람들과 함께 시작된 그분의 사역은 처음에는 초라해 보였지만 결국 세상을 변화시켰다. 그분은 로마 제국의 작고 소외된 유대인 동네에서 살다 돌아가셨다. 당대의 주류 역사가들은 그분을 지나가듯 언급할 뿐이었다. 그러나 오늘날 그분의 이름과 권능은 전 세계에 가득하다.

연약해 보이는 사람들이 놀라운 일을 해내는 이야기는 우리에게 익숙하다. 우리는 잘 이해한다. 주위에서 흔히 보는 일이다. 우리 주변 어디에서나 볼 수 있는 일이기 때문이다. 우리는 그런 이들을 알고 또 존경한다. 우리 문화의 선구자 중에도 한때 배제당했던 이들이 많다.

월트 디즈니^{Walt Disney}는 1919년 〈캔자스 시티 스타^{Kansas City Star}〉지에서 해고되었다. 편집장이 말한 공식적인 해고 사유는 "상상력이 부족하고 좋은 아이디어가 없다"는 것이었다.[1] 오프라 윈프리^{Oprah Winfrey}는 발음하기도 어려운 이름의 소도시에서 태어났다. 그녀는 이야기 속에 감정을 너무 이입한다는 이유로 뉴스 리포터로서 성공하기 어렵다는 말을 들었다.[2] 제이지^{Zay-Z}부터 투팍^{Tupac}까지 내가 좋아하는 래퍼들은 대부분 밑바닥 환경에서 무시당하다가 문화계의 영향력 있는 인물로 우뚝 선 배경을 가지고 있다.

겨자씨 비유를 보여 주는 내가 가장 좋아하는 이미지는 내 인생 영화 중 하나로 손꼽는 영화 〈매트릭스^{The Matrix}〉다. 처음 이 영화를 보았을 때는 내가 이 영화와 얼마나 깊이 연결되어 있는지 다 알지 못했다. 나는 SF 영화와 액션 모험 영화를 좋아하지만, 무엇보다 '좋은 이야기'를 좋아한다. 〈매트릭스〉의 주인공은 낮에는 토머스 앤더슨이라는 평범하고 존재감 없는 기술직 종사자이지만 밤에는 네오라는 이름의 거침없는 해커로 활동한다. 어린 시절 나는 네오Neo라는 글자를 재배열하면 "one"〔구원자〕이 되는 것을 발견하고 내가 인생의 깊은 의미를 알아냈다고 생각했다.

네오는 겉보기에 평범하지만 악명 높은 리더 모피어스는 그에게서 더 많은 것을 본다. 모피어스는 네오가 새롭게 해방된 세계의 지도자가 될 것이라는 예언을 받은 터였다. 모피어스는 네오를 전적으로 믿은 것이 아니었다. 사실 그는 이 젊은이의 잠재력을 여러 차례 의심하기도 했다. 그러나 그는 더 위대한 실체인 예언을 믿었다. 다른 등장인물인 트리니티도 네오가 '선택받은 자the chosen one' 〔구원자〕라고 믿는다. 네오는 배우는 것도 느리고 두려움에 가득 차 보였지만, 그들은 믿음을 품고 네오에게 자신들의 시간과 재능과 소중한 자산을 아낌없이 쏟아부었다. 그리고 결국 네오가 지도자일 뿐 아니라 그 어느 누구와도 비교할 수 없는 독보적인 지도자임을 발견하게 된다.

이런 서사들은 우리가 작고 초라해 보이는 것의 잠재력을 얼마나 쉽게 무시하는지 하나님이 이미 알고 계심을 상기시킨다. 그뿐만 아니라, 우리 모두는 약하고 부서진, 불완전한 존재들이다. 하지만 하나님은 이런 우리를 기쁘게 받아 자녀 삼아 주셨고, 창조된 본연의 위대함으로 이끄신다. 많은 이들이 하나님 밖에서 목적과 위대함을 찾으려 분투하지만, 우리는 오직 하나님 안에서만 그것을 찾을 수 있다.

예수님은 왜 시작이 초라했던 이들을 그토록 믿으시고 그들에게 투자하셨을까? 그 열두 제자는 이미 여러 면에서 실패한 사람들이었다. 사회는 그들에게 "너희는 자격 미달이다"라고 말해 왔다. 그러나 하나님은 그들이 충분한 자격을 갖췄음을 아셨고, 심지어 그 이상이라고 말씀하신다. 하나님은 이렇게 말씀하신다. "겉보기에는 네가 작은 겨자씨처럼 보인다는 걸 안다. 하지만 네가 앞으로 어떤 나무가 될지를 내가 보듯이 너도 직접 볼 수 있었으면 좋겠구나."

사회는 시골 동네에서 태어나 마약으로 고통받는 한부모 가정에서 자랐고 꾸준히 말썽을 일으켰던 어린 러크레이에게 '넌 앞으로도 별 볼 일 없을 것'이라고 단언했다. 그러나 나를 믿어 준 사람들은 멈추지 않고 나에게 투자했다. 하나님은 줄곧 나의 유익과 그분의 영광을 위해 모든 상황을 인도하셨다. 내가 대학에 가고 개척자 정신을 발휘해 사람들에게 영감을 주는 예술 작품을 만들면서 세계를 누빌 거라고는 아무도 예상하지 못했다. 나야말로 겨자씨가 분명히 자란다는 사실을 보여 주는 살아 있는 증거다.

내가 이야기를 들려주는 이유는 나에게 목소리가 있고 내 목소리에 귀 기울이는 청중이 있기 때문이다. 나는 최대한 정확하게, 그리고 가능한 한 열정적으로 진실을 말한다. 세상의 많은 이야기들이 배제되고 들려지지 않았다는 사실이 내게 동기를 부여한다. 누구든 펜을 쥔 사람이 역사를 쓰게 된다는 것을 나는 잘 안다. 하지만 펜은커녕 목소리조차 내지 못해 자기 이야기를 꺼내지 못하는 이들이 너무도 많다.

심지어 사람들은 어떤 이야기나 역사는 아예 중요하지 않다고 믿게 되었다. 프랑스 혁명과 르네상스 시대에 대해서는 자주 듣지만 도미니카의 예술과 역사는 어떤가? 빌립이 에티오피아에서 온 관리에게 복음을 설명했다는 건 알지만, 에티오피아 교회의 풍성한 역사에 대해 아는 바가 있는가? 주의하지 않으면 우리는 단지 들려지지 않는다는 이유만으로 어떤 이야기는 알 필요조차 없다고 믿게 될 것이다.

실패를 모르는 거룩한 영웅의 이야기

나는 동아프리카에서 많은 시간을 보내며 경청하는 법을 배웠다. 그곳 사람들의 문화와 역사에 푹 잠기는 법을 배웠다. 그들을 섬기러 갔지만 동시에 그들에게서 배웠다. 우간다의 콜 지구 사람들은 나의 청중이 꼭 들어야 할 이야기를 가지고 있다. 고통과 고난을 뚫고 피어난 그들의 회복력과 재건의 서사는 나에게 큰 영감을 주었다. 그들은 무궁무진한 잠재력을 손에 쥐고 있는 사람들이다. 불행히도 역사적으로 무역과 기회가 단절되는 바람에 외부의 혁신을 공유받지 못했고 그들의 뛰어난 재능을 우리에게 나눠 주지 못했을 뿐이다. 나는 그들을 돕기 위해 내 시간과 재능을 내어 주었지만, 그들의 마을을 방문해 이야기를 들으며 오히려 내가 더 큰 배움과 유익을 얻었다.

콜 지구의 주민인 마이클Michael은 쉰 살 정도 되는 남성이다. 그는 원래 마을의 벽돌공이었는데, 고된 노동에 허리를 다치고 말았다. 그는 손주들의 대학 학비를 댈 수 있게 도와주실 하나님을 믿고 있었다. 그는 손주들이 더 나은 삶을 누리기를 원했다. 그리고 하나님이 응답하셨다. 해외 기관과 협력하게 되면서 그는 자신의 땅이 얼마나 비옥한지 알게 되었다. 그는 나무 심는 법을 배웠고 지금은 과실수와 여러 식물을 키우는 농장을 세워 그것을 기업으로 일구었다. 손주들의 교육 문제는 더 이상 걱정할 필요가 없게 되었다.

그의 이야기는 우리에게 영감을 준다. 여러 면에서 그것은 바로 우리 모두의 이야기이기 때문이다. 많은 이들이 넘을 수 없는 역경에 부딪히고 두려움이나 극심한 가난 같은 난관에 맞닥뜨린다. 그래도 우리는 우리를 건져 내실 거룩한 영웅, 하나님을 믿는다. 그분이 계시기에 우리는 결코 절망 속에 남겨지지 않는다. 하나님은 절대 실패하지 않으신다. 두려움은 하나님이 일을 그르치실 것이라 믿는 것이고, 원망은 하나님이 이미 일을 그르치셨다고 믿는 것이다. 그러나 우리 모두 그런 감정을 경험했음에도 불구하고 여전히 그분의 계획을 신뢰할 수 있다. 그 계획의 일부가 우리에게 계시될 때도 있지만, 많은 부분은 그분의 영광을 온전히 보게 되는 날까지 드러나지 않을 것이다.

하나님은 단순히 몇 가지 원리와 과학으로 우리를 구원하시지 않았다. 그분은 그래프와 차트로 우리에게 말씀하시지 않았다. 하나님은 간접적인 통계 수치를 써서 역사적으로 죄와 악에 오염된 시스템과 사회 하부 구조들을 변화시키라고 우리를 설득하시지 않았다. 이 모든 것 대신에 그분은 우리에게 이야기를 주셨다. 창조, 타락, 구속, 완성의 이야기를 주셨다. 예수라는 사람의 이야기를 말이다. 그 이야기를 통해 하나님은 우리를 부르신다. 우리의 삶으로, 우리의 이야기로 하나님을 따르라고 부르신다.

두 세계에 온전히 발 딛고서
양편의 언어로 서로를 잇다

번역자로서 통로가 되어 

Translator

존 이나주 ○ John Inazu
세인트루이스 워싱턴대학교(Washington University)
법학·종교학 교수

성인이 된 후로 나는 본업 탓에 '번역자translator'가 될 수밖에 없었다. 한때는 변호사로서 그리고 이제는 교수로서 나는 특정한 말과 생각을 그것에 익숙하지 않은 청중이 이해하기 쉽게 만들어야 했다. 이는 나만의 것이 아니라 많은 전문직 종사자에게도 해당하는 과제이며, 여러 면에서 자신과 다른 사람을 만나야 하는 모든 이에게도 해당되는 일이다. 각 사람은 번역이라는 과제를 요구받는다. 그리고 우리의 삶을 통한 이런 개인적 번역 안에 하나님이 주신 기회가 있다. 바울이 말한 대로, 우리는 "그리스도의 사절"이며 "하나님께서는 우리를 시켜서 ……〔다른 누군가에게〕 권고"하신다. 고후 5:20, 새번역

가장 일반적 의미의 번역은 알려지지 않은 것을 알리는 일, 이해할 수 없는 것을 이해하게 만드는 일이다. 가끔 우리는 친숙한 개념으로 낯선 개념들을 설명하거나 단순한 접점들을 쌓아 보다 복잡한 논점을 제시하는 방식으로 번역을 한다. 새로운 언어를 배울 때 많은 이들이 이 과정을 경험한다.

고등학생 시절에 스페인어를 배우기 시작하면서 친숙한 단어들과 나란히 놓인 낯선 단어들이 보였다. 나는 "abuela아부엘라"가 '할머니'를, "gato가토"가 '고양이'를 의미한다는 것을 배웠다. 어느 시점에서 문법으로 옮겨 갔는데, 문법은 단어들이 더 큰 틀 안에서 어떻게 한데 맞춰지는지 이해하는 것을 의미했다. "mi abuela le gusta mi gato"는 "우리 할머니는 내 고양이를 좋아하신다"라는 뜻이다. 그리고 마지막 단계에서 나는 규칙에 예외가 있음을 발견했다. 스페인어의 예외는 영어의 경우보다 배우기 더 쉬웠다. 영어에는 현기증이 날 정도로 모호한 예외 상황들이 너무나 많기 때문이다. 예를 들어 "i는 e 앞에 오지만, c 뒤에 오거나 'neighbor네이버' 또는 'weigh웨이'처럼 '에이'로 발음될 때는 예외다"라는 식의 규칙 말이다.

새로운 언어를 배우는 사례는 번역의 어려움을 잘 보여 준다. 우리는 기본 개념에서 출발하여 더 넓은 틀 안에서 그 개념을 자리매김하고, 결국엔 그 틀이 생각만큼 쉽게, 일관적으로 적용되지 않는 것을 발견한다. 번역의 전체 과정은 많은 훈련을 요구한다. 그리고 이 훈련은 평생 지속되어야 하는 경우가 많다. 학교의 스페인어 수업이 끝나자, 번역을 위한 기초적인 실력마저도 금세 사라졌다. 지금은 스페인어 단어 몇 개만 기억이 나고 더 넓은 틀은 거의 기억나지 않는다. 할머니와 고양이가 나오는 저 문장도 구글로 검색해야 했다.

번역할 내용과 청자 이해하기

효과적인 번역을 위해서는 무엇보다 번역할 내용을 제대로 이해해야 한다. 내가 변호사로 일할 때, 종종 법정에서 증언 요청을 받은 공학자들과 작업했다. 그들은 세상에서 가장 똑똑한 사람들로 손꼽혔다. 로켓 과학자도 있었고, 휴대폰에 들어가는 마이크로

칩 같은 혁신적 기술을 발명한 이들도 있었다. 그러나 나는 공학자들이 늘 탁월한 번역자는 아님을 곧 알게 되었다. 그들은 어떤 것이 왜 작동하고 왜 중요한지 알지만, 자신이 아는 것을 다른 이들에게 설명은 잘 못하는 경우가 많았다.

중대한 이해관계가 걸린 사건들을 판단할 비전문가들에게 이 공학자들의 전문 지식을 설명할 단어, 은유, 유비를 찾는 것이 바로 변호사의 일이다. 그리고 그 일을 위해서 나는 공학자들의 전문 지식을 이해해야 했다. 번역을 하려면 먼저 이해를 해야 했고, 그러자면 그들은 직관적으로 이해하지만 나로서는 이해하기 힘든 생각과 개념들을 파악하려고 노력하면서 공학자 증인들에게 지극히 기초적인 질문을 던지고 그들의 인내를 구해야 했다.

법학 교수로 일하는 지금도 번역할 내용을 이해하는 일은 여전히 필요하다. 고등학교 시절의 스페인어 선생님처럼, 나는 내가 가르치는 과목에 '유창해야' 했다. 새로운 판례와 이슈들이 계속 생겨나는 상황에서 내가 법학을 가르칠 수 있는 이유는 세상의 작은 부분을 상당히 깊은 수준으로 이해하게 되었기 때문이다. 물론 늘 그랬던 것은 아니며, 내가 가르치는 모든 과목을 다 깊이 있게 아는 것도 아니다.

법학을 가르친 첫해에는 형법 수업에서 판례 하나를 잘못 읽어 기재된 내용과 정확히 정반대로 이해한 적이 있다. 나눗셈을 설명한다고 생각하면서 곱셈을 설명하는 일을 로스쿨에서 한 것이다. 판례를 오독한 상태에서 강의 계획을 세웠던 터라, 잘못된 이해를 설명하면 애쓰면 애쓸수록 수업은 더 혼란에 빠졌다.

이제는 내가 가르치는 과목에서 사건의 의미를 거꾸로 이해하지는 않는다. 적어도 강의 첫해만큼 완전히 거꾸로 이해하는 일은 없다. 하지만 전달할 내용을 잘 이해하는 것은 좋은 번역을 위한 조건의 일부일 뿐이다. 거기에 더해 청중도 이해해야 한다. 청중을 이해하지 못하면 제대로 된 번역자가 될 수 없기 때문이다. 가르치는 선생으로서 청중을 이해한다는 것은 켄 베인^{Ken Bain}의 표현처럼 "언제나 새롭게 배울 것이 있다"는 인식을 갖는 것이다. "이것은 교수 기법에 대한 말이 아니라, 이 특정한 시간에 있는 특정한 학생들에 대해 배워야 하고, 그들만의 특정한 열망과 혼란, 오해와 무지에 대해 배워야 한다는 뜻이다."[1]

다시 말해, 학생들이 늘 다르기에 가르치는 경험도 늘 새롭다. 각 수업은 경험과 개성, 배경 지식의 독특한 조합이다. 그리고 효과적으로 가르치고 번역하려면 새로운 수업에 들어오는 학생들의 독특한 면면을 인식하고 이해해야 한다.

때로 청중은 무지할 뿐 아니라 잘못된 정보를 알고 있기도 한다. 번역 내용을 아예 모르는 사람들에게 설명하는 일도 충분히 힘들지만, 우리가 설명하려는 내용을 이미 안다고 생각하는 사람들을 가르치는 일은 때로 훨씬 더 어렵다. 특히 그들이 이미 안다고 믿는 내용이 정답보다 더 쉽고 단순하거나 그들의 취향에 맞을 때는 더욱 그렇다. 로스쿨 학생들 중 일부는 법이 영화와 드라마에 보던 것과 다르다는 사실에 실망한다. 많은 법적 질문에 대한 답이 '예'나 '아니오'가 아니라 '상황에 따라 다르다'는 사실을 깨닫고 불안해하는 학생들도 있다.

189

번역할 내용과 청중을 이해하는 일은 강의실에서도 여전히 공을 들여야 하는 작업이다. 하지만 많은 삶이 그렇듯 나 역시 근본적인 신념과 확신을 번역하는 일이 지적·감정적·관계적으로 훨씬 더 어렵다는 사실을 깨닫는다. 대부분의 사람들이 살아가면서 이런 도전에 직면한다. 우리는 우리가 동시에 여러 세계에 살고 있음을 발견하며, 차이가 있는 그 세계들 사이에 다리를 놓게 된다.

두 문화를 잇는 이중 언어 번역자의 고충

나는 이것을 '번역의 소명'이라 여긴다. 일반적인 번역 사례와 마찬가지로 오늘날 그리스도인들이 번역의 소명을 감당하려면 무엇을 번역하는지, 그리고 누구에게 번역하는지를 알아야 한다. 우리가 번역하는 내용을 안다는 것은 우리 자신이 믿음으로 새롭게 빚어진 존재임을 안다는 뜻이다. 복음이 우리를 어떻게 변화시켰는지 알지 못하면 우리의 핵심적 확신과 자기 자신을 타인과 나눌 수 없다. 우리가 먼저 스스로를 하나님의 사랑을 받는 자로 알지 못한다면, 예수님이 명령하신 대로^{막 12:31} 우리 이웃을 우리 자신처럼 사랑하는 일은 재앙이 될 뿐이다.

삶을 번역하는 소명에는 평범한 형태의 번역과는 다른 차원이 하나 더해진다. 바로 개인적 위험이다. 변호사나 교수로서 번역을 제대로 하지 못하면 강의 첫해에 판례를 오독했을 때처럼 직업적 평판에 손상을 입을 뿐이다. 그러나 내가 나 자신을 번역할 때 그 위험은 훨씬 더 개인적인 것이 된다. 대규모 청중이든 단 한 사람의 개인이든 낯선 이에게 나를 설명하는 데 실패하면, 그 실패는 인격적인 거절처럼 느껴질 수 있다. 우리 각자는 번역의 소명을 감당할 때마다, 즉 자기 자신과 우리를 움직이는 믿음을 타인에게 알리려 할 때마다 이런 거절의 위험을 감수한다. 신학자 레슬리 뉴비긴이 지적한 대로, "인격적인 앎은 위험을 감수하지 않고는 불가능하다. 그것은 신뢰라는 행위 없이는 시작될 수 없으며, 신뢰는 배반당할 수 있기 때문이다."[2]

나에게 번역의 소명은 삶의 일부를 대학에서, 일부는 교회에서 보내는 것을 의미한다. 대학에서의 내 생활은 로스쿨 학생들과 학부생들을 가르치고, 소수의 사람만 읽는 학술 논문을 쓰고, 교수 회의나 대학 위원회, 생소한 전문가 조직들에서 긴 시간을 보내는 일들로 채워진다. 나의 교회 생활에는 예배와 지역 교회 참여, 그리스도인 청중을 대상으로 한 글쓰기와 강연, 지역적·전국적·국제적 단체에 시간과 자원을 투자하는 일이 포함된다.

번역이라는 나의 소명은 교회 친구들에게는 대학을, 대학 친구들에게는 교회를 풀어 전하는 데 있다. 그렇게 이 두 세계를 오가는 삶 속에서 나는 서로 다른 두 문화의 언어를 자유롭게 넘나드는 일종의 이중 언어 번역자가 되었다.

두 문화를 모두 잘 안다는 것은 어느 쪽에서도 완전히 편안하지는 않다는 뜻이기도 하다. 어느 수요일, 영감과 당혹감을 동시에 안겨 주는 동료들과 교수 회의를 하다 보면 이런 생각이 든다. '이들은 내 사람들이 아니야.' 몇 시간 후, 교회에서 영감과 당혹감을 동시에 안겨 주는 사람들 사이에 앉아 있으면 또 이런 생각이 든다.

'이들은 내 사람들이 아니야.'

두 세계 중 한 곳에만 속한 많은 이들은 다른 쪽 세계의 사람들에 대해 잘 모른다. 그리고 두 세계 모두에서, 다른 면에서는 사려 깊은 사람들이 때로는 인격적인 앎과 관계를 맺는 대신 고정 관념과 추측으로 상대 세계를 판단해 버리곤 한다. 오후의 교수 회의와 저녁의 교회 식사는 불과 3킬로미터 거리 안에서 열렸지만, 둘 사이의 관계적 거리는 훨씬 더 멀게 느껴진다.

나는 이 두 문화를 잇는 번역을 "한 발은 한쪽 세계에, 다른 발은 다른 세계에" 딛는 일로 생각하곤 했다. 비기독교 대학교의 기독교인 교수로서 나는 내 한 발을 대학교에, 다른 발은 교회에 딛고 있다고 보았다. 그러나 나는 이 비유가 불충분하다는 것을 깨닫게 되었다. 유능한 번역자가 되려면 서로 다른 두 맥락에 동시에 완전히 몰입해야 한다. 내 경우에는 대학에도 두 발을, 교회에도 두 발을 다 딛고 있어야 한다는 것을 뜻한다.[3]

두 발 모두를 딛는 완전한 몰입은 '백인 중심의 세계'와 '백인이 아닌 인종들의 세계' 사이에서 번역하는 난제를 생각할 때 더욱 절실하게 와닿는다. 일본계 미국인인 나는 백인 문화의 '내부자'인 동시에 '외부자'이다. 이는 내 외모 때문이기도 하고 살아온 경험 탓이기도 하다. 나는 인종과 신앙의 교차점에서 이 사실을 가장 강렬하게 느낀다. '백인 복음주의' 안과 밖을 오가며 번역을 할 때 말이다.

나는 백인이 주를 이룬 교회들에서 자랐다. 이사를 자주 다녔기에 메릴랜드, 캔자스, 캘리포니아, 워싱턴, 하와이, 뉴욕, 콜로라

도, 노스캐롤라이나, 버지니아, 사우스다코타 등 미국 전역의 다양
한 교회 공동체를 경험했다. 성공회, 장로교, 감리교, 침례교, 복음
주의 자유교회, 초교파 교회까지 내 신앙의 배경은 다양하다.

그러나 그곳들은 전부 대체로 백인 교회였다. 교인들뿐 아니
라 문화 자체가 백인 중심이었다. 나는 특정 방식의 성경적 강조점,
예배 스타일, 리듬, 구조, 어조, 기도 방식을 반영하는 예전liturgy의
영향을 받았다. 특정 사안은 강조하고 다른 사안은 소홀히 하는 교
회들이 나를 빚어냈다. 우리의 그리스도론마저도 백인 중심의 사
고를 반영했다. 러크레이의 인상적인 표현처럼, 우리는 예수님을
"엄청난 곱슬머리에 부드러운 눈매, 얇은 입술을 가진 유럽인"⁴으
로 보았다. 하지만 우리가 백인 교회라는 자의식을 가졌던 것은 아
니다. 목사를 '백인 목사'로, 찬양 인도자를 '백인 찬양 인도자'로
부르는 일은 없었다. 그것이 내가 아는 유일한 교회 문화였기에, 나
에게 그곳은 '백인 교회'가 아니라 그냥 '교회'였다.

그러나 내가 내 교회를 그냥 '교회'로 보았다는 사실 자체가
중요한 대목이다. 이 사실은 몇 년 전 내가 모교의 IVF 모임에서
강연을 했을 때 실감 나게 다가왔다. 내가 대학에 다니던 시절에
그 모임은 백인이 다수였고 아시아계 학생들은 소수에 불과했다.
20년 만에 강연을 하러 다시 가 보니 이제는 대부분이 아시아계였
고, 백인 학생은 소수뿐이었다. 다시 찾은 그 모임은 마치 '아시아
계 기독교 모임'처럼 느껴졌다. 음악, 유머, 사람들, 스타일이 모두
아시아적이었다. 그런데 왜 그렇게 느껴졌을까?

나의 재학 시절, 그 모임이 백인 위주였을 때는 '백인 기독교

인 모임'이라는 느낌이 없었다. 그냥 '기독교인 모임'이었을 뿐이다. 그것은 내가 '정상'의 기준을 백인에게 맞추어 적응해 있었기 때문이었다. 같은 이유로, 20년 후의 모임은 '정상'이 아니라 '아시아적'인 것으로 느껴진 것이다.

하지만 내가 늘 '백인 위주'를 '정상'이라고 느끼는 것은 아니다. 최근에 나는 소셜 미디어에서 저명한 복음주의자와 댓글을 주고받고 있었다. 그는 미국과 멕시코 사이에 장벽을 건설하자는 트럼프 대통령의 제안이 성경으로 뒷받침될 수 있다는 견해를 공개적으로 지지한 터였다. 나는 성경을 그런 식으로 인용하는 것이 크게 잘못되었다고 생각했고, 그런 취지의 댓글을 달았다. "미국의 인종학살적 서부 팽창 과정 중 어느 지점에서 장벽이 성경적으로 정당화될 수 있다고 보시는지 궁금하군요."

나의 논점은 미국이 영토 확장과 국경 확립을 위해 오랫동안 저질러 온 비기독교적인 행위들이, 오늘날 국경 보호를 정당화하기 위해 성경의 권위를 내세우려는 시도를 설득력 없게 만든다는 것이었다. 그런데 몇 시간 후, 그 저명한 복음주의자는 이런 질문을 댓글로 달았다. "미국에는 언제 오셨나요?"

나는 그 답변에 충격을 받았다. 내가 제대로 본 게 맞는지 확인하려고 몇 번이나 다시 읽어야 했다. 그 순간 나는 외부자였고, 백인 복음주의 세계에 깊이 몸담은 누군가가 던진 인종 차별적 발언을 통해 외부자로 낙인 찍혔다. 이민 정책을 두고 논쟁이 오가다 나온 말이라 그의 발언이 더욱 쓰라렸다.

나의 일본인 조부모님은 미국에서 태어났다. 그 사람이 말했던 대로 미국에 처음 '온' 분들은 나의 증조부모님이었다. 게다가 나의 조부모님과 아버지는 제2차 세계대전 당시 만자나 수용소〔일본의 진주만 폭격 후 1945년까지 일본계 미국인을 수용한 강제 수용소-옮긴이〕에 수감되기도 했다. 이런 가족사를 가진 나를 외부자로 규정하는 발언은 특히나 뼈아팠다.

백인이 아니어야만 "미국에는 언제 오셨나요?"라는 질문이 왜 부적절한지 이해할 수 있는 것은 아니다. 많은 백인 논평가들도 그 댓글을 비판하는 데 힘을 보탰다. 그들은 나만큼이나 '백인이 아닌 인종들'의 복음주의 세계를 잘 해석해 낼 수 있었다. 하지만 나로서는 그 반대 방향의 번역, 즉 그런 메시지를 보내고 결국 옹호하는 백인 복음주의 세계를 이해하는 일이 너무나 어려웠다.

이어지는 댓글에서 나의 대화 상대였던 복음주의자는 내가 '예민하다'고 했고 자신의 반응을 인종 차별적이라고 볼 수 있다는 것에 '충격'을 받았다고 했다. 그는 심지어 인종 차별에 관한 책을 두 권이나 쓴 사람이었다.

나는 그가 던진 "미국에는 언제 오셨나요?"라는 질문을 생각하고 소셜 미디어에 올리면서도 그 질문이 인종 차별적으로 비칠 수 있다는 사실을 전혀 파악하지 못하게 만든 관행과 영향력이 무엇인지 궁금해졌다. 문제는 단지 그가 내게 보낸 그 댓글만이 아니었다. 나는 그보다 앞서 그가 펼친 주장, 즉 미국이 멕시코 국경에 장벽을 쌓는 일을 성경이 정당화한다는 논리도 그냥 넘길 수 없었다. 더 넓게 보면, 기독교적 가치를 조롱하고 백인이 아닌 이들의 목소리를 소외시키는 언행을 일삼는 대통령을, 자신들의 안위를 돕는 정치와 정책을 추진한다는 이유로 많은 백인 복음주의자들이 흔들림 없이 지지하는 태도가 문제였다.

그뿐만 아니라 미국은 '기독교 국가'이고, 보다 다원주의적이며 기독교에 덜 우호적인 문화 때문에 '우리의 것' 중 일부를 잃어버렸다는 많은 백인 복음주의자들의 고집도 문제였다. 이런 시각들은 여러 면에서 내가 자라 온 백인 복음주의 세계의 모습을 그대로 반영하고 있다. 그리고 이 세계는 내게 점점 더 다가가기 힘든 곳이 되어 간다.

도무지 공감할 수 없는 사람과 상황 속에서

어떤 면에서 나는 백인 복음주의 세계에 대해 공감하지 못하는 것을 명예로운 훈장으로 여기고 싶은 유혹을 느낀다. 나는 이전보다 백인이 아닌 형제자매들과 더 깊은 연대감을 느낀다. 그리고 백인이 압도적으로 많은 기독교 기관에서 백인이 아닌 그리스도인들이 일할 때 겪는 엄청난 어려움들을 더 예민하게 인식하게 되었다. 전에는 이해하지 못했던 주장과 사안들이 이제는 눈에 들어온다. 이는 분명 좋은 일이다.

그러나 백인 복음주의 세계를 이해하는 데 어려움을 겪는다는 사실 자체는 결코 좋은 것이 아니다. 그것은 내가 소중히 여기는 가치들을 효과적으로 번역해 내는 능력을 제한하기 때문이다. 내가 어떤 시각들이 잘못되었다는 것을 설명하고 싶다면 그리고 내가 단순히 '예민한' 것이 아님을 보여 주고 싶다면 효과적인 번역을 위해 계속 노력해야 할 것이다. 그러자면 공감 능력을 더 키워야 할 것이다. 백인 복음주의 세계 밖에 두발을 딛고 서 있는 동시에 그 세계 안에서도 두 발을 딛고 있는 내 모습을 끊임없이 상상해야 한다. 직관적으로 떠오르는 말과 감정들은 잠시 접어 두어야 한다. 이것이 번역자의 과제다.

내 공감력의 한계는 서로 다른 두 맥락에 각각 두 발을 확고히 딛는다는 나의 비유가 가진 한계를 드러내기도 한다. 번역자로 부름받은 이들 중 여러 상황에 온전히 몰입하여, 양쪽 모두에 완벽한 소속감을 느낄 수 있는 사람은 거의 없다. 사실, 번역자가 된다는 것은 어느 곳에서도 온전히 내 집 같은 편안함을 느끼지 못하는 필연적인 긴장을 안고 사는 일이다. 이 긴장 가득한 차이는 우리 세계의 균열을 보여 주며, 애초에 왜 번역자가 필요한지를 역설한다. 우리는 모두의 모습이 온전히 드러나 서로 온전히 보게 될 세상을 기대하지만, 그날이 오기 전까지는 "거울로 보는 것같이 희미"[고전 13:12]하게 보는 번역자들의 세상에 머문다.

번역의 소명은 도무지 공감할 수 없는 사람들과 상황에 대해서도 이해를 추구해야 함을 의미한다. 백인 복음주의 세계에서 이질감을 느낀 내 상황에서 이해를 추구한다는 것은 소셜 미디어 상의 몇 마디로는 결코 승리할 수 없는 싸움이 있음을 스스로 상기하는 일이다. 어떤 설득은 몇 달, 혹은 몇 년에 걸친 경청과 설명이 필요하다.

내 친구 리치 매클루어 Rich McClure 는 이 일의 어려움을 내게 자주 상기시켜 준다. 유나이티드밴라인 United Van Lines 의 CEO를 지낸 리치는 자신이 백인 복음주의권 출신임을 기꺼이 인정하는 사람이다. 하지만 2016년, 미주리 주지사는 마이클 브라운 총기 사망 사건 이후 미주리주 퍼거슨에서 벌어진 사태의 원인과 여파를 조사하기 위해 구성된 퍼거슨위원회의 공동의장으로 리치를 임명했다. 리치는 공동의장인 흑인 목사를 비롯한 아프리카계 미국인 공동체 구성원들과 긴밀히 협력하며, 이전에는 전혀 알지 못했던 언어와 사고방식을 익혀야 했다.

그의 고백에 따르면, 그것은 더디고도 고통스러운 과정이었다. 지금 그는 그때 얻은 통찰들을 다시 백인 복음주의 세계로 번역해 전달하는 데 많은 시간을 쏟고 있지만, 이 특별한 번역 작업이 결코 쉽지 않으며 때로는 실패로 끝나기도 한다는 사실을 내게 종종 상기시켜 준다.

겸손과 인내, 관용의 길

내가 대학과 교회, '백인 중심의 세계'와 '그 외 다양한 인종적 배경을 가진 세계'라는 두 세계 사이에서 맡은 번역자의 역할은 내 책 *Confident Pluralism*확신 있는 다원주의에서 겸손, 인내, 관용을 강조한 이유를 잘 설명해 준다. 나는 이 특성들이 서로의 차이를 견디며 살아가는 것뿐만 아니라, 그 차이 사이를 오가는 번역 행위 자체에도 중요하다고 생각한다.

겸손은 내가 옳고 다른 사람들은 틀렸다고 믿는 이유를 그들에게 항상 증명할 수 있는 것은 아님을 인정하는 일이다. 많은 사람들은 자신이 속한 관습과 관행, 제도에 오랜 시간 노출되면서 영향을 받는다. 우리는 그 렌즈들을 통해 세상을 보게 되고, 내 친구 리치가 상기시키는 것처럼, 남이 세상을 보는 방식에 이의를 제기하는 일은 논리적 오류를 해체하거나 상대의 무지를 지적하는 것처럼 그리 간단한 일이 아니다. 변화가 찾아온다면, 그것은 오랜 시간에 걸쳐 형성되는 신뢰 관계에 의존하는 경우가 많다. 변화로 이어지는 관계를 쌓는 데 평생이 걸리기도 한다.

인내는 내가 속한 두 세계 중 한쪽에서 '저 다른 세계'에 대해 자신들이 당연시하는 선입견을 내게 그대로 덧씌울 때 자제력을 발휘하는 것이다. 그런 식의 부적절한 단정이 신경 쓰일 때도 있지만, 그런 말을 들으면 대개는 재미있다. 동료 교수가 내게 이렇게 말한 적이 있다. "교수님은 이해를 못하겠어요. 종교를 믿는데도 가난한 사람들에게 관심이 있잖아요."

그런가 하면, 나 같은 '진보적 법학 교수'는 신뢰할 수 없다는 말을 그리스도인들로부터 얼마나 많이 들었는지 모른다. 대학교에서는 내가 신앙이 있으니 총기를 좋아하는 공화당 지지자일 거라고 생각하는 사람들을 자주 만난다. 교인들은 내 직업을 보고 〈뉴욕 타임스 *The New York Times* 〉만 읽는 민주당 지지자일 거라고 판단해 버린다. 분명히 밝혀 두자면, 나는 평생 정치적으로 독립적 입장을 고수해 왔다. 고등학교 재학 시절에 반 친구 세 명을 총기 폭력으로 잃은 후 줄곧 총기를 싫어했으며, 〈뉴욕 타임스〉에 대해서는 깊은 애증이 교차한다.

관용은 의지를 가지고 사람과 그의 생각을 기꺼이 분리하는 일이다. 내가 속한 두 세계에서 만나는 사람들 중에는 나를 멈칫하게 만드는 생각을 가진 이들이 있다. 물론 모두가 그런 것은 아니다. 다들 그렇듯, 나에게도 신념과 생각이 비슷한 친구들이 있다. 그러나 지인들 중 상당수, 친구들 중 일부에 대해서는 관용을 개념이 아닌 실천의 영역으로 옮겨 와야만 한다.

종교적 다양성을 분명히 배제하는 방식으로 다양성을 이해하는 대학 동료와 다양성에 대한 이해가 전혀 없는 교인, 내가 볼 때는 두 사람 모두 사회에 해로운 믿음을 갖고 있다. 그러나 관용이란 두 사람이 내가 그들에게 덧씌우는 고정 관념보다 더 복잡한 존재임을 기억하고, 나 또한 그들 각자에게 배울 점이 있을 것임을 인정하는 것이다.

우리는 서로에게 더 겸손하고 인내하며 관용을 베풀 수 있다. 차이가 중요하지 않다는 말은 아니다. 우리의 차이 중 많은 것이 대단히 중요하고, 이를 부정하는 것은 결국 상대주의의 한 형태일 것이다. 그러나 우리는 차이에도 불구하고 여전히 은혜롭게 대하기로 선택할 수 있다. 다른 사람들을 악마화하는 것을 피할 수 있다면 그들의 시각을 좀 더 잘 이해할 수 있을 것이다.

좋은 변호사는 자기 논변의 성공이 상대편의 가장 강력한 논거를 파악하는 일에 달려 있음을 안다. 상대방의 논거는 희화화해서는 제대로 파악할 수 없다. 반대쪽의 견해를 가장 호의적이고 정교하게 재구성해서 설명할 수 있을 때 비로소 상대의 진짜 논거가 무엇인지 드러난다. 우리가 상대편을 악마처럼 생각하면, 다른 시각을 호의적으로 이해하려 할 때만 배울 수 있는 중요한 통찰을 놓치고 만다. 공통의 토대를 발견할 가능성을 잃게 되는 것이다.

우리에게 공통의 토대를 찾는 일은 우리의 핵심 신념들과 여러 중요한 측면에서 입장을 달리하는 사람들, 기관들, 운동들과 협력하는 것을 의미할 것이다. 우리가 공화당원이나 민주당원과 협력하거나 그들을 지지하거나 어느 한쪽에 투표하는 것은 복음과 상반되는 견해를 가진 사람들과의 공통점을 모색하는 일이다.

우리는 모든 사람의 종교적 자유를 제대로 옹호하려 하지만, 그 일은 결과적으로 우리가 틀렸다고 믿는 종교적 신념과 그 실천을 돕는 꼴이 되기도 한다. 우리는 보통 선한 노력을 기울이면서 한편으로는 모종의 불의에 참여하는 기관들을 위해 일한다. 세상에서 살아간다는 것은 복음 중심적이지 않은 사람들과 활동들 사이에서 공통의 토대를 모색하는 것을 뜻한다.

상처받을 위험을 감수할 각오로

차이 속에서 공통의 토대를 찾는 일은 공공의 이익을 증진할 뿐 아니라 관계적 거리도 좁혀 준다. 내 친구 이부 파텔^{Eboo Patel} 생각이 난다. 그는 대학 캠퍼스에서 종교 간 협력 활동을 펼치는 전국적인 지도자이자 인터페이스유스코어^{Interfaith Youth Core}라는 중요한 단체의 설립자다. 나는 진보적 정치를 지향하는 무슬림 신자인 이부와 많은 중요한 사안에서 의견을 달리한다. 그러나 우리는 이런 차이에도 불구하고 겸손, 인내, 관용을 옹호하는 일에서 협력할 여러 방법을 찾아냈다. 물론 그 과정에서 역설적으로, 우리 각자가

상대가 동의하지 않는 견해를 더 당당히 펼칠 수 있는 공간도 넓어진다.[5]

이부와 나는 함께 강연하고 가르치고 글을 쓴다. 우리는 친구가 되었고 서로의 배경과 가족, 꿈에 대해 이야기한다. 우리는 변화의 이론들과 학부생 읽기 자료를 두고 논쟁을 벌인다. 서로의 농담을 듣고 웃는다. 적어도 처음 들을 때는 웃는다. 이제는 하도 많이 같이 다녀서 상대방이 시작한 농담을 옆에서 마무리해 줄 수 있을 정도다. 그리고 우리는 함께 슬퍼한다. 아버지가 암 진단을 받았을 때 이부는 전화와 문자로 꾸준히 내 안부를 물어 주었다. 그리고 아버지가 돌아가셨을 때 가장 먼저 마음을 전해 온 사람 중 하나였다. 이부의 기도는 나의 기도와 형식과 내용 면에서 많이 다르지만, 그가 나를 위해 기도해 줄 때면 나는 진심으로 고마움을 느낀다.

나는 *Confident Pluralism* 확신 있는 다원주의에서 '무엇이 공동의 선인가'에 대한 서로 생각이 다르더라도 타인과 공통의 토대를 충분히 찾을 수 있다고 제안했다. 그리고 이 일은 개인적인 관계를 통해 이루어진다. 내가 점점 더 확신하게 되는 것은, 자신이 발 딛고 있는 지역에서 시작하거나, 적어도 이부와 나처럼 서로 꾸준히 접촉할 수 있는 관계를 맺어야 한다는 사실이다.

번역의 소명을 수행할 때 이런 관계는 상처받을 가능성을 열어 두는 솔직함, 일종의 취약함을 요구할 것이다. 그러자면 우리의 내면을 나누어야 하고 개인적인 위험도 감수해야 할 것이다. 우리는 단지 말을 번역하는 것이 아니라, 우리의 삶을 번역하고 있는 것이기 때문이다. 그리스도인들이 품은 겸손, 인내, 관용에 대한 열망, 그리고 믿음, 소망, 사랑이라는 덕목은 우리가 부름받은 이 번역의 사역을 훌륭히 돕는 자원이 될 것이다.

세상 한복판에서
어떻게 복음을

살아 낼 것인가

오해와 갈등의 현장,
서로 마주 앉을 자리를 설계하다

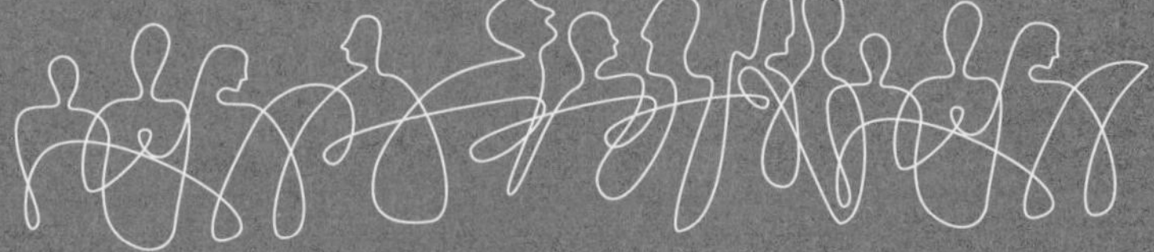

다리 놓는 자로 섬기기

Bridge Builder

셜리 V. 훅스트라 ∘ Shirley V. Hoogstra
변호사,
기독교대학협의회(CCU, Council for Christian Colleges & Universities) 회장

어머니는 내게 '다리 놓기'의 본을 보이셨다. 어린 시절, 어느 휴게소 화장실에서 어머니와 함께 손을 씻고 있는데 갑자기 쿵 하는 소리가 들렸다. 고개를 돌려 보니 이미 어머니는 쓰러진 장애인 여성을 도우러 칸막이 안으로 달려가고 있었다. 모르는 사람이었지만 어머니는 조금도 망설이지 않고 그 난처한 공간으로 들어가서 무방비하게 노출되어 겁에 질린 무력한 여자를 도우셨다. 그때 본 어머니의 단순한 행동은 내가 이웃에게 사랑과 존중, 겸손의 태도로 다가가는 구체적인 본이 되었다.

내가 늘 어머니의 본을 따르는 것은 아니다. 관대함이 아니라 두려움으로 반응할 때가 너무 많기 때문이다. 2016년, ISIS(이슬람 근본주의를 표방하는 테러 단체로, 이라크, 시리아를 중심 거점으로 삼아 활동한다-옮긴이)와 연계된 테러분자들의 세 차례 폭탄 테러로 벨기에에서 수십 명이 죽고 수백 명이 다쳤다. 이 공격은 전쟁으로 피폐해진 여러 나라에서 이민자들이 유럽으로 대거 유입되는 상황 중에 벌어졌다.

중동과 아프리카에서 온 이 이민자들은 추운 날씨를 견디고 위험한 바다를 건너야 했다. 언론에 보도된 사진들은 충격적이었다. 구명조끼를 입은 남녀와 아이들이 고무보트에서 쏟아져 나왔는데, 그중 많은 사람이 목숨만 간신히 붙어 있는 상태였고, 이미 죽은 이들도 있었다. 무엇보다 한 장의 사진이 이 여정의 참혹한 실상을 적나라하게 담아냈다. 해변으로 떠밀려 온 죽은 아이의 시신이었다.

하지만 브뤼셀 폭탄 테러 이후, 상당수가 무슬림이었던 이 이민자들은 갑자기 위험하고 의심스럽고 달갑지 않은 존재가 되었다. 우리 가족은 폭탄 테러가 발생하고 6주 후에 유럽 여행을 떠나기로 되어 있었는데, 우리의 방문 예정지 중에는 그 참혹한 현장도 포함되어 있었다. 나는 가족 여행 계획을 변경했다.

그러나 프란치스코 교황은 다른 접근법을 택했다. 내 어머니가 내게 보여 주신 정신에 더 가까운 행동이었다. 그는 이민자들에게 다가갔다. 폭탄 테러가 발생하고 이틀 뒤, 프란치스코 교황은 소말리아, 에리트레아, 시리아, 파키스탄에서 온 열두 명의 이민자들〔내가 두려워했던 바로 그 사람들〕의 발을 씻기고 그 발에 입 맞추었다. 그는 이렇게 말했다. "무슬림, 힌두교인, 가톨릭 신자, 콥트교도, 복음주의자인 우리는 문화도 종교도 다르지만, 모두가 형제이며 평화롭게 살기 원합니다."[1]

교황의 행동과 진술은 유럽과 미국의 많은 사람들의 언행과 극명한 대조를 이루었다. 그가 내놓은 자비의 메시지는 존엄을 회복시켰다. 그는 난민, 가난한 사람, 취약한 사람들에 대한 용기와 사랑과 존중의 본을 보였다. 교황은 깊은 간극에 다리를 놓았고, 인간은 하나님의 형상을 입은 존재이며 하나님의 종인 자신은 곧 그들의 종이라는 믿음에 따라 행동했다.

교황이 사심 없이 자비를 베푸는 모습을 지켜보며 나는 내 어머니의 모습이 떠올랐고, 나 또한 그렇게 다리 놓는 삶을 살고 싶어 한다는 사실을 깨달았다.

관계의 다리를 놓는 일은 물리적 다리를 놓는 일과 상당히 비슷하다. 세월이 지나도 건재한 구조물을 세우려면 혁신과 투자 그리고 구조를 보는 눈이 필요하다. 물리적 다리처럼 관계의 다리도 양쪽에 든든한 지지대가 있어야 한다. 한쪽은 자신의 신앙과 가치라는 지지대요, 다른 한쪽은 이웃의 유익이라는 지지대다. 다리 놓기는 우리와 타인 모두의 안녕을 위해 인지 부조화를 감내하고 역설적인 상황을 끌어안으며, 상충하거나 복잡한 이해관계 사이에서 균형을 잡는 태도를 기르는 것을 의미한다. 관계의 다리를 놓는 데꼭 필요한 네 가지 자질은 존중, 겸손, 신뢰성, 사랑이다.

존중

다리 놓기는 건너려는 골짜기 너머에 있는 사람을 알고 이해하려는 진정한 관심 없이는 불가능하다. 그리고 이 관심은 결국 존중으로 나타나야 한다. 존중은 모든 사람이 하나님의 형상으로 지음받았다는 믿음에서 나온다. 이 믿음은 누군가가 예수님과 어떤 관계를 맺어 왔고, 맺고 있으며, 앞으로 맺게 될지와 상관없이 그 사람을 고귀한 인격체로 대우하게 한다. 존중이 곧 동의를 의미하는 것은 아니지만, 의견을 달리하는 방식에 영향을 미친다. 다른 사람을 존중하면서 모욕이나 묵살, 경멸적인 행동으로 그를 제압하려는 마음을 품을 수는 없다.

겸손

다리 놓는 사람은 항상 배우고자 노력해야 하며, 이를 위해서는 개방적인 자세가 필요하다. "내가 모르는 것은 무엇일까? 무엇을 배울 수 있을까?" 나는 어떤 사람이나 문제에 접근할 때 첫눈에 모든 것을 파악할 수는 없으며 앞으로 알아가야 할 것이 더 많음을 기억한다. 첫인상이 맞을 때도 있지만, 거의 언제나 불완전하다. 관대한 정신은 다른 관점을 알고 이해하려는 노력을 가치 있게 여긴다. 존중과 마찬가지로 겸손 역시 상대의 관점에 동의할 것을 요구하지 않는다. 그러나 겸손하려면 귀를 기울이는 인내와 절제가 필요하다. 겸손에는 공감, 즉 타인의 처지가 되어 생각할 줄 아는 능력이 포함된다.

나의 경우, 하나님의 위대하심과 나를 향한 그분의 자비와 은혜를 기억할 때 겸손해진다. 우리가 직면한 그 어떤 난관도 나와 하나님 사이를 가르는 어마어마한 간극에 비하면 아무것도 아니라는 깊은 인식에서 겸손이 나온다. 하나님은 그 간격을 십자가를 통해 잇기로 하셨다. 우리가 출발점으로 삼은 사실이나 인식, 혹은 오해가 잘못되었을 수도 있다는 깨달음 역시 우리를 겸손하게 한다. 그것이 늘 틀린다거나 틀릴 것이라고 가정하는 것은 아니다. 하지만 인간이기에 틀릴 가능성이 있다는 뜻이다. 겸손은 자신을 과대평가하는 인간의 성향을 치유하는 해독제이며, 지나친 자기 확신과 자신감을 조절해 준다.

신뢰

다리 놓는 사람은 신뢰할 수 있는 사람이다. 신뢰는 일관된 행동과 합의된 결과를 이행함으로써 쌓인다. 누군가가 자리에 없어도 그 사람의 안녕과 존엄을 지켜 줄 때 신뢰가 쌓인다. 누군가의 뒷담화를 하거나 평판을 깎아내리지 않고, 모든 사실을 면밀히 조사한 이후에 공개적인 의견을 낼 때 신뢰가 생긴다. 우리는 상대방을 일단 믿어 보기로 선택함으로써 신뢰를 쌓는다. 종종 다리 놓는 역할이나 소명을 다하기 위해 공개적인 자리에서 언행을 삼가는 절제력이 요구되기도 한다.

사랑

다리 놓기는 그 자체로 사랑의 행위다. 이웃을 사랑하고 평화를 사랑하고 하나님을 사랑하는 행위다. 그러나 오늘날의 세상에서 사랑의 자세를 유지하려면 의지력 이상의 것이 필요하다. 바로 성령의 능력이다. 깊은 단절을 잇는 다리를 놓으려는 시도에는 두려움이 따르기 때문이다. 혹여 상황을 잘못 파악할 것에 대한 두려움, 다리 놓기에 반대하는 권력자들을 분노케 할지 모른다는 두려움, 자신의 평판을 잃을지도 모른다는 두려움이다. 그러나 성경이 말하듯, 온전한 사랑은 모든 두려움을 내쫓는다.

그러면 사랑은 어떤 모습일까? 고린도전서 13장에 따르면, 사랑은 결코 포기하지 않는다. 사랑은 자기보다 남을 더 돌아보며, 시기하거나 자기 뜻을 밀어붙이거나 교만하지 않으며, 자기를 앞세우지 않는다. 사랑은 성내지 않으며, 원한을 품지 않는다. 사랑은 진리를 기뻐한다. 사랑은 오래 참고, 하나님을 신뢰하며, 다른 사람 안에서 최고의 모습을 찾고, 과거에 연연하지 않으며, 끝까지 견딘다. 그리스도인에게 하나님을 사랑하고 이웃을 사랑하라는 말씀은 단순한 제안이 아니라 반드시 지켜야 할 지엄한 명령이다. 다리 놓는 사람은 자신을 움직이는 동기가 타인에 대한 사랑인지, 상실에 대한 두려움인지 분별할 수 있는 충분한 자기 인식을 길러야 한다. 이 부분에서 신앙 공동체와 영적 건강을 지켜 줄 깊은 훈련이 반드시 필요하다.

나는 에코프레이어^{Echo Prayer}라는 앱을 사용한다. 하나님이 내게 다리 놓는 사람이 되라고 맡기신 영역들을 놓고 정기적으로 기도할 수 있게 이 앱에 알림을 설정해 둔다. 내가 했던 약속이나 기도하겠다는 다짐을 얼마나 쉽게 잊어버리는지 뼈저리게 느낀다. 그래서 이 알림 기능을 활용해 주님이 맡기신 일을 가지고 계속 주님 앞에 나아간다. 그분께 내 마음을 가져가 그분의 인도와 지침을 구한다. 그렇게 하면 타인을 존중하고, 그들에게 마음을 열며, 겸손하고 신뢰할 만하며 사랑 넘치는 사람이 되고자 하는 열망도 새롭게 샘솟는다. 나는 사랑이신 하나님과 깊이 연결될 때만 비로소 다른 사람들을 사랑할 수 있다.

다리 놓기에 필요한 이 네 가지 자질은 하룻밤 사이에 완성되지 않는다. 아무도 삶에서 이를 완벽하게 실천할 수 없다. 하지만 우리는 이 자질들을 배우고 기를 수 있다. 그리고 그 기회는 흔히 우리 쪽으로 먼저 다리를 놓아 준 이들을 통해 이루어진다.

내가 다리 놓는 사람으로 빚어지는 과정에서 어머니는 10대 시절에 가장 큰 역할을 했다. 어머니는 가끔 극심한 우울증에 시달리셨다. 아이의 유산과 형제의 죽음으로 인한 슬픔이 그 원인이었다. 그리고 1950년대의 가정주부가 감내해야 했던 탈진과 틀에 박힌 일상도 한몫한 듯하다. 월요일은 빨래, 화요일은 다림질, 수요일은 청소, 목요일은 장보기, 금요일은 빵 굽기.

어머니는 집안 상황을 밖으로 잘 드러내지 않으셨고, 외부에서 볼 때 우리는 지극히 정상적인 기독교인 가정이었다. 교리 교육, 교인들 식사 모임, 어린이·청소년 활동은 물론 학교 행사에도 빠짐없이 참여했고, 일요일에는 두 번씩 예배에 참석했다.

하지만 집안에서는 사정이 달랐다. 어머니는 종종 목숨을 끊겠다고 으름장을 놓았고, 피로가 극에 달할 때면 겁이 날 정도로 분노를 쏟아 냈다. 나는 어머니의 관심을 다른 곳으로 돌리면 우울한 상태가 좀 나아지게 할 수 있음을 알게 되었다. 집안 분위기를 정확하게 파악하여 어머니의 기분을 북돋웠다. 그러면서 어머니를 향한 두려움을 떨쳐 냈다. 그리고 인간은 복잡한 존재이며, 다정한 동시에 무서울 수 있다는 것을 알게 되었다. 갈등을 피해 숨기보다 그 속으로 뛰어들어야 좋은 결과가 생길 수 있고, 그것이 그만한 위험을 감수할 가치가 있음도 배웠다.

어머니의 우울증은 노년에 상당히 완화되었다. 상담 치료를 받기 시작했고, 아버지가 은퇴하신 후에는 두 분이 몇 가지 프로젝트를 함께 하셨다. 그러다 예순아홉에 어머니는 암 진단을 받으셨고, 그로부터 9주 후 세상을 떠나셨다(어머니라면 분명 "영광 가운데로 돌아가셨다"고 표현하셨을 것이다). 생의 마지막 날에 어머니는 지난날을 깊이 돌아보셨다. 자신으로 인해 가족들이 때때로 얼마나 힘든 시간을 보내야 했는지 깨달은 어머니는 병원 침상에서 사과의 말을 전하셨다. 사랑에서 우러나온 용기 있는 행동이었다. 어린 시절의 혼란을 무사히 헤쳐 나와 성인이 된 나는 이렇게 대답할 수 있었다. "엄마, 엄마의 모든 것이 지금의 저를 만들었어요."

어머니의 영향으로 나는 로스쿨에 진학했고, 이혼 전문 변호사가 되어 해체되는 가족들과 함께 일하기 시작했다. 그리스도인이 어떻게 이혼 전문 변호사로 일할 수 있느냐는 질문을 가끔 받는다. 그러면 나는 이렇게 대답한다. "이 분야야말로 그리스도인이 있어야 할 자리 아닌가요? 사람들의 인생 이야기 중 가장 아픈 대목이야말로 우리가 마땅히 있어야 할 곳 아닐까요?"

대부분의 사람에게 이혼은 인생의 가장 낮은 지점이다. 이혼에는 낭패감과 수치심, 슬픔과 분노가 뒤섞여 따라온다. 나는 가장 힘든 순간에 처한 사람들의 말에 귀를 기울였고 실패자라는 자책에 시달리는 그들을 존중하는 태도로 대했다. 나는 그들에게 누구나 흉터와 가려진 상처가 있다고 말해 주었고 절망적인 상황은 아니라고 이야기했다. 상담을 받아 보라고 권하기도 했고, 상담이 효과가 없으면 수치심과 슬픔 가운데 있는 그들과 그 고통의 시기를 함께 보냈다.

나의 고객들이, 하나님이 그들을 사랑하시듯 나도 그들을 사랑한다는 것을 느끼길 바랐다. 그들은 부서졌지만 인생의 이야기

215

는 회복될 수 있었다. 나는 그들이 증오와 두려움 한복판에서도 품위를 지키고 너그러울 수 있게 돕고 싶었다. 혼란 속에 그들에게 은혜의 본이 되기를 원했다. 나 자신이 혼란 한복판에서 주어지는 은혜를 아는 사람이었기 때문이다.

이제는 하나님이 내 유년기를 사용하셔서 나를 이 일에 준비시키셨음을 깨닫는다. 우리 가족의 슬픔, 실패, 혼란을 통해 어머니와 아버지에게 베푸신 하나님의 은혜를 보았다. 그리고 어떻게든 복음을 나눌 기회를 찾았다. 내 사무실 벽에는 복음 이야기가 걸려 있다. 존 스완슨^{John Swanson}의 세리그래프 〈위대한 만선^{The Great Catch}〉이다. 이 그림은 예수님의 능력과 은혜로 제자들이 기적적으로 물고기를 잡은 사건^{요 21장}을 묘사한다.

기회가 생길 때마다 나는 베드로가 예수님을 세 번 부인하고 예수님의 친구이자 제자로서 비참하게 실패한 이야기를 사람들에게 들려주곤 한다. 하지만 베드로는 예수님께 만선을 선물로 받았다. 예수님은 말씀하셨다. "베드로야, 너는 스스로 사랑받을 자격이 없고 경멸스럽다고 생각할지 몰라도 나는 너를 사랑한다." 나는 자신이 사랑받을 자격이 없다고 느끼는 상처 입은 사람들에게 예수님처럼 다가가려고 노력했다.

깊은 사회적 골 사이에 다리를 놓는 일

나는 현재 기독교대학협의회^{CCCU}의 회장으로서 많은 논란이 되는 사안들에 다리를 놓을 기회를 다시금 부여받았다. 그중 한 가지 사례는 이민법 개혁 영역이다. 2012년, 오바마 대통령은 어릴 때 미국에 온 미등록 이민자들의 추방을 막는 행정 명령을 내렸다. 일부 그리스도인들은 '불법 체류 청소년 추방 유예 제도DACA'로 알려진 이 명령이 법치를 비웃는 처사라고 보았다. 법을 어기고 합법적 입국 절차를 따르지 않은 사람들이 어떻게 자녀들을 통해 보상을 받는단 말인가? 이것은 더 많은 사람이 적법한 이민 정책과 관례를 무시하도록 부추기는 꼴이 되지 않겠는가? 반면에 또 다른 그리스도인들은 DACA를 지지하며, 미등록 이주민과 모든 이주자 그리고 취약 계층을 대하는 방식이야말로 우리의 신앙을 보여 주는 지점이라고 믿었다.

우리 협의회 소속의 많은 기독교 대학에도 미등록자 신분인 학생들이 있다. 이 학생들은 공부할 기회에 감사하며 성실함과 집중력을 발휘해 학업에 매진한다. 하지만 자신의 불안정한 이민자 신분 때문에 매일 불확실성과 두려움을 안고 살아간다.

내가 속한 조직은 '복음주의 이민 테이블Evangelical Immigration Table'이라는 운동에 참여해 왔다. 이 운동은 여섯 가지 원칙을 내세운다. 모든 사람이 하나님께 부여받은 존엄을 존중한다. 직계 가족이 함께 살 권리를 보호한다. 법치주의를 존중한다. 국경을 안전하게 지킨다. 납세자들에게 공정함을 보장한다. 영주권 취득의 자격이 있고 취득을 원하는 이들에게 법적 지위나 시민권을 취득할 방안을 확립한다.

3년 전, 협의회의 회장을 맡으면서 나는 이민 논쟁 속에 상충하는 이해관계와 관점들이 있음을 알게 되었다. 그리고 이민을 둘러싼 논의가 가열되면서 나 역시 이 문제에 대해 공개적으로 발언할 기회를 얻었다. 나는 다양한 관점을 존중하고 배우려는 자세로 더 많은 정보를 얻고자 노력했다. 그리고 그 과정에서 '글로벌 이머전 프로젝트Global Immersion Project'를 소개받았다.

이 단체는 서로에 대한 이해도를 높이기 위해 사람들에게 갈등 해결과 중재를 교육한다. 이스라엘과 팔레스타인, 티후아나와 샌디에이고 접경 지역으로 떠난 '몰입immersion 여행'이 우리의 교실이었다. 우리는 배움의 과정에서 다음과 같은 본질적인 질문들과 마주했다. "교회가 화평하게 하는 자가 되라는 소명을 진지하게 받아들인다면 세상은 어떤 모습이 될까? 평화를 이루는 것이 하나의 삶의 방식이 된다면 어떤 일이 일어날까?"

기독교대학협의회에서 막중한 책임을 맡은 나는 미국의 국경 상황과 DACA의 영향을 좀 더 깊이 이해하고 싶었다. 그래서 대학생 또래의 한 여성을 만났는데, 그녀는 전액 장학생으로 디자인 대학에 합격하고 나서야 자신이 미등록 상태의 이민자임을 알게 되었다고 했다. 부모는 그제야 그녀가 미국 시민권자도 합법적 거주자도 아님을 처음으로 털어놓았고, 장학금을 받을 수 없을 거라고 말했다. 그녀는 자신이 가난하다는 것과 부모가 매사에 조심한다는 것을 알고 있었다. 그러나 고등학교 시절 내내 촉망받는 학생이었고, 자신의 고국인 이 나라에서 밝은 미래를 꿈꾸고 있었다. 그런데 한순간에 모든 것이 달라졌다. 그녀는 자신이 속아 왔다는 허탈함과 낙담, 절망에 부딪혔다.

남은 희망은 DACA 제도에 등록하는 것뿐이었지만, 그렇게 하면 그녀의 가족 전체가 위험에 노출되게 된다. DACA에 등록을 하려면 주소와 신원 정보를 기재해야 했기 때문이다. 더군다나 그 제도가 폐지되면 어떻게 될까? 미래에 대한 포부가 가족의 안전을 희생시킬 만큼 가치가 있는 일일까?

나는 그녀의 이야기에 귀를 기울였다. 나는 배우는 중이었다. 머릿속에 수많은 질문이 스쳐 지나갔다. "그녀의 부모는 무슨 생각이었을까? 왜 딸을 이런 상황에 처하게 두었을까? 선출직 공직자들은 이 문제를 더 나은 방향으로 해결할 수 없었을까? 이제 어떻게 해야 할까? 쉬운 답이 없는 상황에서 그리스도인들은 무엇을 해야 할까?"

이후 우리는 국경 수비대원들을 만나 그들의 일상을 들었다. 그곳에서는 사람들이 파도처럼 밀려들며 미국으로 들어오기 위해 수단 방법을 가리지 않는다. 그중에는 망명 신청자들이 있었고 마약상도 있었다. 수비대원들은 헌신적으로 일했으나 깊은 좌절감을 느끼고 있었다. 복잡한 문제들이 얽혀 있었다.

그다음에 우리는 멕시코로 넘어가 티후아나의 가톨릭계 노숙자 쉼터에 머무는 사람들과 함께 식사했다. 그들은 문화도 언어도 낯선 곳으로 갑자기 강제 추방당했다고 말했다. 그들의 가족은 여전히 미국에 남아 있었다. 그들은 수치심과 외로움, 혼란을 느끼고 있었다. 그들에게 무슨 희망이 있을까? 다행히 교회가 그들에게 다리가 되어 주었다. 그들이 두고 온 삶과 그들 앞에 놓인 삶을 잇는 다리 말이다.

나는 이 대화에 참여하고 논의에 함께할 수 있어서 감사했다.

기독교 대학들을 대표하는 회장으로서, 미등록 이주민 또한 하나 님의 형상을 입은 자들로 존중받아야 한다고 주장한다. 나는 글로 벌 이머전 프로젝트가 내게 보여 준 본보기, 즉 까다로운 사실들이 나 상충하는 이해관계를 두려워하지 않는 태도를 배우려고 노력한 다. 화평하게 하는 자이자 다리를 놓는 사람으로서, 나는 양쪽의 이 야기를 충분히 이해할 수 있을 만큼 열린 마음과 겸손을 유지하고 싶다. 그런 다음 힘없는 자와 가난한 자, 취약한 자들을 대변하여 행동하고자 한다.

공통의 토대를 찾아서

내가 본 다리 놓기의 또 다른 사례는 섀넌 민터^{Shannon Minter}다. 그는 인권 변호사이자 샌프란시스코 전미레즈비언권리센터^{National Center for Lesbian Rights}의 법률국장이다. 우리는 차이점이 많지만 둘 다 변호사이고, 둘 다 자신이 믿는 바에 대해 열정적이다. 우리는 모두 사람들에게 유익이 되는 일을 원하며, 차이를 뛰어넘어 공통 의 토대를 찾는 일이 중요하다고 믿는다.

섀넌과 나는 몇 년 전 예일대 로스쿨^{Yale Law School} 모임에서 처 음 만났다. 종교적 자유와 인간의 성性에 관한 심포지엄이었는데, 양측이 자기 쪽 주장만 내세울 뿐 대화는 좀처럼 이루어지지 않는 논쟁적인 주제를 다루는 자리였다. 그러나 그 주말 심포지엄의 취 지는 함께 앉아 각자 논의의 장에 올릴 만한 합당한 생각을 꺼내 놓고 경청해 보자는 것이었다. 존 이나주가 말하는 "확신 있는 다원주의"의 표본이 될 만한 기회였다. 그 자리에 참석한 우리는 깊은 신념의 차이를 견지하면서도 서로를 존중하며 사는 법, 실질적인 차이 속에서 공통의 토대를 찾는 법을 모색하고 싶었다.

그날의 콘퍼런스에서는 전문가답게 다들 깍듯이 예의를 지켰지만, 나는 그 이면에 흐르는 깊은 회의적인 분위기도 감지했다. 기독교대학협의회 소속 대학들은 전통적 결혼관과 종교적 사명 때문에 종종 진보주의자들로부터 공격받는다고 느끼고 있었다. 다른 한편에서는 콘퍼런스에 참가한 게이와 레즈비언들이 부당한 차별로 고통받았던 이야기들을 털어놓았다.

콘퍼런스 도중 참석자들은 각자의 시각을 설명할 뿐 아니라 자신이 가장 우려하는 바가 무엇인지도 말해 달라는 요청을 받았다. 좋은 질문이었지만 위험한 시도이기도 했다. 그 자리의 진보주의자들은 일부 종교 공동체에 만연한, 상대방의 존엄을 무시하는 행태가 계속되는 것에 대한 우려를 털어놓았다. 보수주의자들은 자신들의 기존의 삶의 방식을 이어 갈 수 없게 되고 자녀들에게 자신의 믿음을 가르칠 수 없게 되는 것, 그리고 자신들의 기관들이 사라지는 것에 대한 우려를 말했다. 양측 모두 존중받지 못하고 있다는 인식과 함께, 비유적 또는 실제적 소멸에 대한 두려움을 갖고 있었다.

서로의 약함을 드러내는 그 자리에서 나는 새넌이 친절하고 공정한 사람임을 알게 되었다. 내가 왜 기독교 대학들이 트랜스젠더 학생 사안에서 예외를 인정받아야 하는지 설명할 때 그는 귀를 기울여 주었다. 기숙사를 남자 동과 여자 동, 남자 층과 여자 층으로 나누어 운영하는 대학에서는 이제 막 트랜스젠더가 된 학생의 거처를 옮기는 일이 그리 간단한 문제가 아니었다. 일반적으로 이 학교들은 남녀 학생이 한 방이나 같은 층에서 지내는 기숙사가 없었다. 기독교 대학들은 남녀가 서로를 존중하기를 바라는 마음에서 이런 기숙사 생활 정책을 유지하며 단일 성별 생활 공간을 보장했다. 섀넌은 이 내용에 관심을 보였다. 그러나 그 역시 LGBT 학생들을 대변하는 법률가로서, 공적 자금을 받는 기독교 대학이 예외 조항을 남발해서는 안 된다는 자신의 관점을 분명히 밝혔다.

심포지엄이 끝난 후, 나는 솔직한 의견을 나누고 경청해 준 섀넌에게 감사를 표했다. 우리 대학들이 트랜스젠더 학생들을 선하게 대우하고 싶어 하지만, 그 일이 늘 말처럼 쉽지는 않다고 덧붙였다. 그는 나의 정직함과 솔직함에 깊은 인상을 받았다고 했다. 그는 기독교 대학들이 요구하는 예외 조항 배후에 그런 구체적이고 실제적 이유들이 있는지 미처 몰랐다고 말했다. 우리는 서로의 말을 제대로 듣고 이해했다. 그렇게 신뢰가 쌓였다.

몇 달 후, 우리는 공항에서 예기치 않게 재회했다. 이후 두 시간에 걸쳐 트랜스젠더 개인과 기독교 기관이 서로를 좀 더 잘 이해하도록 도울 방법에 대해 이야기를 나누었다. 그것은 각자의 기관이 각각 섬기는 사람들에게 혜택을 주기 원하는 두 리더 사이의 자연스럽고도 편안한 대화였다.

로널드 하이페츠 Ronald Heifetz 와 마티 린스키 Marty Linsky 는 저서 《실행의 리더십 Leadership on the Line》에서 리더는 자기 리더십의 결과로 사람들의 삶이 나아지기를 바라는 사랑의 동기를 가지고 일해야 한다고 말한다. 섀넌은 자신이 대변하는 트랜스젠더들이 더 나은 삶을 살고, 가능하다면 그들의 신앙 공동체와도 계속 연결되어 있기를 바랐다. 나는 기독교 대학들이 종교적 신념을 지키면서도 학생과 교직원들이 '성별 불쾌감gender dysphoria'〔생물학적 성별과 주관적으로 느끼는 성별 사이의 불일치로 인해 겪는 정신적 고통〕을 더 잘 이해하기를 원했다. 그리고 우리 둘 다 학생들이 이해와 사랑, 그리고 세심한 보살핌을 받기를 원했다.

나는 다리를 놓는 이 작업에서 큰 감동을 받았다. 트랜스젠더 옹호자를 무조건 적으로 규정하는 대신, 함께 나아갈 수 있는 공통의 토대를 발견한 것은 놀라운 일이었다. 내 삶에서도, 그리고 〔섀넌 본인의 말에 따르면〕 섀넌의 삶에서도 하나님의 은혜가 역사하고 있음을 보았다. LGBT 활동가들이 종교인을 향해, 혹은 종교인이 LGBT를 향해 내뱉는 가혹하고 부정적인 말들만 듣다 보면, 굳이 말하지 않아도 두려움과 증오가 싹트기 쉽다. 대화 도중 내 눈에 눈물이 고였다. 하나님의 구원하시는 능력을 마음 깊이 깨달았기 때문이다.

하나님이 이토록 적극적으로 오해의 껍질을 벗겨 주시는 경험은 흔치 않다. 불신이 있던 자리에 존중이 자리 잡았다. 우리는 동의할 수 있는 부분에서는 협력하게 되었지만, 의견이 다른 부분에서는 여전히 반대자로 남을 것임을 안다. 하지만 이제는 큰 차이를 보이는 문제에서도 서로에 대해 덜 두려워하며, 더 큰 존중과 사랑을 품고 서로를 마주할 것이다. 내 인생 말씀은 베드로전서 3장 15절이다. "너희 속에 있는 소망에 관한 이유를 묻는 자에게는 대답할 것을 항상 준비하되." 섀넌과의 만남은 내가 예수 그리스도 안에서 품은 소망을 확인시켜 준 강렬한 경험이었다.

차이가 별로 없는 이웃을 사랑하기는 쉽다. 다툴 일이 없는 상
대를 사랑하기는 쉽다. 생활 방식이 비슷한 이웃을 사랑하기는 쉽
다. 나와 같은 것을 믿고, 같은 후보에게 투표하며, 같은 곳에서 장
을 보고, 경제적 형편이 비슷한 데다 자녀를 같은 학교에 보내는 이
웃을 사랑하기는 쉽다. 차이가 적은 상대일수록 다리 놓기도 더 쉬
운 법이다.

하지만 다리 놓기가 가장 절실한 곳은 그 간격이 가장 넓은 곳
이다. 상대를 도무지 이해할 수 없을 때, 혹은 상대가 나의 적이라
느껴지거나 나를 미워하는 사람처럼 보일 때 말이다. 그러나 이웃
사랑이 아무리 어렵다 해도, 그 이웃을 사랑해야 할 의무가 우리에
게서 면제되지는 않는다.

바울은 이렇게 가르쳤다. "그러므로 여러분은 사랑을 받는 자
녀답게, 하나님을 본받는 사람이 되십시오. 그리스도께서 여러분
을 사랑하셔서, 우리를 위하여 하나님 앞에 향기로운 예물과 제물
로 자기 몸을 내어 주신 것과 같이, 여러분도 사랑으로 살아가십시
오."엡 5:1-2, 새번역

다리를 놓으라는 부름은 그리스도의 사랑을 본받으라는 부름
이다. 우리가 상대를 이해하기 위해 차이를 넘어 자신을 내어 줄
때, 예수 안에서 우리가 품은 소망을 보여 줄 때, 상대를 존중하며

그 존엄성을 지켜 줄 때, 화해를 추구할 때 우리는 그 사랑의 본을 보이는 것이다. 예수님은 하나님과 나 사이의 거대한 심연을 이어 우리를 화해시키셨다. 그러므로 내가 사람과 사람 사이의 수많은 간격에 다리를 놓으려 노력할 때, 나는 비로소 내가 그토록 소망하던 그리스도를 본받는 자의 모습에 한 걸음 더 다가서게 된다. 하나님의 사랑을 입은 자로서 하나님을 위해 이웃을 사랑하는 그런 삶 말이다.

돌보는 자로 섬기기 

Caregiver

워런 킹혼 ∘ Warren Kinghorn
듀크대학교(Duke University) 정신의학 · 신학 교수,
정신과 의사

1961년 1월, 아이오와주립대학교 Iowa State University에 재학 중이던 젊은 학생 하비 갠트 Harvey Gantt가 사우스캐롤라이나의 클렘슨대학교 Clemson University 건축학과에 지원했다. 그의 학점과 시험 점수는 지원자 평균을 훨씬 웃돌았고 지원서도 설득력이 있었으며 심지어 그는 사우스캐롤라이나 주민이었다. 그러나 대학 측은 그의 지원서를 방치하고 거듭 입학 신청을 무시하고 차단했다. 공식적인 해명은 절차장의 이유였지만 실제 이유는 하비 갠트가 흑인이기 때문이었다.

당시 클렘슨대학교는 백인 전용 교육 기관이었고, 사우스캐롤라이나주는 그 상태를 유지하고 싶어 했다. 그러나 갠트는 변화를 원했다. 그는 지원서를 계속 냈으나 받아들여지지 않자 교육받을 권리를 침해했다고 대학 측에 소송을 제기했다. 갠트의 사건은 연방항소법원까지 올라갔고, 법원은 대학 측이 입학을 거부할 근거가 없다고 판결했다. 이로써 갠트는 1963년 1월, 클렘슨대학교 최초의 흑인 학생이 되는 길을 열었다.[1]

갠트의 법률팀에는 미시시피대학교 University of Mississippi를 상대로 입학 소송을 제기한 흑인 제임스 메러디스 James Meredith를 변호해 막 승리를 거둔 NAACP(미국유색인종지위향상협회)의 저명한 인권 변호사 콘스턴스 베이커 모틀리 Constance Baker Motley와, 훗날 사우스캐롤라이나 최초의 흑인 연방법원 판사가 된 매튜 J. 페리 Mattew

J. Perry가 포함되어 있었다. 한편 클렘슨대학교 측은 사우스캐롤라이나의 존경받는 변호사 윌리엄 로 왓킨스^{William Law Watkins}를 선임했다.

윌리엄 로 왓킨스 변호사는 나에게 "빌^{Bill} 할아버지"였다. 나는 할아버지에게서 많은 것을 물려받았다. 큰 키(우리는 둘 다 약 195센티미터 정도였다), 학문과 언어를 사랑하는 마음, 다소 둔한 운동 신경은 물론이고, 할아버지의 기백까지도 어느 정도 이어받았다. 할아버지는 자신이 속한 장로교회, 공동체, 가족을 사랑하셨다.

어린 시절 나와 남동생이 할아버지 댁에서 자는 것을 무서워하면, 빌 할아버지는 수십 년 전에 집 주변에 '괴물 퇴치선'을 설치했으니 어떤 괴물이든 우리를 해칠 수 없다고 장담하셨다. 덕분에 우리는 단잠을 잤다. 우리가 스크램블 에그와 옥수수 가루로 만든 남부 요리인 그리츠를 먹기 싫어하면, 할아버지는 눈을 반짝이며 정교한 의식을 거행해 그리츠에 마법을 부리셨다. 그러면 우리는 접시를 싹 비웠다.

한번은 우리 둘이 할아버지 집에 도착해서 심하게 다투었는데, 할아버지는 눈썹을 쓱 치켜올리시더니 우리가 그날 아침 침대에서 잘못된 쪽으로 일어난 게 분명하다고 말씀하셨다. 그러고는 할아버지는 우리를 자신의 침대로 데려가 잘못된 쪽과 바른 쪽을 알려 주시고는 침대의 바른 쪽으로 내려오게 하셨다. 우리는 할아버지의 말대로 했고 깔깔거리며 웃다가 자연스럽게 말다툼을 그쳤다(기분이 안 좋은 상태를 뜻하는 영어 표현인 'rise on the wrong side of the bed'를 문자적으로 활용한 할아버지의 재치 있는 말장난이다-옮긴이). 내가 기억하는 빌 할아버지는 언제나 격려해 주시는 분이었고, 부드럽고 온화한 사람이었다.

인생 말기에 빌 할아버지는 가끔 갠트 사건에서 본인이 한 일에 대해 말씀하시곤 했다. 그때는 시대가 달랐다고 말씀하시면서 말이다. 할아버지는 클렘슨대학교 측을 변호했던 일을 결코 후회하지 않으셨다. 당시에는 인종 분리가 사회의 법이었기 때문이다. 그러면서도 할아버지는 시대가 변해서 다행이라고 하셨다. 특히 갠트의 입학이 미시시피나 앨라배마의 유수한 주립대들처럼 무력 충돌이나 연방정부의 강제 집행 없이, 평화롭고 질서 있게 이루어지는 데 기여했다는 사실을 자랑스러워하셨다. 하지만 만약 1963년 재판에서 할아버지가 승소했다면, 하비 갠트는 클렘슨대학교에 다니지 못했을 것이고, 사우스캐롤라이나는 미국에서 인종 통합에 저항한 마지막 주로 남았을 것이다.

성취와 능력의 복음이 이끄는 삶

내가 빌 할아버지 댁에서 약 50킬로미터 정도 떨어진 사우스캐롤라이나주 그린빌의 공립 초등학교를 다니기 시작했을 때는 클렘슨대학교가 인종 통합을 이룬 지 20년이 채 되지 않았고, 내가 살던 카운티의 공립 학교들이 통합된 지도 겨우 10년이 조금 넘은 시점이었다. 그러나 나는 학교와 교회, 집에서 노예 제도와 인종 분리를 이미 해결된 과거의 불행한 단면으로 보라고 배웠다. 아주 오래전 어느 시기에는 흑인과 백인 아이들이 서로 다른 학교에 다녔고, 극장이나 공원도 함께 이용할 수 없었지만 이제는 아니라고 말이다. 민권의 시대가 도래했고 세상은 변했다. 마틴 루터 킹 주니어 Martin Luther King Jr.는 사람들이 피부색이 아니라 인격의 내용에 따라 평가받아야 한다는 훌륭한 연설을 남겼다. 사람들은 시대가 달라진 것이 참으로 좋은 일이라고 입을 모았다. 이제 중요한 것은 피부색이 아니라 인격이었다.

그리하여 나는 어릴 때부터 인격을 함양하고 선생님과 어른들을 존경하며 다른 사람을 공정하게 대하고 무엇보다 열심히 노력하고 공부해서 "하나님께 인정을 받는 사람"딤후 2:15, 새번역이 되어야 한다고 배웠다. 어른들은 교회에서나 학교에서나 이렇게 말했다. "하나님은 네게 여러 달란트를 주셨어. 그 달란트를 꼭 사용하도록 해라. 넌 설교자나 의사로 부르심을 받은 것 같구나."

내가 사랑하게 된 하나님은 관대하게 선물을 주시는 분이자 엄격한 감독관 같은 분이셨다. 하나님은 아낌없이 달란트를 나눠 주시지만 그것을 허비하는 종들은 바깥 어두운 곳으로 내던지는 분이었다. 나는 일곱 살 때 영접 기도를 했고 예수님을 내 마음에 모셨으며 세례를 받았다. 예수님은 나의 구원자였고 나는 천국에 가게 될 터였다. 그러나 내 인생을 어떻게 꾸려 가느냐는 대체로 나의 노력과 결심에 달린 문제였고 절대 인생을 그르쳐서는 안 된다고 생각했다.

나는 백인이었고, 재정적으로 안정된 환경을 당연한 일로 받아들였다. 그리고 인종 차별적 구조와 체계는 사라졌지만 개별 인종 차별주의자들의 불행한 신념과 행동 속에서 인종 차별이 여전히 살아 있다는 것을 알고 있었다. 그러나 우리가 어떤 기회를 누리고 어떤 사람이 되는가에 있어서 인종과 계급은 중요하지 않다고 생각했다. 중요한 것은 하나님 앞에서 구원받은 자라는 신분, 하나님께 받은 달란트, 열심히 노력하려는 의지였다. 나는 누구든 열심히 노력하기만 하면 성공할 수 있다고 믿었다. 중고등학교에서 심화 과정 Honors 이나 대학 과목 선이수AP 과정 같은 상급 반으로 올라갈수록, 교실이 점점 백인들과 부유한 집 아이들로 채워진다는 사실이 눈에 들어왔다. 하지만 그것이 정의의 문제라는 생각은 들지 않았다. 그저 당연한 현실일 뿐이었다.

나는 20대 초에 사우스캐롤라이나를 떠났고 이후 20년간 연구 중심 대학의 세계에서 지냈다. 처음에는 하버드대학교 의과대학 Harvard Medical School 학생으로, 그다음에는 정신과 레지던트로, 신학대학원생으로 공부했고, 이제는 듀크대학교 교수로 살고 있다. 여러 면에서 나는 어른들이 내게 걸었던 기대를 실현했다. 나는 목사 안수를 받은 설교자는 아니지만 교회 장로이며, 신학자로서 신학교에서 가르친다. 그리고 정신과 의사로서 환자들을 돌보고 다른 이들에게 정신의학을 가르친다.

대학의 세계, 특히 의학계는 나 같은 사람들이 나 같은 사람들을 위해 만든 곳이다. 성취와 능력의 가치를 자양분 삼아 번창하는 사람들 말이다. 이 가치들은 거짓 복음으로 이어지고, 모든 거짓 복음이 그렇듯 언제나 더 많은 것을 요구한다. 연구 중심 대학의 문화는 항상 '더 많이'로 이루어진다. 더 많은 논문, 더 많은 연구비, 더 많은 상, 더 높은 순위, 더 많은 과목 개설, 더 많은 학생. 연구 중심

대학교들은 '더 많이' 정신으로 굴러간다. 대학 병원 의료계 문화 역시 절대 끝나지 않는 성취의 사다리를 제공한다. 사다리에서 한 계단 더 올라가야 하고, 또 다른 발견을 해야 하고, 또 다른 논문을 써야 하며, 또 다른 치료법을 배우거나 개발해야 한다.

의사 훈련을 받으면서 나는 그 과정이 성취와 능력에 보상하는 방식이 맘에 들었다. 나는 그 구조를 알았고 그 안에서 승승장구했다. 나는 그 구조가 의료인들 사이에서 다양성을 확보할 수 있는 명쾌한 길이라 믿고 기쁘게 생각했다. 미국 정신의학을 포함한 현대 의학의 놀라운 점 중 하나는 그 언어와 실무가 표준화되어 세계 어디에서 온 사람이라도 배울 수 있다는 것이다. 내가 소속된 듀크 대학교메디컬센터 Duke University Medical Center 에는 매년 다양한 인종과 민족적 배경을 가진 사람들이 일하고 배우기 위해 전 세계에서 온다. 그들은 아픈 사람들을 돌본다는 공동의 목표를 추구하는 가운데 서로의 차이점을 금세 내려놓는다. 그러다 보니 병원과 의료 훈련 현장들이 과학 연구소처럼 역동적이고 다양한 공간이 된다. 나는 이 다양성과 공동의 목적이 좋다.

그리고 의사로서 나와 여러 면에서 다른 환자들의 삶 속으로 들어갈 수 있게 하고, 그들의 병력을 세세하게 알지 못해도 표준화된 방식으로 이해할 수 있게 하는 현대 의학의 방식을 나는 높이 평가한다. 의학에는 H&P〔병력 청취 및 신체 검진〕라는 정해진 형식이 있고 의사는 이를 통해 환자들을 파악한다. H&P의 취지는 환자가 진료를 받으려는 이유와 그들을 가장 잘 도울 방법을 찾도록 체계적인 방식으로 정보를 수집하고 제시하는 것이다.

　　의학 훈련 초기부터 의사들은 주호소 증상을 파악하고, 이어서 이 주호소 증상의 간략한 배경 스토리를 들려주는 현재 병력을 확인하라고 배운다. 그다음으로는 과거 병력, 알레르기, 복용 약물, 가족력을 확인하는 섹션이 이어지며, 주거, 관계, 재정 상태 등 주호소 증상과 관련이 있을 만한 기초 정보를 수집하는 사회력 섹션이 뒤따른다.

　　이런 내용을 파악하고 난 뒤 신체 검진〔정신과에서는 정신 상태 검사〕 결과 작성, 평가, 치료 계획으로 이어진다. 병원이나 의사마다 구체적 목적에 따라 특정 부분을 덧붙이거나 수정할 수 있겠지만, 미국뿐 아니라 아마도 전 세계의 모든 의사가 이런 형식에 친숙할 것이다. H&P는 환자 신원의 다른 요소보다 그들의 의료적 문제를 가장 앞세우는 표준화되고 단순한 환자 기술 방식이 가능하게 만든다. 그래서 이를테면 "제2형 당뇨병, 고지혈증, 고혈압 병력이 있고 현재 흉통이 발생한 58세 남성"은 노숙자일 수도 있고 미국 상원 의원일 수도 있으나 이론적으로 두 사람은 동일한 치료를 받게 된다.

　　정신과 의사들은 정신 질환을 이런 식으로 치료해야 하는지를 가지고 오랫동안 논쟁했으나, 내가 정신의학을 배울 당시에는 이런 의학적 모델을 전폭적으로 받아들였다. 정신과 의사들은 주요우울 장애, 양극성 장애, 외상 후 스트레스 장애 등 수백 개의 진단 범주들을 나열하고 그에 따라 특징적인 경험적·행동적 징후들을 서술하는 《정신 질환 진단 및 통계 편람 *The Diagnostic and Statistical Manual for Mental Disorders*》, 즉 DSM이라는 지침서를 따른다. 정신과 의사들과 기타 임상의들은 DSM을 이용하여 환자들이 특정한 정신 장애 범주의 기준(흔히 점검표의 일정 항목 개수로 정해진다)을 충족시키는지 결정하고 그것을 가지고 그들의 정신 질환을 진단한다.

이것은 거의 모든 보건 체계와 의료 보험이 요구하는 방식이다. 이런 진단 접근법에는 장단점이 있는데, 실제적 이점은 다른 분야의 의사들처럼 정신과 의사들도 공통점이 거의 없는 환자들을 진료할 수 있다는 것과 그들의 정체성을 구성하는 다른 요소들보다 의료적 문제를 중시하는 표준화된 방식으로 그들을 이해할 수 있다는 것이다.

의사가 되기 훨씬 전부터 나는 성취와 실력을 쌓는 데 매진해 왔으며, 현대 대학 병원 의료계는 그 모든 욕구를 충족시켜 줄 최상의 낙원처럼 보였다. 나는 성취와 능력을 격려하고 보상하는 이 권위 있고 높이 평가받는 체계에 푹 잠겨 있었다. 더욱이, 현대 의학은 표준화된 진단과 치료 접근법을 받아들임으로써 이러한 성공을 현실적으로 달성 가능한 것으로 만들었다. 표준화를 지향하는 체계에서 좋은 의사가 된다는 것은 주로 올바른 지식을 갖추는 문제였고, 나는 확실히 그럴 능력이 있었다.

이 일을 더욱 보람차게 만든 요인은 내가 정신과 의사로서 괴로워하는 사람들의 고통을 줄여 주고 그들이 보다 생산적으로 살아가게 돕는 과정에서 환자와 동료 양쪽 모두에게 인정을 받고 있다는 사실이었다. 한 걸음 더 나아가, 의학의 표준화된 접근법은 내가 인종적·문화적으로 다양한 동료들과 함께 일하고 환자들을 돌보는 것을 가능하게 해 주었다. 나는 이 모든 것이 백인 미국 남성인 내가 인종 차별주의에서 완전히 벗어났음을 말해 준다고 생각했다.

이 모두가 그리스도인으로서의 내 정체성과도 딱 들어맞았다. 성취와 능력은 복음의 핵심이자 내 기독교적 헌신의 표지였고, 두려움과 떨림으로 구원을 이루라는 말씀빌 2:12을 실천하는 방법이었다. 예수님은 치료자셨고, 의료인인 나는 예수님의 치료 사역에 동참하고 있다고 믿었다. 의학을 공부하면서 나는 인간이라는 존재가 얼마나 "놀랍고 신기하게 만들어졌〔는지〕"시 139:14, 현대인의 성경 알게 되었고, 하나님의 창조 섭리에 경외감을 느꼈다.

인종적·문화적 배경이 다른 환자들을 돌보고 동료들과 일하며, 나는 모두가 차별 없이 의료적 보살핌을 주고받으며 번창할 기회를 얻는, 인종 차별 없는 사회를 만드는 데 일조하고 있었다. 이런 일을 하면서 돈과 지위라는 보상과 칭찬까지 얻으니 더할 나위 없었다. 이는 아직 구속되지 못한, 죄악이 관영한 세상 속에서도 "그 방들은 지식을 통해서 여러 가지 진귀하고 아름다운 보물이 채워진다"잠 24:4, 현대인의 성경 는 말씀이 실현된 행복한 사례였다.

굳게 붙들던 거짓 믿음의 허상이 깨지다

현대 의학은 질병뿐만 아니라 사회적 분열과 불의까지 치료하는 선한 힘이고, 그것을 익히려고 열심히 노력할 의향이 있으면 누구나 습득할 수 있다는 서사는 선명하고 위안이 되는 아름다운 이야기다. 그러나 이것은 거짓이기도 하다. 의사로 훈련받기 시작

하면서 얼마 지나지 않아 이 서사의 허점들이 눈에 들어오기 시작
했다.

나는 의과대학 기독교 수련회 기간에 그 허점 중 하나를 알게
되었다. 내가 무심코 우리 기독교 학생 단체의 인종적 다양성을 칭
찬하자, 한 아프리카계 미국인 동기가 이렇게 대답했다. "난 볼티모
어 구도심 출신이야. 볼티모어 구도심에서 자라면 세상이 자기편
이 아니라는 것을 알게 되지."

나는 충격을 받았다. 성공한 하버드대학 의대생이 어떻게 저
런 말을 할 수 있을까? 나는 늘 세상이 기본적으로 내 편이라는 경
험을 해 왔다. 어릴 때부터 자기편이 아닌 세상에서 살면 어떤 느낌
이 들까? 그때 나는 20대였지만, 미국에서 흑인으로 가난하게 자랐
고 계속해서 인종 차별을 당한 학과 동기의 경험이 난생처음 듣는
것처럼 내 귀에 들려왔고, 그로 인해 내가 오랫동안 품어 왔던 인종
을 가리지 않는 공정한 사회 개념이 뒤집어졌다.

그 이후로도 나의 오랜 습관은 결코 사라지지 않았고 지금도
내가 아는 것 이상으로 많은 것을 놓치리라 생각하지만, 그래도 전
보다는 훨씬 많은 것을 듣고 볼 수 있게 되었다. '흑인 남성을 대상
으로 한 터스키기 비치료 매독 연구'(미국 공중보건국은 이 연구를 진행한
수십 년간 흑인 남성들에게 저렴하고 효과적인 항생제 치료를 제공하지 않고 그들
이 매독으로 고통받고 죽어 가는 것을 지켜보았다)는 많은 아프리카계 미국
인들이 미국 보건 의료 전체에 대해 갖게 된 부정적 경험과 불신의
상징이었다.

더럼의 아프리카계 미국인 목사는 내가 듀크대학교메디컬센

터에서 일한다는 사실을 알고는 그 센터가 개원 후 수십 년 동안
백인들만 치료했다고 회상하면서, 부드럽지만 단호한 목소리로 이
렇게 말했다. "우리 교회 교인들 대부분은 듀크에 가느니 차라리 죽
는 편이 낫다고 여깁니다." 나는 흑인 동료 의사들이 흔히 간호조무
사나 시설 관리인으로 오해를 받는다는 이야기를 여러 번 들었다.
지금도 수련의들이 흑인 환자의 고통을 백인 환자의 고통보다 과
소평가할 때가 많다는 연구 결과도 접한 바 있다.[2]

나는 현대 의료 서비스의 인종적·문화적 다양성을 여전히 귀
하게 여기고 대부분의 의사들은 인종 차별주의자가 되고 싶어 하
지 않는다고 믿는다. 하지만 인종 차별이 개인의 의식적 신념보다
훨씬 깊은 곳에 자리 잡고 있음을 이제는 안다. 모든 죄의 본질과
마찬가지로, 인종 차별은 우리가 의식하지 못하더라도 우리를 통
해 작용하는 제도와 구조 속에 뿌리 깊이 박혀 있다. 내가 인종 차
별주의자가 되고 싶지 않다거나 모든 사람을 존중하려 노력하는
것만으로는 충분하지 않다. 물론 그것이 필수적인 출발점임은 분
명하다. 그러나 나는 더 나아가 스스로에게 다음과 같이 물어야 하
고, 더 중요하게는 다른 사람들에게 내게 물어봐 달라고 요청해야
한다. "내 삶은 특정한 인종적 구조와 전제 안에서 어떻게 형성되었
는가? 나의 행동 혹은 방조가 인종적 불의와 불평등의 깊은 구조를
어떻게 고착화하거나 치유하는가?"

이런 성찰의 결과를 하나씩 살펴보자. 첫째, 나는 내가 빌 할
아버지 손자라는 사실을 인정하고 받아들여야 함을 깨달았다. 빌
할아버지는 다정하고 점잖은 분이었지만, 할아버지의 법률 활동은

그때나 지금이나 크나큰 죄악이며 복음에 반대되는 인종 분리적 질서를 수호하는 것이었다. 할아버지 인생의 모순은 내 정체성 안에 깊이 새겨져 있다. 할아버지가 당대의 다른 많은 백인 전문직 종사자들과 다르지 않았다는 사실은, 내가 그분의 손자로서의 정체성을 직시해야 할 절박함을 더해 줄 뿐이다.

할아버지로부터 물려받은 나의 자산들은 할아버지가 수호했던 인종적 위계 질서 속에서의 그분의 위치, 그리고 나의 위치와 결코 떼어 놓고 생각할 수 없다. 검소했던 할아버지는 고소득을 올리지는 않았지만 평생 저축하고 투자를 하셨고 여덟 명의 손주들의 교육비를 관대하게 지원하셨다. 클렘슨대학교가 하비 갠트의 입학을 막기 위해 할아버지에게 지급했던 수임료의 일부였을지도 모를 할아버지의 재산은 나의 하버드대학 의대 교육 자금이 되었다.

이것만큼 잘 드러나지는 않지만, 대대로 백인 중심의 인맥과 기관들에 손쉽게 접근할 수 있었기에 대학 교육과 경제적 안정을 당연히 여겼던 가정에 태어나 그 혜택을 평생 누렸다. 내가 이제 그리스도인으로 신실하게 살고 의사로서 신실하게 일하기 위해서는 이 현실을 깊이 새기고 이것이 주는 선물과 부담을 다 받아들여야 한다.

내가 듀크대학교에서 느끼는 이 편안함은 선물인 동시에, 듀크대학교 역시 미국의 다른 명문 연구 중심 대학들과 마찬가지로 나와 닮은 교육받은 백인 남성 계급에 봉사하고 그 계급을 영속화하기 위해 세워졌다는 무거운 진실과 연결되어 있다. 내가 의사라는 신분과 존재를 굳이 증명하지 않아도 된다는 특권은, 백인이 아닌 다른 인종의 의사나 여성 동료 의사들이 불신과 부당한 대우라는 장애물을 짊어져야 한다는 무거운 진실과 분리될 수 없다. 나는 할아버지의 손자이기에, 내 경험이 그들의 경험과 떼려야 뗄 수 없게 얽혀 있다는 사실을 외면한 채 살아갈 수 없다.

둘째, 보다 광범위하게는 현대 의학이 언제나 사람을 건강으로 이끄는 선한 힘이라는 믿음을 잃기 시작했다. 의료인들은 의료 체계 안에서 일하며 스스로를 '의료 제공자'라 부르지만, 정작 미국의 보건 의료^{health care}에는 그 실천을 이끌어 줄 '건강^{health}'에 대한 명확하고 정의 가능한 기준이 없다.

나는 의료 행위가 전인적인 건강이 아니라, 오로지 기술에 지배당한 채 고통과 질병을 연장하는 사례를 수없이 보았다. 학생 시절, 나는 죽음이 임박하고 회복 가능성이 거의 없는 사람들이 장기 기능이라도 유지시키려는 가족이나 의료진의 주장 때문에 중환자실에서 며칠이고 몇 달이고 고통받는 것을 보았다. 이런 경우에 환자를 돌보는 일은 '뭐라도 해야 한다'는 절박한 명령에 지배당한다. '뭐라도 하라'는 요구를 받으면 현대 의학은 거의 예외 없이 기술을 활용한 조치를 생각해 낼 것이다. 그 조치가 아무리 환자의 몸에 무리를 주고 그 효과가 미미할지라도 말이다.

내 분야인 정신과에서도 환자의 전반적인 건강보다 질병 자체에만 집착하는, 보다 미묘하고 널리 퍼져 있는 행태가 있었다. 임상의가 환자들을 단순하고 명확하게 이해하도록 돕기 위해 만든 DSM의 표준화된 진단 시스템이 정작 가장 중요한 본질을 가려 버리는 수단이 될 수 있음을 깨닫기 시작했다.

예를 들어, 참전 군인들을 진료하면서, DSM의 외상 후 스트레스 장애^{PTSD} 진단 기준에 익숙해진 나머지 내가 트라우마를 단순히 '두려움'이 만들어 낸 장애로 이해해 왔음을 깨닫게 되었다. 그러나 많은 참전 군인이 가장 힘들어하는 것은 두려움이 아니라, 오히려 전쟁터에서 자신이 저지른 일, 혹은 마땅히 해야 했으나 하지 못한 일에 대한 죄책감과 수치심이었다.

오늘날 '도덕적 상해^{moral injury}'라 불리는 이 현상을 내가 정말 진지하게 마주하고 그 수치심을 있는 그대로 다루려 했다면, 나는 전혀 다른 방식으로 정신과 진료를 해야 했을 것이다. 약물 치료를 포함해 수단과 방법을 가리지 않는 증상 완화에 매달리기보다는 전쟁이 그들에게 진정 어떤 경험이었는지를 이해하는 데 집중해야 했을 것이기 때문이다. 이는 표준화된 진단과 치료라는 안전지대 밖으로 나가는 일이었다. 이런 표준화된 효율적인 진단법은 의사의 일을 수월하게 만들지는 몰라도 환자의 삶을 온전히 이해하여 진정한 치유로 이끄는 길에는 방해가 될 수 있다. 그리고 이것은 인종 차별 문제와도 맞닿아 있었다.

여러 연구에 따르면, 표준화된 진단에 의존하는 의사들이 백인 환자들에 비해 흑인 환자들에게 조현병 같은 낙인찍히기 쉬운 진단을 훨씬 더 빈번하게 내린다는 사실이 밝혀졌다.[3] 이 과정에서 나는 의학이 언제나 선하고 온화한 치유의 힘이기만 한 것은 아니라는 사실을 깨달았다. 오히려 의학은 성경이 말하는 "권세^{power}"가 될 수 있었다. 이 권세는 타락한 세상에서 삶을 "조직하고 틀 짓는 구조^{structuring structure}"라고 정의할 수 있다. 이 구조는 가장 이상

적일 때는 선한 힘이 되기도 하지만, 쉽게 선의 본질을 가리거나 심지어 악에 기여하기도 한다.[4]

마지막으로, 지극히 개인적인 차원에서 나는 성취와 능력을 통해 스스로를 구원할 수 있다는 믿음을 버리게 되었다. 학업과 직업 세계에서는 너무나 훌륭하게 작동했던 나의 기독교적 가치관이, 우정이나 결혼 생활에서는 전혀 힘을 쓰지 못했다. 20대 중반의 어느 날, 나는 직업적으로는 성공했지만 비참할 정도로 외로웠다. "참되고 고상하고 옳〔은〕"빌 4:8, 쉬운성경 것을 추구하는 데만 너무 몰두한 나머지 다른 어떤 사람에게도 제대로 곁을 주지 못했던 것이다. 나는 판단받는 것이 두려워 늘 불안했고, 내 두려움을 다른 이들에게 온전히 내보이기가 어려웠다.

그때 은혜가 나를 추적해 찾아왔다. 그것은 아내의 인내와 사랑을 통해 전달된, 마치 성례와도 같은 사건이었다. 아내의 부드럽고도 때로는 아픈 조언 덕에 나는 사랑한다는 것이 무엇인지, 약함을 드러내는 것이 무엇인지, 인간이 된다는 것이 무엇인지 비로소 이해하기 시작했다. 남편이 되고 아버지가 되면서, 나는 그리스도인으로 산다는 것이 결국 나 자신과 타인, 세상을 지배하고 통제하는 일이 아님을 배웠다. 오히려 나의 약함과 의존성을 기꺼이 받아들이고, 성령의 능력을 통해 하나님의 사랑받는 자녀로서 예수님의 생명 안에 머물며 그 품을 온전히 누리는 것임을 알게 되었다.

인간에 대한 올바른 이해, 삶의 자세를 바꾼다

나는 지금도 날마다 성취와 능력의 복음이 가진 힘과 영향력을 느낀다. 그 힘은 여전히 의료계에 퍼져 있고, 특히 연구 중심 대학의 세계에 깊이 스며 있다. 그러나 이것은 거짓 복음이다. 경이로움보다는 통제에 뿌리를 두고 있으며, 인간이라는 존재에 대해 신학적·심리학적·역사적으로 왜곡된 그림을 그린다. 노력과 성공을 통해 개인의 성화聖化를 약속하는 이 복음은 예수님이 선포하신 기쁜 소식이 아니다. 생산성과 효율성을 다른 무엇보다 가치 있게 여기는 문화가 만들어 낸 거짓 복음이다. 이 거짓 복음은 개개인을 추상적이고 보편적인 존재로 분리해 내며, 그렇게 고립된 개인들은 사회가 정한 성공의 지표를 달성하기 위해 자신이 처한 장소와 문화, 역사를 초월할 수 있다고 믿는다.

이 거짓 복음은 정신의학의 DSM처럼 표준화된 언어와 실천을 조장하는데, 그것은 성공을 자신이 발 딛고 선 장소와 그 안의 사람들에게 깊이 연결되는 일이 아니라 지식과 전문 기술의 문제로 전락시킨다. 나아가 대학과 언론, 기업, 심지어 교회처럼 사회적 지위를 부여하는 기관들의 권력을 정당화하고 강화한다. 이 모든 면에서 볼 때, 이 복음은 존 이나주가 8장에서 언급한 것과 같이 전형적인 '미국식 복음'이다. 오직 개인에게만 초점을 맞추고, 공동체의 장소와 문화와 역사의 주장을 무시하며, 우리로 하여금 인종 차별의 역사나 아물지 않은 상처를 외면한 채 그냥 전진하게 하는 한, 이 미국식 복음은 전형적인 백인 중심적 복음이다. 이는 예수님의 기쁜 소식을 드러내기보다 가려 버리는 거짓된 복음일 뿐이다.

243

나는 내 삶을 장악해 온 성취와 능력의 복음이 가진 지배력을 서서히 깨닫게 되었다. 그리고 정신과 의사로서 나는 그 거짓 복음의 대가를 치르며 고통받는 이들, 곧 그 복음의 손아귀에 붙들려 있거나, 무능하고 실패했다는 이유로 체계 밖으로 내팽개쳐진 이들과 동행해 왔다. 이들과 함께 걸으며 나는 비로소 인간과 나 자신을 이전과는 전혀 다른 방식으로 이해하게 되었다.

인간으로 산다는 것이 무엇인지 내가 깊이 고찰하며 정리한 다섯 가지 확신을 여기서 나누고자 한다.

#1. 인간은 장소와 문화와 역사에 뿌리내린 존재다

정신과 진료를 시작한 지 얼마 되지 않았을 때, 나는 환자들을 이해하고 그들과 소통하기 위해 표준화된 진단 언어만 사용한다면, 이를테면 환자를 "주요 우울 장애와 외상 후 스트레스 장애가 있는 58세 남성"으로만 아는 한, 기술적으로 유능한 평가와 계획을 만들어 낼 수는 있겠지만 환자들의 인간적 면모는 거의 알지 못할 것임을 깨달았다.

이와 마찬가지로, 그리스도인들이 가령 "당신은 죄인입니다. 하나님은 당신을 사랑하시고 당신의 죄를 사하시려고 예수님을 보내셨습니다. 그분의 은혜를 받아들이고 자유를 누리십시오"와 같은 추상적인 신학 언어로만 대화한다면, 진리를 말하고 있을지는 몰라도 서로에 대해서는 여전히 아무것도 모르는 상태일 수 있다. 서로를 알고 나 자신을 알기 위해서는 구체적으로 파고들어야 한다.

이는 내가 사우스캐롤라이나주 그린빌 출신의 백인 남자이라는 사실, 윌리엄 로 왓킨스를 비롯해 나를 형성하는 데 큰 영향을 준 네 분의 조부모님의 손자라는 사실, 그리고 그린빌의 공립학교와 백인 복음주의 남침례교회 안에서 사랑받고 길러졌다는 사실을 인정하는 것을 의미했다. 사우스캐롤라이나와 남침례교, 우리 가족의 인종적·문화적 역사가 지금의 나를 만들었다. 나는 나를 형성한 그 배경을 더 깊이 이해하려고 노력하고 그 안에 담긴 축복과 과제들을 확인해 볼 수는 있겠지만, 그 요인들 자체를 부정하거나 무시할 수는 없다. 나 자신을 부정하거나 무시할 수 없는 것처럼 말이다.

그러나 나의 역사와 형성 과정을 이해하려는 이러한 갈망은 모종의 '정체성 정치identity politics'(인종·성별 등 집단 정체성을 중심으로 권리를 주장하고, 자신들의 목소리를 대표할 인물을 세우려는 정치 운동과 담론)로의 후퇴가 아니었다. 오히려 그것은 나와 외모나 말투가 전혀 다른 이들, 즉 나처럼 장소와 문화와 역사에 뿌리를 내리고 살아가지만, 백인 미국인인 나로서는 그럴 기회나 필요조차 없었던 방식으로 자신의 정체성을 의식하며 살아야 했던 이들과 더욱 인간적으로 관계 맺도록 도와주었다.

#2. 인간은 관계 속에서 자신을 발견한다

인간발달human development을 연구하는 이들은 어느 누구도 고립된 개인이 아니라는 사실을 오래전부터 알고 있었다. 인간은 출생 이전부터 시작해서 평생에 걸쳐 관계를 맺도록 만들어졌고 관계가 필요한 존재다. 인간이 '자아'를 갖는 것과 관련이 있다고 생각하는 일련의 능력과 기술, 즉 자신을 다른 사람과 구분하는 능력, 감정과 믿음을 느끼고 파악하는 능력, 경험을 반성하는 능력, 목적을 가지고 행동할 능력은 모두 어머니와 아이, 아버지와 아이, 돌보는 사람과 아이, 아이들 서로 간의 관계적 유대에서 생겨난다. 우리는 결코 고립된 개인이 아니고, 관계 속에서 자신을 발견한다. 타인은 우리의 모습을 비추는 거울이고 우리가 누구인지를 발견하게 해 준다. 관계는 인간의 행복, 의미감과 목적의식, 자기 정체성의 핵심이다.

성취와 능력의 복음 안에서 만들어진 나는 생산성과 전혀 상관없는 관계를 추구하기가 쉽지 않다. 그러나 나는 지식이나 기술을 통해서가 아니라 다른 사람들과 삶을 나누는 일을 통해 더욱 인간다워진다는 사실을 배웠다. 그리고 아내를 비롯한 중요한 관계들을 위해 시간과 여유를 내는 법을 배우고 있다. 의사로서 나와 환자들이 맺는 관계의 질이 내 기술만큼이나 환자들의 치료와 회복에 중요하다는 사실 또한 배우고 있다. 치료의 진정한 원천은 처방과 처치이고, 환자를 맡는 의사는 그것을 수행하는 도구로 생각하기가 쉬운데, 이런 발상에 따라 움직이는 의사는 보수가 과하게 책정된 처방 자판기가 된다.

그러나 나와 환자들의 관계가 깊어지고 환자들이 나를 신뢰하여〔나도 환자를 신뢰하여〕의사와 환자가 서로 진실을 말하고 치료에서 가장 중요한 것을 함께 분별할 수 있을 때는, 치료 효과가 높아지고 내게도 큰 에너지가 된다. 환자들은 외로움을 덜 느끼고 자신을 기꺼이 열어 보이고 자신의 연약함을 드러내며 자살이 탈출구라는 생각에 덜 끌리게 된다. 의사와 환자의 관계가 좋아져서 처방 약의 수와 투여량을 줄일 수 있게 되는 경우도 있다. 처방을 내리는 의사와 환자 사이에 강한 치료적 동맹이 형성되면 환자들이 치료 선택지를 상의하는 일을 편안하게 여기게 될 뿐 아니라, 정신과 약물 치료의 효과도 실제로 높아진다는 증거가 있다.[5]

#3. 인간은 상처를 안고 살아가며,
무슨 수를 써서라도 수치를 피하려 한다

사람들은 흔히 장소, 문화, 역사와 거리를 두려고 하고 관계를 피하거나 통제하려 한다. 여기에는 타당한 이유가 있다. 장소, 문화, 역사, 관계는 인간에게 너무나 강력하고 중요해서 우리 삶의 가장 깊은 상처가 생기는 지점이 되는 경우가 많기 때문이다. 정신과 의사이자 교수로서 나는 유년기 성폭행, 유년기 신체 학대, 친밀한 관계 안에서의 폭력, 강간의 상처 같은 심리적 상처가 한때의 내 생각과는 달리 매우 흔하며, 실제로 미국 성인의 20퍼센트 이상이 이러한 상처를 겪었다는 사실을 알게 되었다. 이런 형태의 트라우마를 직접 겪지 않았다 해도, 우리는 누구나 삶의 특정 영역에서 두려움, 거리감, 혹은 수치심을 유발하는 상처를 안고 살아간다.

나는 내 자신의 경험과 다른 이들을 진료한 경험을 통해 특히 수치심이 우리에게 동기를 부여하기도 하고 파괴시키기도 하는 매우 강렬하고 보편적인 감정임을 알게 되었다. 정신과 의사 커트 톰슨Curt Thompson이 말한 대로, 수치심은 "너는 충분하지 않아" 또는

"다른 사람들이 네 본모습을 안다면, 너를 버리고 거부할 거야"라는 메시지를 보낸다.[6]

내가 속한 의료계와 연구 중심 대학의 세계에서는 수치심이 더 많은 것을 요구하는 문화의 윤활유와 연료로 쓰인다. "너는 충분히 똑똑하지 않아. 논문을 충분히 내놓지 못했어. 공부가 부족해"라는 메시지는 우리가 수치심 앞에서 보이는 전형적인 반응들을 부추긴다. 보호용 껍데기 속으로 숨어들거나(판단을 수용하되 들키지 않기를 바람), 다른 사람들이나 시스템을 탓하며 자신에게 향하는 비난의 화살을 밖으로 돌리거나(판단을 거부하고 회피함), 더욱더 열심히 노력하는 것(판단을 받아들이되 그 판단이 틀렸음을 다른 이들에게 증명하고자 함)이다. 평생에 걸쳐 볼 때 이 중 어떤 전략도 그리 효과적이지 않지만, 나는 내 안에서 이 기제들을 느끼고 타인에게서도 늘 그 모습들을 목격한다.

인간은 수치심을 너무나 싫어하고 그보다는 차라리 두려움, 슬픔, 특히 분노 같은 감정이 더 참을 만한 경우가 많기 때문에, 나는 사람들이 서로에게 못되게 굴 때 그 근원이 수치심이 아닌지 살펴보게 되었다. 교회든 병원이든 의회든 어떤 시스템이 서로를 공격하거나 심지어 비이성적으로 행동하는 자기 파괴적인 패턴에 빠져 있다면, 그 시스템을 지배하는 '수치심의 생태계'를 주목하는 것이 도움이 된다. 이와 같은 맥락에서, 나는 나 같은 백인 미국인들이 웬델 베리Wendell Berry가 말한 백인들 안에 있는 인종 차별의 "숨겨진 상처"를 다루는 방식에 수치심이 어떤 영향을 끼치는지 종종 궁금해진다.[7]

나는 할아버지가 인종 분리 정책을 옹호하는 일에 적극적으로 참여하셨다는 사실과, 백인 남성으로서 내가 원하든 원치 않든 인종적 특권이라는 부당한 유산으로부터 혜택을 입었다는 사실을 안다. 이런 지식은 나를 방어적인 껍데기 속으로 들어가게 하거나(주로 백인들만 있는 곳에 머물거나 나를 자극하지 않는 매체만 본다), 다른 이들을 탓하며 비난의 화살을 밖으로 돌리거나(노골적 인종 차별주의자들에게 경멸을 퍼붓거나 구조적 인종 차별에 대한 논의를 '정체성 정치'라면서 일축한다), 내가 인종 차별주의자가 아님을 증명하려고 더욱더 열심히 노력하게 만들기 십상이다. 미국의 인종 문제에 대한 백인 기독교인들의 반응은 흔히 이 셋 중 한 가지 형태로 나타난다.

#4. 인간은 하나님이 사랑하시고 아시는, 아름다운 존재다

성취와 능력의 복음은 인간의 가치를 생산성, 효율성, 자족성에 둔다. 그래서 장소, 문화, 역사, 관계의 유대, 그리고 우리의 상처럼 생산 능력에 방해가 되는 요소라면 그게 무엇이든 무시하거나 부정하도록 부추긴다. 이 복음은 한편으로는 우리의 인간성의 이런 핵심적 측면들을 무시하라고 부추기고, 다른 한편으로는 생산성을 발휘하고 다른 사람들에게 과도하게 의존하지 않아야 괜찮은 사람으로 대접받는다고 가르친다. 그 결과, 우리는 수치심의 손아귀에 더욱 깊숙이 빠져들게 된다.

그러나 예수 그리스도의 복음은 근본적으로 다른 지점에서 시작하고 끝난다. 인간의 존엄은 얼마나 열심히 일하는지, 출신이 어디인지, 무엇을 만들어 내는지, 얼마나 유능한지에서 나오지 않는다. 우리의 존엄은 하나님이 그분의 선한 피조물로서 우리를 사랑하시고 아신다는 사실에서 나온다. 시편 기자는 이렇게 썼다. "주께서 나의 앞뒤를 둘러싸시고 내게 안수하셨나이다 이 지식이 내게 너무 기이하니 높아서 내가 능히 미치지 못하나이다."^{시 139:5-6}

우리를 향한 하나님의 사랑과 우리에 대한 하나님의 깊은 지식, 하나님이 예수님의 몸과 생명 안에서 우리를 자녀 삼으신 은혜는 우리 힘으로 얻을 수 있는 것이 아니다. 그것은 오직 은혜로 우리에게 주어졌으며, 우리가 그 무엇을 알기도 행하기도 전에 먼저 주어진 선물이다. 그것은 수치심의 강력한 치료제다.

철학자 요제프 피퍼^{Josef Pieper}는 사랑의 뿌리에 "당신이 존재해서 좋습니다. 당신이 이 세상에 있어서 좋아요!"라는 인정이 있다고 말했다.[8] 내가 무슨 일을 할 수 있든 없든 관계없이 그저 내가 존재해서 좋다는 사실을 받아들일 때 비로소 성취와 능력의 복음에서 벗어날 수 있다. 나는 환자들에게 명시적으로든 암묵적으로든 "당신이 존재해서 좋습니다!"라는 메시지를 전달할 때만 그들을 진정으로 도울 수 있고 돌볼 수 있다.

내가 남부의 백인 복음주의 그리스도인이자 빌 할아버지의 손자로서, 특권이라는 복잡한 유산을 물려받은 나 자신을 받아들이고 사랑할 수 있는 유일한 길은 나의 가장 깊은 정체성을 기억하는 것이다. 나의 가장 뿌리 깊은 정체성은 내가 백인이라는 사실에 있지 않고, 나를 자신처럼 사랑하여 죽고 부활하고 승천하신 갈색 피부의 중동 분의 몸 안에 있다.

예수님 안에서 나는, 나를 형성한 배경 중 그분을 알게 해 준

부분은 소중히 여기되, 인종적 특권을 포함하여 "하나님의 형상을 따라 참의로움과 참거룩함으로 지으심을 받은"엡 4:24, 새번역 새로운 자아에 합당하지 않는 모든 모습에 대해서는 죽도록 부름받았다. 나는 지금도 이 두 가지를 분별하는 법을 배우는 중이며, 상황을 제대로 파악하지 못할 때도 있다. 나는 여전히 많은 것에 대해 죽어야 한다. 그러나 예수님의 사랑이 주는 안전함이 그 모든 변화의 유일한 출발점임을 이제는 안다.

#5. 인간은 여행자다

여행과 순례의 이미지는 성경 전체를 관통한다. 히브리서 기자는 우리에게 이렇게 권한다. "우리에게 구름같이 둘러싼 허다한 증인들이 있으니 모든 무거운 것과 얽매이기 쉬운 죄를 벗어 버리고 인내로써 우리 앞에 당한 경주를 하며 믿음의 주요 또 온전하게 하시는 이인 예수를 바라보자."히 12:1-2

인간은 언제나 여행자다. 우리는 우리의 근원이자 창조주이신 하나님께로부터 나와 우리의 목적지이자 기쁨이신 하나님께로 돌아간다. 이 귀환은 우리가 예수님의 생명에 참여함으로 가능해진다. 이 여정은 고되고, 때로 우리는 지치거나, 방향을 잘못 잡아 길을 잃거나, 질병이나 부상을 당하거나, 낯설고 적대적인 곳에 놓이기도 한다. 이럴 때에 우리에게는 곁에서 함께 걸으며, "지금 당장 여행에 필요한 것은 무엇인가요?"라고 묻고 그 답을 찾도록 도와줄 동료 여행자가 필요하다.

"지금 당장 여행에 필요한 것은 무엇인가?" 이것은 그리스도인으로서 내 자신을 이해하는 핵심 질문이다. 이 질문은 '돌보는 자'로서 내가 다른 사람들과 동행하는 방식에도 매우 중요하다. 내 환자들 중에는 약물 치료나 모종의 의료 기술이 필요한 사람들도 있지만, 많은 경우 그들에게 가장 필요한 것은 일자리, 거처, 우정, 혹은 학대받는 환경에서 벗어나는 것이다. 용서가 필요한 사람도 있고, 공동체의 환영이 절실한 사람도 있다. 나의 환자들을 여행자로 대하고, 나 자신을 그들과 동행할 특권을 누리는 여행자로 여기면, 통제와 전문성이라는 태도에서 벗어나 겸손과 존중의 자세를 갖게 된다. 그러면 환자의 증상에만 매몰되지 않고 그들의 이야기에 최대한 귀를 기울이게 된다.

복음적 확신과 기쁨이 깃든 돌봄

빌 할아버지는 좋은 이야기의 맛을 아는 분이자 이야기를 참 사랑하는 분이셨다. 할아버지는 노년에 50년 전쯤 누군가에게 들었던 상세한 이야기들을 사람들에게 다시 들려주시곤 했는데, 마치 본인이 그 이야기를 처음 듣는 사람인 양 즐겁게 웃으셨다. 할아버지는 자신이 살던 지역과 교회의 역사를 꼼꼼하게 기록하셨는데, 어떤 장소와 사람을 진정으로 알고 사랑하려면 그들의 이야기를 알아야만 한다고 믿으셨기 때문이다. 그 부분에서 할아버지는 분명히 옳았다. 러크레이가 7장에서 설명한 것처럼, 이야기는 세상을 바라보는 우리의 시야를 형성한다.

나는 인생의 상당 부분을 성취와 능력의 복음에 따라 살았다.

즉, 열심히 노력하여 제대로 된 자격과 지식과 기술을 갖춰야만 인간으로서 그리고 의료인으로서 성공할 수 있다는 이야기에 따라 산 것이다. 이 이야기는 지금도 여전히 나를 사로잡고 있다. 그 이야기는 나를 빈곤하게 만들며, 복잡한 현대 세계를 살아가는 그리스도인으로서 신실하지 못하게 만든다. 그러나 나는 이제 더 큰 이야기 안에서 생명과 기쁨을 발견하고 있다. 그 이야기는 내가 하나님이 사랑하시고 아시는 여행자이며, 무언가를 통제하기 위해서가 아니라 경이로움을 느끼도록, 그리고 동료 여행자들과 함께 걷도록 부름받은 사람이라는 이야기다.

이 더 큰 이야기는 하나님이 나를 사랑하시고 아시는 이유가 내가 무엇을 할 수 있기 때문이 아님을 가르쳐 준다. 이것이야말로 내가 의료인으로서 갖는 자신감과 역량의 궁극적인 토대다. 예수님 안에 나타난 하나님 사랑이라는 이 더 큰 이야기 덕분에 나는 타인과 나를 추상적인 존재가 아니라 장소와 문화와 역사에 뿌리내린 인간으로 바라보고 사랑하는 법을 배우고 있다.

복음적 확신은 그리스도인들이 하나님의 사랑 안에서 안전함을 느낄 때 찾아온다. 우리 삶과 역사의 밑바닥^{ground}에 다가갈 수 있을 때, 그 안에 깃든 죄와 트라우마를 직시하면서도 여전히 사랑받고 있음을, 그리고 바로 그 지점에서 변화와 치유가 시작됨을 알 때 복음적 확신이 찾아온다. 우리가 수치심을 회피하거나 부인하지 않고 직면하고 돌볼 때 복음의 확신이 찾아온다. 우리가 서로에게, 심지어 우리와 아주 다른 이들에게조차 "당신이 존재해서 참 좋습니다. 당신이 이 세상에 있어서 정말 다행입니다"라고 말하고,

우리의 삶으로 그 고백이 진심임을 증명할 때 복음적 확신이 찾아온다.

또 우리가 누구든 무슨 일을 했든 상관없이 은혜로 예수님의 몸 안에 접붙여졌음^{딤전 1:12-17}을 기억할 때 복음의 확신은 찾아온다. 우리의 성취와 능력이 아니라, 바로 예수님의 생명 안에서 우리는 함께 정의롭게 살아가는 데 필요한 믿음과 사랑을 선물로 받는다.

그리스도의 압도적 사랑에 매여,
답 없는 균열을 파고들다

화해자로 섬기기 

Reconciler

트릴리아 뉴벨 ○ Trillia Newbell
남침례교 윤리와종교자유위원회(ERLC) 지역사회봉사국 책임자

매일 아침 눈을 뜰 때마다 나는 이 세상의 균열을 체감한다. 오래전 관계에 대한 아득한 기억이 스치거나 소셜 미디어를 잠시 훑어볼 때마다 사람들이 서로 편을 갈라 끊임없이 반목하는 현실을 어김없이 마주하게 된다. 하지만 내게 이 사실을 가장 절실히 깨우쳐 주는 것은 외부에 있는 그 무엇도 아닌, 매일 아침 눈뜨자마자 마주하는 내 연갈색 피부다. 이 피부는 나의 창조주 하나님이 만드신 것이고, 나는 그 사실에 감사한다. 하지만 이런 내 피부는 편협함, 선입견, 차별로 이어지기도 한다.

그러나 하나님은 나를 화해자로 부르셨다. 화해자는 화해의 사역을 맡은 사람, 곧 깨어진 관계를 회복시키고 화합을 가져오며 차이를 해소하는 사람이다. 내 삶과 사역은 화해의 사역을 중심으로 이루어진다. 내게 이 과제는 사랑 안에서 진리를 말하며 자제하고 용서하고 인내하는 법을 배우는 것을 의미한다.

온 삶으로 차별의 한복판을 지나오며

나는 미국 남부에서 자랐다. 부모님은 내가 경험한 것보다 훨씬 더 노골적인 인종 차별과 증오를 겪으셨지만, 다른 사람들이 우리에 대해 무슨 말을 하든 관계없이 사랑하라고 가르치셨다. 부모님은 그리스도인이 아니었지만, 우리 집은 사랑이 넘치는 가정이었다. 그리고 부모님이 심어 주신 타인을 향한 그 일반 은총적 사랑 덕분에 나는 사람들이 서로 화목하게 어우러져 사는 모습을 보고 싶다는 열망을 갖게 되었다. 나는 내가 해결책의 일부가 되거나 문제의 일부가 될 수 있다고 생각했고, 해결책의 일부가 되기 위해 인간적으로 할 수 있는 모든 노력을 기울였다. 그것이 늘 쉽지만은 않았고 때로는 실패하기도 했지만, 우리가 받은 화해의 소명은 하나님의 형상을 반영하는 일의 일부분이며, 충분히 가치 있는 일이다.

10대 시절, 나는 민권 운동에 대해 배웠고 다른 이들의 권리를 지키기 위해 고통과 고난, 때로는 죽음까지 감수한 용감한 사람들에 대해 배웠다. 로드니 킹이 경찰들에게 붙잡힌 채 차에서 끌려 나와 얻어맞는 영상을 보았다. 그 경찰들이 이후 과잉 진압 혐의에 대해 무죄 선고를 받았고, 그것이 도화선이 되어 파괴적인 폭동이 일어났다. 그 과정에서 로드니 킹은 유명한 발언을 하게 된다. "우리 그냥 다 같이 잘 지낼 수는 없나요?"[1] 나는 매년 1월에 마틴 루터 킹 주니어의 생일을 기념하여 우리 시에서 열리는 민권 퍼레이드에 참여해 행진했다.

가슴 아픈 개인적인 기억들도 있다. 나와 사귀었던 친구의 어머니가 자신의 아들이 흑인 소녀와 데이트할 수 없는 이유를 내게 설명한 순간도 그중 하나다. 이유는 단지 우리가 다르다는 것이었다. "너는 참 친절하구나." "친구로 지내는 건 얼마든지 좋아." 그 어머니는 이런 말들로 자신의 설명을 포장했지만, 결론은 피부색의 차이는 절대 받아들일 수 없다는 것이었다. 자신의 자녀가 나 같은 흑인 소녀와 데이트한다는 생각은 그녀에게 수치스러운 일이었고,

그녀의 마음속에서 그것은 옳지 않은 일이었다. 그녀에게 나는 종류가 다른 인간, 일종의 외계인, 하등 생물이었기 때문이다. 그 어머니는 이런 단어들을 직접적으로 사용하지는 않았지만, 우리의 차이를 거듭 강조함으로써 나의 어떤 부분은 그녀의 가족 및 그녀의 동족과는 같지 않으며, 이런 식의 다른 부류는 자기 아들의 짝으로 마땅치 않다는 사실을 분명히 했다. 10대였던 내게 이것은 받아들이기 힘든 사실이었지만, 점차 익숙해져야만 했던 현실이었다.

대학 시절에는 총학생회에서 다양성 업무 공동 국장을 맡았다. 나는 '커피 토크 Coffee Talks'라 불리는 행사 주최를 몇 번 도왔는데, 인종 문제에 대해 논의할 의향이 있는 학내 구성원 모두에게 열린 자리였다. 그 논의는 유익했고 시야를 넓혀 주었지만, 문제의 표면을 건드리는 수준에 그쳤다.

4학년 정치학 수업 시간에 있었던 일은 절대 잊지 못할 것이다. 한 젊은 백인 남자가 할당제와 차별 철폐 정책 때문에 흑인들이 자기를 제치고 로스쿨에 들어가게 될 거라는 우려와 그에 대한 거부감을 털어놓았다. 나는 눈물을 흘리며 내가 로스쿨에 합격했을 뿐만 아니라 우등생이었고 로스쿨 입학 시험 LSAT에서도 높은 점수를 받았다고 말했다. 로스쿨에 입학한 모든 흑인이 차별 철폐 정책 덕분에 합격했다는 생각은 아무리 좋게 봐줘도 형편없고, 나쁘게 말하면 인종 차별적인 발상이었다.

나는 인종 프로파일링〔특정 피부색이나 인종을 잠재적 범죄자로 여기고 우선적으로 용의선상에 올리는 수사 기법-옮긴이〕의 대상이 된 적도 있다. 당신이 나를 만난 적이 있다면 이 사실에 웃음을 터뜨렸을 것이다.

나는 157센티미터 정도의 키에 몸무게가 55킬로그램도 안 되어 그리 위협적인 모습이 아니다. 그런데도 어떤 사람들은 내 피부색에 근거해 나를 최악의 인물로 단정했다. 나는 그동안 경험한 일의 극히 일부만 이야기하고 있을 뿐이다. 대부분의 아프리카계 미국인이 이와 비슷한 인종적 편견, 인종주의, 인종 차별의 경험을 토로할 것이다.

그러나 나는 화해자로 부름받았다.

어린 시절에는 크리스마스 같은 날에만 교회에 나갔다. 그러다가 고등학교 2학년 때 한 교회를 찾았는데 그곳이 복음 중심적이지 않다는 사실을 깨닫고 떠나기로 했다. 그러자 교인들은 사랑이 아니라 잔인함으로 나를 대했다. 나를 괴롭혔고, 자신들의 삶의 방식에 나를 맡기지 않았으니 지옥에 떨어질 거라고 악담을 했다. 얼마 후 나는 교회와 작별했고 다시는 돌아가지 않으리라 다짐했다. 제도화된 종교와는 아예 관계를 맺고 싶지 않았다. 그러나 그것은 하나님의 계획이 아니었다. 그분은 화해에 대한 나의 이해를 완전히 바꾸시고자 했다.

대학 2학년을 앞둔 1998년 여름, 많은 대학생처럼 나도 캠프 리더를 맡게 되었다. 나를 도와줄 조수도 한 명 있었는데, 그녀의 이름은 마시Marcy〔가명〕였다. 마시는 말총머리를 흔들며 캠프장에 도착했다. 파란 눈이 반짝이는 그녀의 명랑함에는 전염성이 있었다. 그녀가 나보다 몇 살 어리다는 사실이 쉽게 믿어졌다. 마시가 미성숙했다는 말은 아니다. 결코 그렇지 않았다. 다만 그녀가 말하고 캠프 참가자들과 어울릴 때 뿜어져 나오는 순수함이 있었다. 마시는 내 인생의 항로를 바꾸는 데 결정적 역할을 하게 된다.

마시와 나는 정반대의 지점에 있었다. 나는 흑인이었고 그녀는 백인이었다. 나는 공부에 전념하는 대학생이었으나, 그녀는 대학을 일찍 그만두고 캠퍼스 사역을 하기로 결심한 터였다. 나중에 알게 되었는데 그녀는 집안이 상당히 부유했던 반면, 우리 집은 하위 중산층에 해당했다. 가장 중요한 차이는, 그녀는 그리스도인이었고 나는 전혀 아니었다는 점이다.

캠프 첫날 밤, 마시는 침대에 털썩 주저앉더니 성경을 펼쳐 들고 조용히 읽기 시작했다. 나는 즉시 경계심이 발동했다. "뭐 하는 거야?" 내가 묻자 그녀는 '개인 경건 시간QT'을 보내고 있다고 대답했다.

나는 그녀의 침대에 펼쳐진 성경이 달갑지 않았다. 그때껏 경험한 기독교인들에 대한 기억이 좋지 않았기 때문이다. 고등학생 시절의 고통스러운 경험 외에도, 친구를 따라 여름 성경 학교에 갔을 때 아이들이 나를 이상하게 쳐다보던 기억이 났다. 주일학교 교사는 그곳에 온 몇 안 되는 흑인 아이들을 철저히 무시했고, 예배실에 모두 모였을 때는 우리를 맨 뒷자리에 따로 앉혔다.

그날 밤 캠프에서 나는 이런 아픈 기억들을 마시에게 털어놓았다. 밤이 깊어 갈 무렵, 친구가 된 마시와 나는 지난날 내가 교회에서 겪은 일과 나의 두려움을 슬퍼하며 함께 울었다. 그리고 마시는 내게 구원의 복음을 전해 주었다.

그 여름이 지나고 나는 마시와 가끔 만났지만, 그녀를 따라 교회에 가기까지는 시간이 좀 걸렸다. 그러다 마침내 2000년 봄, 파혼을 겪고 내 죄로 인한 비참함에 빠져 있을 때 마시의 교회를 방문했다. 그리고 그곳에 정착했다. 그 일요일 아침의 기억이 어제 일처럼 생생하다. 우리가 찬송가 〈만세 반석 열리니 Rock of Ages〉를 부르는 동안, 주님이 내 마음을 부드럽게 하시고 그분의 은혜를 깨닫게 하셨다. 예배가 끝난 후 마시와 다른 두 사람이 나를 위해 기도해 주었고, 나는 구원을 받았다.

화해자 예수님을 만나다

그 일요일의 체험이 있고 얼마 후, 나는 에베소서 2장 8-9절을 읽었다. "너희는 그 은혜에 의하여 믿음으로 말미암아 구원을 받았으니 이것은 너희에게서 난 것이 아니요 하나님의 선물이라 행위에서 난 것이 아니니 이는 누구든지 자랑하지 못하게 함이라."

이런 생각이 들었다. '바로 이거야! 내게 이런 일이 일어난 거야.' 주님이 나를 구원하신 것은 내가 행한 일이나 앞으로 행할 수 있는 그 어떤 일 때문도 아니었다. 그것은 그분의 능력으로, 값없이 주시는 은혜로 이루어진 일이었다. 나는 하나님과 화해해야 할 처지였고, 예수님이 그 화해의 사역을 이루셨다. 롬 5:10-11

내게 복음을 전해 준 그 친구는 내가 흑인이고 연장자이며 캠프 리더라는 사실에 전혀 개의치 않는 듯했다. 그런 것들은 마시에게 하나도 중요하지 않았다. 그녀는 복음 전도자였고, 자신과 다른 사람들에게 복음을 전하기를 즐거워했다. 그녀는 그저 그분의 사랑에 이끌려 내게 복음을 전했고, 그 덕분에 내 인생 항로가 영원히 바뀌었다.

마시가 사랑으로 내민 그 복음의 손길에 나는 언제까지나 감사할 것이다. 하지만 나를 하나님과 화해시킨 분은 그녀가 아니었다. 그녀는 주님이 사용하신 통로였을 뿐, 궁극적으로 화해를 가능하게 한 것은 예수님의 사역이었다. 우리가 서로 화해할 수 있는 것도 그분이 십자가에서 이루신 사역 덕분이다.

복음서 곳곳에서 예수님은 자신과 다른 사람들과 어울리셨다. 심지어 적으로 여길 만한 사람들, 이를테면 유대인들의 미움을 사고 유대인들을 미워했던 세리나 사마리아인들과도 어울리셨다.[2] 예수님은 영혼을 향한 사랑으로, 십자가 죽음에 이르기까지 담대하게 자신을 내어 주며 복음을 전하셨다. 그리고 그분의 죽음과 함께 모든 사람에게 화해가 이루어졌다. 예수님은 적대감이라는 휘장을 찢으셨다.

그리스도는 우리의 평화이십니다. 그리스도께서는 유대 사람과 이방 사람이 양쪽으로 갈라져 있는 것을 하나로 만드신 분이십니다. 그분은 유대 사람과 이방 사람 사이를 가르는 담을 자기 몸으로 허무셔서, 원수 된 것을 없애시고, 여러 가지 조문으로 된 계명의 율법을 폐하셨습니다. 그분은 이 둘을 자기 안에서 하나의 새 사람으로 만들어서 평화를 이루시고, 원수 된 것을 십자가로 소멸하시고 이 둘을 한 몸으로 만드셔서, 하나님과 화해시키셨습니다.

○ 에베소서 2장 14-16절, 새번역

크리스틴 디디 존슨이 1장에서 상세히 설명했듯, 그리스도인들의 진짜 현실은 우리가 이미 예수 그리스도 안에서 영적으로 하나가 되었고 서로 화해한 존재라는 사실이다. 우리의 문제는, 그 실재를 삶으로 옮기지 못한다는 데 있다. 그리스도인으로서 우리는 서로의 관계를 넘어, 이 세상에서 화해자로 살아가라는 부름을 받았다.

복음은 하나님의 영광을 위해 도저히 어울릴 것 같지 않은 사람들까지 한데 모으는 능력이 있다. "내가 복음을 부끄러워하지 아니하노니 이 복음은 모든 믿는 자에게 구원을 주시는 하나님의 능력이 됨이라 먼저는 유대인에게요 그리고 헬라인에게로다."롬 1:16

그리스도의 대사로 부르시다

그리스도인이 된 이후, 나는 성장기에 부모님이 가르쳐 주신 교훈이나 내가 품었던 연합에 대한 갈망이 모두 우리가 받은 일반 은총이자, 하나님의 형상을 닮은 존재로서 본능적으로 느꼈던 충동의 일부였음을 깨달았다. 아버지는 우리를 부당하게 대우한 사람들을 사랑하고 용서하라고 딸들에게 가르치셨다. 아버지는 연합이 가능하다고, 민권 운동에 앞장섰던 모든 사람이 선한 싸움을 싸웠다고 가르치셨다. 나는 사랑과 용서, 정의와 연합을 향한 이런 갈망이 결국 우리의 창조주를 반영한다는 사실을 깨달았다. 그리스도를 영접하자, 한때 내 사회적 욕구이자 목표였던 이 갈망은 성경에 근거한 확고한 신념이 되었다. 하지만 화해를 추구하는 길이 그리스도인이 되었다고 해서 더 쉬워지지는 않았다. 오히려 여러 면에서 더 힘겨워졌고, 우리가 가야 할 길이 얼마나 아득한지 깨달을 때마다 나는 막막함에 사로잡혀 아무것도 할 수 없을 지경이었다.

몇 년 전에 나는 *United: Captured by God's Vision for Diversity*하나 됨: 다양성에 대한 하나님의 비전이라는 책을 썼다. 인종에 관한 간략한 신학적 고찰과 나의 간증 그리고 다양한 배경의 친구를 사귈 때 얻는 유익을 담은 책이었다.[3] 그 책을 통해 기독교계에서 일어나는 인종 문제에 관한 공개적인 논의에 참여하게 되었는데, 그때만 해도 다소 순진했다. 나는 교회들이 대체로 인종별로 나뉘어 있다는 사실은 알았지만, 그런 구분이 실제적인 인종주의나 사람을 차별하여 대하는 죄에서 비롯되었다고는 믿지 않았다. 그러나 이후 몇 년에 걸쳐 나는 현실에 눈을 떴다.

내가 만난 대부분의 그리스도인들은 현재의 모습에 안주하고 있었다. 나는 교회가 인종에 대한 대화에 준비되어 있지 않음을 알게 되었다. 뜻밖의 저항에 부딪힌 것이다. 그 저항은 늘 노골적이지는 않았으나, 대개 무관심의 얼굴을 하고 있었다. 하지만 그 무관심은 실재했고, 실로 버거운 것이었다. 이웃의 고통에 무관심하다면 그들을 사랑한다고 말할 수 없다.

이후 몇 년은 고통의 시간이었다. 백인이 아닌 인종들이 겪는 피부색으로 인한 고통과 괴로움이 교회의 주된 관심사가 아니라는 사실을 뼈저리게 느꼈기 때문이다. 하지만 하나님은 은혜를 베푸셔서, 창세기 3장에 기록된 타락이 인간관계를 망가뜨렸다는 사실을 다시금 일깨워 주셨다. 이 깨어진 관계의 실상은 인종 문제부

터 사회 경제적 요인, 그리고 나와는 경험도 처지도 다른 이들을 섬
겨야 하는 일상적인 고충에 이르기까지 수많은 방식으로 나타나고
있다. 나 자신이 아닌 타인에게 시선을 두는 일은 누구에게나 부단
한 노력이 필요한 일이다.

나는 이 일이 노력만으로 되지 않는다는 것을 깨달았다. 우리
자신에게 예수님이 절대적으로 필요하다는 사실을 먼저 인정하지
않고서는 결코 화해자가 될 수 없다. 그래서 나는 선택해야 했다.
예수님의 대사^{ambassador}로 살 것인가, 아니면 그만둘 것인가. 나는
이것이 첫 번째 단계라고 생각한다. 당신과 나는 우리가 대사라는
사실을 깨달아야 한다. 대사로서 우리는 말과 행동으로 우리보다
크신 분을 대표하는 존재이기 때문이다.

나는 '대사'라는 직함을 정식으로 받아 본 적이 없다. 다만 여
러 집단에 속해 본 경험을 통해, 내가 구성원이라는 사실만으로도
소속된 조직이나 교회, 가족을 비공식적으로 대표하게 된다는 점
을 알 뿐이다.

하지만 그리스도인으로서 나는 대사라는 직함을 분명히 갖고
있다. 하나님의 말씀은 우리가 하나님과 화해했으며, 그러므로 이
제 그리스도의 대사라고 가르친다. "우리는 그리스도의 대사들이
다. 하나님은 우리를 통해 친히 말씀하고 계신다."^{고후 5:20, NIV} 우리
는 보물을 받았으며, 그 보물을 나누고 보여 주고 지키며 그 안에
서 행하도록 부름받았다. 대사라는 신분은 우리가 화해자가 되도
록 돕는다. 이 새로운 현실을 인식할 때, 우리는 주님의 일을 간절
히 사모하게 될 것이다. 그러나 대사로서의 사명을 진정으로 감당

하려면 우리가 왜 이 일에 부름받았는지부터 이해해야 한다.

나는 스물두 살이 되어서야 그리스도인이 되었고, 그 전까지는 참담한 죄에 빠져서 살았다. 그래서 마침내 복음을 깨달았을 때, 내가 새로운 피조물이라는 성경 말씀이 세상에서 가장 달콤하게 느껴졌다. 주님을 믿고 신뢰하는 사람은 누구나 "새로운 피조물"이다.고후 5:17 이전 것은 지나갔다. 이것은 나 같은 죄인에게, 그리고 당신 같은 죄인에게도 더할 나위 없는 복음이다. 모든 것이 하나님으로부터 나왔으며, 그분이 예수님의 희생의 피로 우리를 새롭게 하셨다는 사실을 깨닫는 것이야말로 진정 놀라운 은혜다.19절

오, 이것이 얼마나 큰 사랑인가! "하나님이 죄를 알지도 못하신 이를 우리를 대신하여 죄로 삼으신 것은 우리로 하여금 그 안에서 하나님의 의가 되게 하려 하심이라."21절 이 위대한 교환이 있기에 우리는 "나 같은 죄인 살리신 주 은혜 놀라워!"라고 찬양한다. 은혜는 참으로 경이롭다!

이처럼 복음을 제대로 이해하면 그리스도의 사랑이 우리를 강권한다.14절 그리스도의 사랑이 우리 마음을 움직여 그분의 대사가 되게 하고, 화해의 직분으로 이끈다.18절 그뿐만 아니라 그리스도의 사랑은 우리가 사람들을 외모 즉, 육신이 아니라 성령을 따라 바라보게 한다.16절

우리의 믿음과 그리스도의 대사라는 역할이 지닌 의미를 생각하면 삶의 방식이 통째로 달라진다. 그래야 마땅하다. 타락한 세상에서 산다는 것은 육신과 계속 싸운다는 의미다. 복음을 나누기보다 두려움에 뒷걸음질 치고 싶을 때가 있다. 다른 그리스도인들을

예수님의 눈으로 바라보는 대신 그들을 원망하고 싶은 유혹을 받는다. 때때로 우리는 형편없는 대사가 되기도 한다.

그러나 감사하게도, 화해의 직분은 우리의 첫 회심 순간에만 머물지 않는다. 우리는 하나님과 화해했으며 그리스도와 함께 공동 상속자가 되었다. 그러므로 세상 속에서 타인과의 화해를 위해 힘쓸 때 하나님의 자비와 도움을 구할 수 있다. 우리는 이 길과 소명을 결코 자기 힘으로 걸어갈 수 없으며, 그래서도 안 된다. 우리의 자랑은 오직 그리스도뿐이다. 그리스도께서는 당신이 명하신 일을 감당할 믿음과 은혜와 힘을 우리에게 주신다. 우리는 주님을 향한 사랑과 거룩한 두려움[11절]에 이끌려 화해자가 되어 가는 그리스도의 대사들이다.

용감하게 세상에 뛰어들 수 있는 이유

그리스도인들이 화해의 사역에 확신 있게 뛰어들 수 있는 이유는 우리의 확신이 육신(자아)에서 나오지 않기 때문이다. 우리는 예수님을 떠나서는 아무것도 할 수 없음을 안다. 앞서 언급했듯, 우리는 세상의 구조와 체계가 아니라 오직 주님께 충성한다. 이 진리는 우리를 자유케 하여, 이웃을 위해 수고하고 사회의 유익을 위해 문화에 참여하며, 사랑 안에서 진리를 말하게 한다.

내가 자주 듣는 고민 중 하나는, 다른 누군가에게 상처를 줄까 봐 민족적 자부심이나 인종적 편견, 인종 프로파일링, 그리고 차별의 죄 같은 주제를 꺼내기 두렵다는 것이다. 어쩌면 그들은 부적절한 언어 선택으로 누군가에게 결례를 범한 기억이 있을지도 모른다. 나 역시 그 마음을 충분히 이해한다. 나를 포함해 우리 모두가 말에 더 신중했으면 좋겠다. 그러나 사랑 안에서 진리를 말한다는 것은 정직하게 말하는 동시에 사랑의 마음으로 경청하는 것을 의미한다. 그렇게 할 때 비로소 제도와 사람 그리고 우리 마음 안에 있는 인종 차별의 함정을 식별하고 해결해 나갈 수 있다.

나는 감정이 격해지거나 분노에 사로잡힌 나머지 품위 있게 대처하지 못한 경우가 여러 번 있고, 그때 일들을 후회한다. 한번은 어떤 남자가 내 소셜 미디어 게시물에 경멸조의 댓글을 단 적이 있었다. 평소에는 냉정을 잃지 않고 조심하는데, 그날은 피곤하고 지친 탓인지 감정을 주체하지 못하고 쏘아붙이고 말았다. 정확히 무슨 말을 했는지는 기억나지 않지만, 그가 스스로를 초라하고 멍청하게 느끼도록 몰아붙이려 했다는 사실을 부정할 수 없다. 나의 반박은 효과가 있었지만 생각했던 것처럼 기분이 좋지는 않았다. 나는 그가 틀렸음을 알았고, 결국 그도 깨달았으나 그가 받은 상처는 그대로 남아 있었다. 그는 다시는 그 주제로 내 글에 댓글을 달지 않았고, 앞으로도 그러지 않을 것 같다.

세상 문화 속으로 들어가 참여하는 일에는 용기가 필요하고 위험을 감수해야 하지만, 은혜로운 태도와 너그러움도 갖추어야 한다. 진리를 말하되, 우리가 대화하는 상대방이 어떤 삶을 지나왔고 무엇을 경험했는지 다 알지 못한다는 점을 인정해야 한다. 이는 우리 역시 다른 이들이 나를 대할 때 바라는 태도가 아니던가.

인종 문제에 관해서라면, 나는 대부분의 사람이 이 주제에 대한 성경적 가르침을 접해 본 적이 없거나, 이와 관련된 사회적 측면과 성경적 원리를 다 모를 수 있다고 전제하려 노력한다. 내가 상대하는 사람이 이 문제를 실제보다 더 많이 안다고 지레짐작하지 않으려 한다. 상대방이 단지 모를 수도 있다고 생각하면, 대화할 때 훨씬 더 이해심과 참을성을 발휘할 수 있기 때문이다.

문화에 참여할 때 기억해야 할 또 다른 사실은 우리가 결말을 안다는 것이다. 궁극적인 화해자이신 하나님이 다시 오셔서 만물을 새롭게 하실 것이다. 이 진리를 기억할 때 내 마음은 쉼을 얻고, 언젠가 모든 혼란이 끝날 것임을 확신하게 된다. 하나님은 고통과 슬픔, 혼란과 낙심만 아니라 인종 차별의 죄까지도 다 없애 버리실 것이다. 나는 죄에도 만기일이 있다는 사실에 기뻐할 수 있다. 이야기의 끝이 어떻게 될지 알기에 나는 어려운 상황과 대화에도 품위 있게 임할 수 있다.

최종 목표가 사랑 안에서 진리를 말하는 것이라면, 먼저 내 마음을 살펴야 한다. "나는 진정 내 눈앞에 있는 사람들을 사랑하는가? 그들이 주님 안에서 번성하는 모습을 보고 싶은가, 아니면 그저 내가 옳다는 것을 증명하고 싶을 뿐인가? 그들이 상처 주는 말을 할 때에도 나는 기꺼이 용서하려 애쓰고 있는가?"

우리는 교회 안에서 화해자가 되는 일이 그리스도인에게 얼마나 중요한지 기억해야 한다. 그리스도인들이 서로를 사랑하는 것은 세상에 예수님을 증언하는 일이기 때문이다.^{요 13:35} 그러므로 세상과 문화를 대할 때 '저 바깥'만 생각해서는 안 된다. 우리끼리 이 주제를 어떻게 다루는지가 중요하다. 지금처럼 교회가 인종 문제로 분열된 모습은 세상을 향해 어떤 메시지를 줄까? 우리가 서로 화해하기 위해 힘쓰는 모습은 우리를 지켜보는 이들의 영적 생사와 직결된 문제가 될 수도 있다. 이것은 매우 중차대한 부르심이며, 결코 가볍게 여겨서는 안 된다.

두려움에 마비되지 않도록

우리가 문화 안에서 확신을 가지고 호소하지 못하게 막는 가장 큰 장애물 중 하나가 두려움이다. 우리는 오해받을지 모른다는 두려움, 불쾌감을 주게 될 거라는 두려움, 타인의 시선에 대한 두려움으로 마비될 수 있다. 불행히도, 예수님과 엮이면 해를 입을까 봐 두려워하기도 한다.

사도 베드로가 이런 두려움에 사로잡혀 꼼짝 못 한 적이 있다. 이 이야기는 누가복음 22장 31-34절에서 볼 수 있다. 예수님은 베드로가 세 번 그분을 부인할 거라고 예언하셨다. 몇 절 다음으로 가 보면 베드로는 정말 그렇게 한다. 그는 자신의 친구이자 곧 십자가에 못 박히실 주님과 거리를 둔다. 베드로에게는 잘못을 만회할 세 번의 기회가 있었지만, 세 번 다 거짓말을 했다. 그는 예수님과 함께 감옥에 갈 준비가 되어 있지 않았다. 길이신 분을 따라갈 마음이 없었던 것이다.

우리도 예수님이 믿으시고 우리에게 가르치신 바를 지지할 것인지, 아니면 그분을 부인할 것인지 선택의 기로에 설 수 있다. 우리에게도 나름의 기회들이 주어질 것이다. 그때 우리가 자문해야 할 것은 두려움에 굴복할 것인가, 아니면 살아 계신 하나님을 신뢰할 것인가다.

인종 간의 화해와 화합을 위해 섬기고 일하면서 나는 엄청난 양의 독설과 노골적 인종 차별에 노출되었다. 소셜 미디어에서 소통을 하고 강연을 다니지 않았다면 그 정도로 많은 독설과 인종 차별은 경험하지 않았을 것 같다. 대안우파alt-right〔백인 정체성과 백인 우월주의를 강조하며 다문화주의와 이민자 유입에 반대하는 미국의 극우 운동〕세력이 온라인에서 나를 처음으로 괴롭히던 때가 기억난다. 나는 크게 놀라지 않았다. 나라의 전반적 분위기를 알고 있었기에 아주 놀랍지는 않았지만, 한편으로는 절망과 두려움에 짓눌렸다. '저 익명의 공격자가 혹시 우리 교회 교인이거나 우리 아이 학교의 학부모라면 어떡하지?' 그때 나는 하나님에 대해 믿는 바, 인간에 대한 이해, 그리고 하나님이 나를 부르신 소명을 붙잡고 치열하게 씨름해야 했다.

그 이후로도 나는 수없이 두려움과 싸우며 하나님이 내 안에서 나를 통해 일하심을 신뢰해야 했다. 이러한 참여의 본을 보이기 위해 나는 성령의 능력에 의지하고, 기도로 부르짖으며, 말해야 할 때와 침묵해야 할 때를 분별하는 법을 배워야 했다. 여러 면에서 그것은 곧 하나님께 가까이 머무르는 것이었으며, 다른 이들의 조언에 귀를 기울이는 것이었다.

주님께서 나를 실천적 참여로 이끄신 방식들을 여기에 몇 가지 나눈다.

기도하라

나는 말을 하거나 글을 쓰기 전에 항상 기도한다. 내가 늘 제대로 말하고 쓴다는 뜻은 아니다! 그러나 기도는 내가 참여하기로 결정한 주제, 특히 인종 문제에 대해 평안을 유지하도록 도와주었다. 기도는 이웃을 사랑하는 데도 도움이 되었다. 누군가를 위해 기도하면서 그를 미워하기란 어렵기 때문이다. 가끔은 기도만이 내가 절망하지 않게 막아 준다.

우리가 고통과 슬픔을 하나님께 맡길 때 그분은 우리 마음에 기적을 행하신다. 예수님을 떠나서 아무것도 할 수 없다는 말씀은 진실이었다. 기도는 우리의 약함과 주님에 대한 철저한 의존을 인정하는 행위다. 우리의 사역에서 자기를 신뢰하는 자족성은 곧 유혹이다. 솔직히 말해, 주님 없이 화해 사역을 시도해서는 안 된다.

말하기를 더디 하라

말하기는 빨리 하고 듣기는 더디 하는 것은 어떤 상황에서든 유익보다 해를 끼친다. 최근 뉴스 속보들이 쏟아진 후 이 사실을 뼈저리게 느꼈다. 비극이 발생하면 다들 달려들어 한마디씩 보탠다. 기자들은 정보를 빨리 내보내려 하다 보니 사실 관계가 채 확인되기도 전에 보도하곤 한다. 우리는 사건들에 대해 말할 때 이 점을 염두에 두어야 한다. 우리가 모든 사실을 안다고 단정 짓기를 더욱 더디 하고 우리의 제한된 지식, 더 나쁘게는 추정에 근거해 말하기를 멈추어야 한다.

예를 들어, 경찰이 비무장 흑인에게 총을 쏘았다는 소식을 들으면 인명 손실을 슬퍼하는 것이 마땅하다. 하지만 대뜸 "경찰의 명령에 따랐어야지!"라거나 "저 경찰은 인종 차별주의자야"라는 식으로 성급하게 결론 내리지 않도록 주의해야 한다. 제대로 된 사실이 드러난 뒤 목소리를 내야 할 경우가 있겠지만, 성급하게 달려들어 한마디하는 것이 화해에 보탬이 되는 경우는 드물다. 우리가 무엇보다 먼저 우는 자들과 함께 울어 준다면, 그것이 우리 문화에 얼마나 강력한 영향력이 있겠는지 생각해 보라.

사람들과 개인적으로 대화할 때도 말하기를 더디 하는 것이 좋다. 배우고 경청하겠다는 자세를 갖추면 상대를 더 배려하게 되고, 우리가 보다 명확하고 효과적으로 대응할 기회도 더 많아진다. 내가 상대방이 무슨 말을 할지, 무슨 생각을 하는지 다 안다고 생각했을 때, 대화가 좋게 끝난 적이 단 한 번도 없었다. 나는 결국 사과해야 했다. 야고보 사도가 말하기를 더디 하라고 권면한 데는 분명한 이유가 있다.^{약 1:19} 말하기를 더디 하는 것은 이웃을 내 몸처럼 사랑하는 행위다.

말하기를 더디 하는 것의 또 다른 측면은 아예 침묵하는 것이 나은지 분별하는 것이다. 모든 진술이나 사건에 대해 우리가 직접적으로 반응해야 하는 것은 아니다. 우리가 참여해야 하는 상황인지, 아니면 더 깊이 생각하고 기도해야 하는 상황인지 분별력을 달라고 주님께 구해야 한다. 맡은 역할과 소명에 따라서는 목소리를 내지 않는 것이 무책임한 일일 때도 분명히 있다. 그러나 대부분의 사람에게는 기다리며 기도하는 것이 최선의 선택일 수 있다.

나를 점검하고 지원해 줄 실질적 관계를 찾으라

나는 고립된 섬처럼 혼자 존재하지 않는다. 내 신앙과 사역을 혼자서 감당하려 하지 않는다. 나는 사람들과 정기적으로 만나는 지역 교회에 속해 있다. 동료들이 나를 점검해 주고 지지해 주는 단체에 속해 있다. 남편은 친구이자 사역을 상호 점검하는 동역자다. 나는 주위 문화에 참여하면서 나를 도울 수 있고 실제로 돕는 이들과 삶을 나눈다.

우리 문화에서는 많은 사람이 개인주의와 고립의 방식을 택해 살아간다. 그러나 나는 나를 점검해 주고 지지해 주는 공동체의 일원이 되지 않고서는 제대로 기능할 수 없음을 알게 되었다. 나를 점검해 줄 이들이 없다면, 나는 하나님이 부르신 사명을 쉽사리 잊거나 무익하고 경건하지 못한 관계의 덫에 빠질 수 있다. 동료의 지원이 없으면 냉소적이고 절망하는 사람이 되어 버리기 십상이다. 다른 사람들과 연결되어 있는 상황이 내 소명감을 강화하고, 내가 결국 하나님 앞에서 책임을 져야 한다는 사실과 하나님의 깊은 사랑을 받고 있다는 사실을 기억하도록 돕는다.

지역 교회에 속하는 것은 이웃 사랑과 세상 문화 한복판에서 그리스도인답게 사는 일이 일상의 자리에서 시작된다는 사실을 기억하는 데 특히 도움이 된다. 어려운 주제들을 자주 다루는 사람에게는 문화 전쟁 너머의 삶이 존재한다는 사실이 큰 활력소가 된다.

진정한 화해를 위해서는 미안하다는 말이나 심지어 "우리 그냥 다 같이 잘 지낼 수는 없나요?"라는 말까지 넘어서는 노력이 필요하다. 화해를 이루려면 자아를 죽이고, 무관심에 저항하며, 어디에서 구체적인 배상과 회복이 이루어져야 하는지 살피고, 약함을 드러내는 관계를 추구해야 한다. 화해자가 된다는 것은 종종 고통스럽고 값비싼 방식으로 은혜를 베풀고 다른 사람들에게 자신을 개방하는 것을 뜻한다.

화해는 쉽지 않다. 금세 이루어지지도 않는다. 사람들 사이에서 화해를 이루시려는 하나님의 사역은 우리의 참여뿐 아니라 인내도 요구할 것이다. 완전한 화해는 예수님이 다시 오셔야만 완성되겠지만, 화해를 위한 노력은 결국 그만한 가치가 있을 것이다. 예수님이 가져오시는 최종적 화해는 너무나 놀랍고 영광스러워서 그 앞에서는 우리의 노고와 갈망에 따르는 고통과 고생이 지나가는 그림자처럼 사소하게 보일 것이다. 우리는 이 소망을 품고 부름받은 대로 화해자로서 세상의 균열을 마주할 수 있다.

상처 입은 치유자로서, 이 땅에 '샬롬의 질서'를 일구다

평화를 이루는 자로 섬기기 

Peacemaker

클로드 리처드 알렉산더 주니어 ∘ Claude Richard Alexander Jr.

노스캐롤라이나 샬롯 파크교회(The Park Church) 담임목사 평화를 이루는 사람은 복이 있다.

하나님이 그들을 자기의 자녀라고 부르실 것이다.

○ 마태복음 5장 9절, 새번역

어린 시절 주일학교에 다닐 때, 선생님은 반 친구들과 내게 성경 구절을 암송하라고 하셨다. 처음에는 한 절씩 외우다가, 시간이 흐르면서 여러 절을 넘어 문단 전체를 암송하기에 이르렀다. 그렇게 외운 구절 중에 시편 23편과 100편, 주기도문, 팔복이 있었다. 이후 인생을 살아오면서 나는 이 성경 말씀 하나하나에서 격려를 받고 영감을 얻고 죄를 깨달으며 도전을 받았다. 그중에서도 지난 10년 동안 내게 가장 큰 도전을 준 말씀은 바로 팔복이었다.

팔복이 주는 도전

마태복음 5장에서 예수님은 그분을 따르는 모든 이에게 기대하시는 인격적 특성을 제시하신다. 그분을 따르는 이들이 특정한 성품을 드러낼 때 복이 임한다는 것이다. 처음 네 가지 특성인 심령의 가난함, 애통함, 온유함, 의에 주리고 목마름에는 자신의 결핍을 인정하는 태도가 담겨 있다. 그리고 이들에게는 하나님 나라의 복이 약속되어 있다. 즉, 하나님 나라를 소유하고, 당면한 문제를 해결하도록 곁에서 도우시는 하나님의 위로를 받으며, 땅을 기업으로 받고, 하나님으로 인해 배부르게 되는 복이다.

이어서 예수님은 이렇듯 하나님으로 충만해진 삶에서 흘러나오는 특성들을 설명하시는데, 바로 긍휼히 여기는 마음과 청결한 마음이다. 여기에는 각각 긍휼히 여김을 받고, 하나님을 보는 복이 약속되어 있다. 그리고 마지막 축복이 하나 더 남아 있다. 하나님의 자녀라 불리게 되는 이 복은 바로 평화를 이루는 자^{peacemaker; 화평하게 하는 자}에게 주어진다.

예수님은 평화에 관한 두 가지 강력한 개념적 이해에 근거해 말씀하신다. 평화^{peace}에 해당하는 구약 성경의 히브리어 단어는 "샬롬"이다.[1] 샬롬은 온전함, 안녕^{well-being}, 선하고 긍정적인 것의 현존을 의미하며, 만족을 선사하는 풍성한 삶을 암시한다. 평화에 해당하는 신약 성경의 헬라어 단어는 "에이레네"다.[2] 이 단어 역시 모든 종류의 악과 반대되는 안녕의 개념을 가리키고, 동요 없는 안식의 상태를 뜻한다.

이러한 안녕, 곧 안식과 온전함의 상태는 평화의 근원이신 하나님으로부터 온다. 절대적이고 영원하신 하나님은 스스로 온전하시며 평온하시다. 처음에 창조 세계는 하나님의 온전함과 안녕을 반영했다. 모든 것이 그 자체로 선했다. 자연계는 평온했고, 인류도 안식했다. 아담과 하와는 자기 내면은 물론, 서로 간에도, 하나님과도 깊은 안식을 누리고 있었다.

온전함과 안녕을 누리던 이 본질적 상태는 타락으로 깨어졌다. 타락과 더불어 불안, 곧 안식 없음이 창조 세계의 모든 차원에 들어왔다. 하지만 하나님은 친히 평화를 유지하셨고, 피조 세계 안에서 평화가 이루어질 수단을 가동하셨다. 사사기 6장 23-24절에서 하나님은 기드온에게 평화를 말씀하셨는데, 기드온은 그 말씀에 따라 제단을 쌓고 거기에 '주님은 평화이시다'라는 뜻의 "여호와 샬롬"이라는 이름을 붙였다. 고라의 자손들은 시편 85편 8절에서 하나님의 평화를 증언하며 이렇게 말했다. "내가 하나님 여호와께서 하실 말씀을 들으리니 무릇 그의 백성, 그의 성도들에게 화평〔평화〕을 말씀하실 것이라."

이 하나님의 평화는 그 무엇으로도 꺾을 수 없고 모든 것을 압도한다. 바울은 하나님의 평화가 모든 지각understanding을 뛰어넘는다고 말한다.빌 4:7 이것은 도저히 짐작할 수도, 상상할 수도, 설명할 수도 없는 참담한 현실 한복판에서 누리는 안녕이다. 이것은 H. G. 스패포드Spafford가 선박 사고로 목숨을 잃은 네 딸의 시신을 거두러 대서양을 건너가는 도중에 다음과 같은 가사를 쓰게 만든 마음의 상태였다. "내 평생에 가는 길 순탄하여 늘 잔잔한 강 같든지 큰 풍파로 무섭고 어렵든지 나의 영혼은 늘 편하다. 내 영혼 평안해 내 영혼 내 영혼 평안해."[3] 그는 하나님의 평화 안에 있었다.

하지만 예수님은 "평화를 받는 자들이 복이 있다"라고 말씀하시지 않았다. "평화를 사랑하는 자들이 복이 있다"라고 말씀하시지도 않았다. 우리와 평화를 이루시고 우리 안에 평화를 일구시는 하나님을 경험했다면, 이제 평화를 이루는 자가 되라는 부름에 응답할 차례다.

예수님이 팔복을 말씀하신 순서에서도 평화를 이루는 일의 중요성을 볼 수 있다. 우리가 온유하지 않다면 결코 평화를 이루는 책임을 지려 하지 않을 것이다. 자신을 평화를 이루는 주체가 아닌, 평화가 이루어져야 할 대상으로 여기게 될 것이다. 평화가 나를 통해 만들어지는 것이 아니라, 나를 위해 주어지기만을 기대할 것이다. 그러나 하나님 앞에서 겸손히 자신을 낮추고, 우리를 자신과 화해시키신 하나님의 자비로운 손길을 깨닫는다면 이야기는 달라진다. 그때 비로소 우리는 책임을 통감하며, 앞장서서 평화를 가져오고 다른 이들과 평화를 이루려는 의지를 갖게 된다.

평화를 이루는 자들을 위한 복은 팔복 중 일곱 번째다. 일곱은 성경에서 완전을 상징하는 숫자다. 예수님이 이 복을 일곱 번째에 두신 것은, 평화를 이루는 일에 적극적으로 뛰어들기 전까지는 그리스도인의 삶이 아직 완성되지 않았음을 시사하신 것이 아닐까? 신자의 온전한 삶은 그가 무엇을 만들어 내고 어떤 일을 일어나게 하는가로 증명된다. 그리스도를 따르는 이들은 단순히 혜택을 소비하는 자가 아니라 기여하는 자로 부름받았다. 그들의 정체성은 그들을 위해 차려진 식탁이 아니라, 그들이 직접 일구어 낸 열매로 정의된다.

이는 특히 평화의 영역에서 더욱 그러하다. 하나님은 그분의 백성에게 평화를 이루는 자가 되라고 끊임없이 촉구하신다. 시편 34편 14절에는 이런 권고가 등장한다. "악을 버리고 선을 행하며 화평을 찾아 따를지어다." 예레미야 29장 7절에서 주님은 바벨론의 유배자들에게 이렇게 말씀하셨다. "너희는 내가 사로잡혀 가게 한 그 성읍의 평안^{peace}을 구하〔라〕."

평화를 이루라는 개별적 부름은 평화를 이룰 책임을 받아들이라는 의미다. 평화가 나타나고 느껴지게 할 책임이 있는 존재로 자신을 인식하라는 뜻이다. 온전함과 행복을 낳는 방식으로 살고 사람들과 어울리라는 명령을 받아들이라는 것이다.

그러므로 평화를 이루라는 부름은 주도적으로 나서라는 부름이기도 하다. 그리스도를 따르는 제자는 평화가 이루어지기만을 기다려서는 안 된다. 우리는 평화를 이루기 위해 힘써야 한다. '평화를 이루는 자^{peacemaker}'라는 단어는 문자적으로 '평화를 가져오는 사람'을 뜻한다. 평화를 이루는 자가 되려면 평화를 세우기 위한 첫걸음을 기꺼이 내디뎌야 한다는 의미다.

평화는 문제 회피가 아니다

소음, 다툼, 혼란, 불안, 폭력, 걱정을 특징으로 하는 사회에서 평화를 이루라는 부름은 문화적 평화를 이루라는 부름이기도 하다. 그리스도를 따르는 자들은 내면의 평화가 외부 환경에 스며들어 영향을 미치게 하고, 하나님의 평화를 다른 사람들에게 의도적으로 투영하고 전달해야 한다. 아우슈비츠에서 숨진 네덜란드 작가 에티 힐레숨^{Etty Hillesum}이 쓴 대로, "결국 우리의 도덕적 의무는 하나뿐이다. 우리 안의 넓은 영역에 점점 더 많은 평화를 되찾고, 그것을 타인에게 비추는 것이다. 우리 안에 평화가 많을수록 어지러운 이 세상에도 더 많은 평화가 깃들 것이다."[4]

히브리서 12장 14절은 "모든 사람과 더불어 화평함과 거룩함을 따르라"고 권하면서 "이것이 없이는 아무도 주를 보지 못하리라"라고 말한다. 우리는 사냥감을 뒤쫓듯이 평화를 뒤쫓아야 한다. 이 일에는 수고와 노력이 든다. 이는 나와 이웃의 관계, 나아가 다른 사람들 사이의 관계를 올바르게 세우는 일이다. 그리고 사람들이 나와 떨어져 있을 때보다 내 곁에 있을 때 더 깊은 안식과 평안을 느낄 수 있도록 살아가는 것을 의미한다.

평화를 이루라는 부름은 문제를 회피하라는 뜻이 아니라, 직시하고 다루며 극복하라는 의미다. 이 부름은 안녕의 결여, 불안과 불편함 배후에 있는 세력과 요소를 해결하라고 요구한다. 평화를 이루는 일과 정의의 추구는 긴밀하게 얽혀 있다. 불평등과 불공평은 공동체는 물론이고 국가들마저 갈등과 적의, 폭력에 휩싸이게 만든다.

그러므로 평화를 가져오는 이들은 불평등, 불공평, 불의의 문제를 외면할 수 없다. 이는 교육, 주거, 취업에서 평등을 보장하기 위해 분쟁의 현장에 뛰어드는 것이다. 그뿐만 아니라 공권력의 불공평한 대우와 과도한 무력행사에 맞서 연대하는 것이다. 이는 모든 사람 안에 있는 하나님의 형상의 존엄을 내세우고, 모든 사람이 법 앞에서 평등한 대우를 받아야 한다고 주장하며, 누구에게 자행된 잘못이든 바로잡고자 애쓰는 일이다.

평화를 이루는 일은 반문화적이기도 하다. 경쟁이 지배하는 세상에서 예수님은 그분을 따르는 자들에게 협력하며 살라고 말씀하신다. 유진 피터슨은 메시지 성경에서 마태복음 5장 9절을 이렇게 번역한다. "경쟁하거나 다투는 대신에 협력하는 모습을 보여 주는 너희는 복이 있다." 예수님은 로마의 점령 아래에서 소외와 억압을 경험하던 이들에게 이 말씀을 하셨다. 당시 상황에서 이 말씀은 놀라운 것이었으며, 지금도 마찬가지다.

하지만 평화를 이루는 일이 개인이나 문화 사이에서만 나타나는 것은 아니다. 평화를 이루는 것은 내적인 일이기도 하다. 우리가 자신과 화해하지 못하면 타인을 받아들일 수가 없다. 그러므로 평화를 이루려면 해결되지 않은 채 우리 내면에 남아 있는 문제들을 예리하게 파악해야 한다. 그래야 상처를 극복하고 다른 이들에게 온전함을 제시하며 함께 세워 나갈 수 있다. 우리가 평화를 이루어야 할 첫 번째 상대는 바로 우리 자신이다. 그러고 나서야 다른 사람들과 평화를 이룰 수 있다.

—— 내 안의 상처를 치유하고 평화를 회복하는 여정들

이것은 내 인생에서 줄곧 어려운 과제였다. 1970년에 나는 미시시피주 잭슨의 초등학교 2학년 학생이었는데, 당시 그곳에서는 인종 차별이 여전히 아주 심각한 문제였다. 엄마와 나는 1969년에 워싱턴 D. C.에서 잭슨으로 이사를 했다. 엄마는 거기서 한 남자를 만나 재혼을 하고 함께 나를 키우셨다. 부모님은 인종 차별 철폐 과정에서 빚어지는 갈등을 피하고 가톨릭 학교의 우수한 프로그램을 활용하기 위해 나를 그곳에 보내셨다. 나는 학급에서 유일한 유색인이었다.

그곳에서 나는 처음으로 "N-word"〔흑인을 비하하는 극심한 멸칭 'Nigger'를 직접 언급하지 않기 위해 쓰는 완곡어법〕라는 말을 들었다. 나는 아예 그 단어를 알지 못했고 무슨 뜻인지도 몰랐다. 그저 그 말을 내뱉은 같은 반 아이의 말투가 몹시 모욕적이었고, 곁에 있던 다른 백인 아이들이 웃음을 터뜨렸다는 것만 알 수 있었다. 상처를 입었다는 말로는 그때의 심경을 표현하기에 턱없이 부족하다. 엄청난 고립감과 아픔, 당혹감, 배신감이 한꺼번에 덮쳤다. 그날 그 일을 겪기 전까지만 해도 나는 그 말을 한 아이를 반 친구라고 생각했기 때문이다. 집에 돌아와 그날 일을 엄마에게 말했을 때 엄마 얼굴에 스치던 분노와 슬픔, 당혹감이 뒤섞인 표정을 잊을 수가 없다.

엄마가 그때까지 애써 막아 주려 하셨던 인종 차별은 내가 언젠가는 직면해야 할 일이었다. 엄마는 문제의 그 용어와 그 이면의 가혹한 현실을 어떻게 설명해야 내 고통을 달래고, 자긍심을 키워 주며, 포기하지 않을 용기를 주고, 내 안의 분노를 진정시킬 수 있을지 깊이 고민하셨다. 그리고 그 아이는 그 말의 의미도 모른 채 어른들의 말을 그저 흉내 냈을 것이라며 아이의 순수함을 지켜 주려 애쓰셨다.

엄마는 인종 차별은 내 문제가 아니라 그런 편견을 가진 사람들의 문제라고 설명해 주셨고, 마틴 루터 킹 주니어에 대한 글을 읽어 주셨다. 엄마의 답변은 참으로 지혜로웠지만, 그 말에 내 고통과 분노가 다 사라졌다고는 말할 수 없다. 나는 나 자신의 본질적 가치를 지켜 내기 위해, 그리고 나를 비웃던 아이들을 긍정적으로 바라보기 위해 내면에서 치열하게 싸워야 했다.

나는 인종 차별과 적대적 환경 속에서 유일한 유색인으로 지내는 일의 파괴적인 영향에 눈을 떴다. 고작 일곱 살의 나이에 공부에 대한 고민뿐만 아니라 정서적·심리적으로 살아남을 전략을 찾아야 했다. 그중 하나는 적극적 상상이었다. 나는 반 아이들이 만화영화 〈조니 퀘스트 Johnny Quest〉를 좋아한다는 사실에 주목했다. 주인공 조니의 절친은 하지였는데, 만화에서는 보기 드문 유색인 캐릭터였다. 일곱 살의 내 눈에 하지는 인도인이 아니라 나와 같은 유색인이었다. 그래서 반 아이들에게 하지가 내 사촌이라고 말했다. 그러자 아이들은 나를 즉시 자기네 무리에 받아들였다.

하지와 가까우면 받아들여진다는 사실은 은밀하면서도 강력한 메시지였다. 하지는 평범한 유색인이 아니라, 일종의 특별한 유색인이라고 할 수 있었다. 그리고 내가 받아들여진 것은 그 특별한 유색인과 가깝기 때문이었다. 오늘날에도 많은 유색인, 특히 아프리카계 미국인들이 이와 비슷한 압박을 받고 있다. 그저 동등하게 대우받기 위해서조차 남들보다 훨씬 탁월하고 예외적인 존재가 되어야 한다는 부담 말이다.

나는 그해를 잘 견뎌 냈고, 흑인 학생이 많은 가톨릭 초등학교로 전학했다. 그 후에는 여러 인종이 섞인 가톨릭 중학교와 고등학교에 진학했다. 고등학교에서 나는 초등학교 2학년 때의 그 아이를 다시 만났다. 우리 둘 다 그 사건을 언급하지 않았지만, 나는 그 일을 생생히 기억하고 있었다. 그러나 당시 그가 자기 행동의 의미를 몰랐을 거라고 생각하고 나 자신의 본질적인 존엄과 가치를 스스로 인정한 터였기에 우리는 원만한 관계를 유지할 수 있었다. 나중에 나는 그 친구와, 그 사건 당시 그의 말에 웃었던 많은 아이들의 지지를 받아 유색인 최초로 학생회 부회장에 당선되기도 했다.

상처를 치유하고 극복했던 또 하나의 경험은 친아버지와의 관계에서 일어난 일이다. 이는 수년간 이어진 긴 과정이었다. 친부모님은 내가 두 살 때 이혼하셨고, 내 유년 시절의 아버지는 아주 먼 존재였다. 10대가 되자 아버지의 지원이 전혀 없다는 것에 의구심이 들기 시작했다. 친할머니와 고모는 그래도 때때로 소식을 전하거나 생일이나 크리스마스 때 카드를 보내오곤 하셨는데, 아버지에게서는 아무 연락이 없었다.

당시에 아버지는 워싱턴 D. C. 근교의 방위 산업체에서 기술문서를 작성하는 전문가^{Technical Writer}로 일하며 안정적인 수입을 얻고 있었다. 결국 나는 어머니를 설득해 양육비 청구 소송을 제기했다. 돈이 필요해서가 아니라 내게 그것은 원칙의 문제였다. 나는 아버지의 하나뿐인 자녀였기 때문이다. 법적 절차에 따라 나는 1979년 여름, 심리를 위해 법정에 서야 했다. 당시 나는 열다섯 살이었고, 고등학교 2학년의 시작을 앞두고 있었다. 심리가 있던 날, 법정 밖 복도에서 아버지와 불과 한 발짝 거리를 두고 서게 되었다. 하지만 아버지는 나를 알아보지 못하셨다.

아버지와 내가 마지막으로 본 지 2년밖에 되지 않았고 그동안 나의 외모에는 큰 변화가 없었다. 심리가 진행되는 동안 나는 이 상황이 비현실적이라는 생각에 멍하게 앉아 있었다. 나에게 이름을 물려준 친아버지가 나를 알아보지 못할뿐더러 아들에게 그 어떤 지원도 하지 않으려 완강히 버티고 있다는 사실이 믿기지 않았다.

결국 그 소송으로 얻은 실질적인 성과는 아무것도 없었다. 그 후 1년간 나는 자살을 생각할 정도로 극심한 우울증에 시달렸다. 아버지에게 내 고통을 호소하는 편지도 보냈다. 하지만 끝내 답장은 없었다.

이 시기에 하나님은 내게 목회의 소명을 보여 주셨다. 다행히 고등학교 영어 선생님과 교회 담임목사님, 목사의 길을 걷고 있던 두 삼촌이 나를 도와주셨다. 그들은 내가 하나님의 음성을 분별하도록 이끌어 주었고, 그 과정에서 하나님의 사랑과 돌봄, 그리고 나를 향한 목적을 생생하게 만날 수 있었다.

1982년 여름, 워싱턴에서 의회 인턴으로 일할 때 친할머니가 점심 식사를 같이 하자고 연락하셨다. 그 자리에서 할머니는 아버지가 재혼을 하셨다는 소식과 함께, 할머니와 아버지는 내가 그 새로운 가족을 만났으면 한다고 전하셨다. 아버지가 재혼하기 전에 내게 연락 한 번 없었다는 사실, 그리고 이 일을 내게 직접 말할 용기조차 없었다는 사실에 충격과 분노, 슬픔이 한꺼번에 밀려왔다. 다음 날 저녁에 그들을 만나기로 약속했지만 밤새도록 그리고 다음 날까지 내면의 전쟁이 이어졌다. '가야 하나 말아야 하나, 공격적으로 대해야 하나 부드럽게 나가야 하나.' 양극단의 생각들이 열여덟 살의 내 머릿속을 바쁘게 오가며 충돌했다.

그런데 그날 저녁, 할머니 댁으로 차를 몰고 가는데 자연적인 현상으로는 설명할 수 없는, 그야말로 초자연적인 일이 일어났다. 갑자기 평온함이 찾아온 것이다. 할머니 댁에 들어서자 긴장된 미소를 띤 아름다운 여인이 나를 맞이했다. 아버지의 새 아내였다. 그녀와 나는 즉시 마음이 통했다. 그녀는 유쾌하고 낙천적인 사람이었다. 그녀는 자신의 세 자녀를 소개했는데, 그들과도 곧 유대감을 쌓게 되었다. 이후 8년 동안 이 새 가족은 나와 친아버지 사이를 이어 주는 다리가 되어 관계를 회복시켜 주었다. 이 화해는 훗날 아버지가 결국 이 새 아내와 헤어지고 건강이 악화되었을 때 아주 중요한 역할을 하게 되었다. 아버지는 2008년 샬롯으로 이사하여 2013년 7월 세상을 떠나기 전까지 그곳에서 지내셨다.

이외에도 상처를 극복하고 평화를 이루도록 나를 단련시킨 경험은 수없이 많다. 이루 헤아릴 수 없을 만큼 많은 노골적이고 은근한 인종 차별이 나와 내 사랑하는 이들을 괴롭혔다. 지금도 상점에 가면 여전히 보안 요원이 내 뒤를 따라다니고, 리조트에 머물 때는 백인 투숙객들이 나를 고용된 잡역부로 오해하곤 한다. 이런 경험이 미국에서만 있는 일이면 좋겠지만 안타깝게도 현실은 그렇지 않다.

최근에 런던을 경유할 때 나는 최상위 등급 우수 회원 자격으로 항공사 라운지를 방문했다. 항공사 회원 카드와 여권, 전자 탑승권을 모두 보여 준 뒤 종이 탑승권을 요청했다. 특별할 것 없는, 늘 해 오던 일상적인 요구였다. 하지만 돌아온 반응은 흡사 취조와 같았다. 어디서 왔느냐, 이용한 교통수단은 어떤 것이냐, 무슨 일을 하느냐, 어디서 일하느냐, 상급자는 누구냐, 직속 하급자는 누구냐……

그곳에서 체크인을 하며 종이 탑승권을 요구한 사람들 중 나와 같은 질문을 받은 사례는 없었다. 나는 평정심을 유지하며 서류를 챙겨 라운지 빈자리에 앉았다. 자리에 앉자 한 가지 의문이 머릿속을 떠나지 않았다. '아프리카와 카리브 제도 외에, 내가 흑인이라는 이유로 멸시받지 않고 한 인간으로 존중받을 수 있는 곳이 과연 있을까?'

만약 예수 그리스도의 복음이 없었다면, 나는 끓어오르는 분노를 이기지 못하고 극단주의에 빠져 버렸을지도 모른다. 이 모든 상황을 되짚어 볼 때, 상처를 극복하고 평화를 이루는 일은 그리스도와의 초자연적인 만남 없이는 불가능함이 분명해진다. 상처받았을 때의 본능적인 반응은 똑같이 되갚아 주는 것이다. 공격하거나 아예 관계를 끊어 버림으로써 자신을 보호하려 드는 것이 인간의 자연스러운 모습이다. 나를 아프게 한 사람의 안녕과 행복을 진심으로 바라는 것은 인간의 직관에 어긋나는 일이다.

원한의 굴레를 벗어던지고 보복하려는 마음을 물리치려면 도덕적 용기와 영적 힘이 필요하다. 나는 그리스도와의 관계에 힘입어 상처와 슬픔, 분노를 극복할 수 있었다. 그리스도를 힘입어 원한에 사로잡히지 않고 선을 적극적으로 추구하며 평화를 가져올 수 있었다. 그리스도께서 '우리의 질고를 지고 우리의 슬픔을 당하셨다'사 53:4는 계시는 내 마음과 지성과 영혼을 치유하는 거룩한 연고가 되었다. 나를 향한 그분의 사랑이 나를 사로잡아 샬롯시와 이 세상에서 평화를 이루는 일에 헌신하도록 강권한다.

평화를 가져오라는 도전에 응답하는 이에게는 "하나님의 자녀라 일컬음을 받[을 것]"요일 3:1이라는 약속이 있다. 여기서 일컬음을 받는다는 말은 그렇게 인정받고 인식된다는 뜻이다. 평화를 이루는 자는 하나님의 자녀로 인정받게 될 것이다. 자녀는 외모와 태도로 부모의 모습을 반영한다. 2017년 11월, 얼굴 인식Face ID 기능을 갖춘 엄마의 아이폰 X를 자기 얼굴로 잠금 해제하는 열 살배기 소년의 영상에 전 세계가 매료되었다. 이 소년이 엄마와 너무 닮아서 아이폰이 엄마로 인식했던 것이다. 하나님은 세상이 우리의 모습에서 하나님을 볼 수 있을 정도로 우리가 그분을 닮기 원하신다.

우리는 교회의 예배를 통해서만 하나님을 비추는 것이 아니다. 예배는 하나님의 피조물이 그분께 반응하는 활동이다. 우리는 하나님이 추구하시는 일들을 함께 추구하고, 이 세상에 하나님의 성품을 보여 줌으로써 그분을 반영한다. 평화를 가져오고 이루는 것은 성부 하나님의 본성과 성품을 드러내고 반영하는 일이다.

에델 랜스Ethel Lance의 딸이자 마이러 톰슨Myra Thompson의 동생인 나딘 콜리어Nadine Collier가 자신의 어머니와 친언니를 살해한 딜런 루프Dylann Roof(2015년, 찰스턴의 흑인 교회에서 총기를 난사해 아홉 명을 살해한 백인 우월주의자. 범행 당시 21세였으며, 사형 선고를 받았다-옮긴이)에게 용서를 베풀고 사우스캐롤라이나 찰스턴에 평화를 가져왔을 때 바로 이런 일이 일어났다.[5]

노골적인 인종 차별적 동기로 범죄를 저지른 루프 때문에 찰스턴시뿐 아니라 나라 전체가 공황 상태에 빠졌으나, 루프로 인해 가장 참혹한 상실을 경험한 이들 희생자 가족과 여러 사람들은 분노로 적대감을 불러일으키는 대신 용서를 통해 평화를 이루는 쪽을 선택했다. 그들의 행동은 하나님의 본성과 성품을 반영한 것이었으며, 그들은 하나님의 자녀로 인정받았다.

하나님은 친히 평화를 이루신다. 평화를 이루는 자 안에서 자신의 모습을 보시기 때문이다. 하나님은 평화의 하나님이시다. 평화는 하나님에게서 나온다. 그리고 평화를 이루는 자들 안에서 하나님은 그분의 아들, 곧 성부의 독생자의 모습을 보신다. 이사야가 예언했던 분을 보신다. "한 아기가 우리를 위해 태어났다. 우리가 한 아들을 모셨다. 그는 우리의 통치자가 될 것이다. 그의 이름은 '놀라우신 조언자', '전능하신 하나님', '영존하시는 아버지', '평화의 왕'이라고 불릴 것이다. 그의 왕권은 점점 더 커지고 나라의 평화도 끝없이 이어질 것이다. 그가 다윗의 보좌와 왕국 위에 앉아서, 이제부터 영원히, 공평과 정의로 그 나라를 굳게 세울 것이다."사 9:6-7, 새번역

예수님이 가져오신 평화는 여러 형태로 나타났다. 예수님은 환경적 평화를 가져오셨다. 마가복음 4장 39절에서 바다에 폭풍이 몰아쳐 제자들의 목숨을 위협하자 예수님은 잠에서 깨어나 바람과 파도를 향해 말씀하셨다. "잠잠하라 Peace! 고요하라!" 예수님은 실존적 평화도 가져오셨다. 마가복음 5장 1-15절에서 예수님은 수많은 귀신에게 괴롭힘을 당하며 자기 자신과 불화하고 지역 사회와 마찰을 빚고 자신과 사회를 모두 파괴하고 있던 남자를 만나셨다. 예수님이 그에게서 귀신들을 쫓아내시자 그는 "옷을 입고 정신이

온전[한]" 상태로 편안하고 안연히 앉아 있게 되었다.

예수님은 이 평화를 가리켜 예수님의 평화라고 말씀하셨다. 불안해하는 제자들이 모인 방에서 예수님은 말씀하셨다. "나는 평화를 너희에게 남겨 준다. 나는 내 평화를 너희에게 준다. 내가 너희에게 주는 평화는 세상이 주는 것과 같지 않다. 너희는 마음에 근심하지 말고, 두려워하지도 말아라."요 14:27, 새번역 나중에 예수님은 이렇게도 말씀하셨다. "내가 이것을 너희에게 말한 것은, 너희가 내 안에서 평화를 얻게 하려는 것이다. 너희는 세상에서 환난을 당할 것이다. 그러나 용기를 내어라. 내가 세상을 이겼다."요 16:33, 새번역

무엇보다 예수님은 영원한 평화를 가져오셨다. 우리는 그분의 죽음과 부활을 통해 로마서 5장 1-2절의 확신을 얻는다. "그러므로 우리는 믿음으로 의롭다 하심을 받았으므로, 우리 주 예수 그리스도로 말미암아 하나님과 더불어 평화를 누리고 있습니다. 우리는 또한, 그리스도로 말미암아 지금 서 있는 이 은혜의 자리에 〔믿음으로〕 나아오게 되었으며."새번역

그리스도를 통해 당신과 나는 평화를 이루라는 부름에 귀를 기울일 수 있다. 바울은 에베소서에서 우리가 평화를 이룰 수 있는 근거와 그에 대한 영광스러운 약속을 제시한다.

예수님은 우리의 평화가 되시는 분이십니다. 그분은 유대인과 이방인을 갈라놓은 담을 헐어서 둘이 하나가 되게 하셨습니다. 그들을 원수로 만들었던 계명의 율법을 예수님이 자신의 육체적인 죽음으로 폐지하신 것은 유대인과 이방인을 자기 안에서 하나의

새로운 백성으로 만들어 화목하게 하고 또 십자가로 그들의 적개심을 죽이고 둘을 한 몸으로 만들어 하나님과 화해시키기 위한 것입니다. 그래서 예수님은 오셔서 여러분과 같이 하나님을 멀리 떠나 있던 이방인이나 하나님과 가까이 있던 유대인들에게 평화의 기쁜 소식을 전하셨습니다. 그래서 이방인이나 유대인이 모두 그리스도를 통해 한 성령님 안에서 아버지께로 나아갈 수 있게 된 것입니다.

∘ 에베소서 2장 14-18절, 현대인의 성경

그러므로 우리는 평화를 이루는 일에서 확신을 가지고 우리 주님을 따를 수 있다.

겸손과 인내와 관용으로,
한 번에 한 걸음씩

✧ 팀 켈러 × 존 이나주

프롤로그에서 밝힌 대로, 우리는 공동선에 대한 공통적인 이해가 결여된 문화에서 살아간다. 우리의 사회적·종교적·정치적 의견 차이의 밑바탕에는 도덕적 권위와 인간 본성에 대한 상이한 이해, 나아가 실재에 대한 인식의 차이까지 깔려 있다. 그리고 지난 몇 세대가 보여 주었듯이, 이 차이는 실용주의적 혹은 합리주의적 호소로는 해결되지 않을 것이다. 무엇이 '실용적인가'는 우리가 좋은 삶을 어떻게 이해하느냐에 달려 있고, 무엇이 '합리적인가'는 진리와 이성의 본질이 무엇인지에 대해 우리가 이미 가지고 있는 생각에서 출발한다.[1]

이런 어려움은 갈수록 심화될 가능성이 크다. 종교적 다원주의의 확산, 불신자의 증가, 소득 불평등의 악화, 도시 및 기타 인구 과밀 지역으로의 이주로 인해 많은 이들이 일상생활에서 더 큰 차이들을 접하게 될 것이다. 그리고 어떤 이들은 자기만의 고립된 영역과 메아리방(echo chambers; 특정 관점이나 정보에만 반복적으로 노출되어 다른 목소리는 차단되고 기존 신념이 강화되는 폐쇄적 환경을 뜻한다)으로 더 깊숙이 물러날 것이다. 이런 문제는 온라인에서 특히 더 두드러진다. 의심 없이 받아들인 믿음을 강화하는 집단들, 우리의 정서적 전제를 이용하는 큐레이션 피드, 말 그대로 대체 현실(alternate realities)로 몰아넣는 이야기와 이미지들은 우리가 의식적으로 거리를 두지 않는 한 우리의 온라인 경험을 점점 더 지배하게 될 것이다.[2]

이런 문화적 맥락에서 미국의 일부 그리스도인들은 심각한 혼란을 겪고 있다. 몇 세기 동안 미국 사회는 사람들에게 교회에 출석하라는 사회적 압력을 가했고, 대체로 성경에 의해 형성된 도덕적 직관을 공유하고 있었다. 그러나 그런 사회는 빠르게 사라지고 있다. 이런 변화에는 긍정적인 측면도 있다. 미국의 기독교적 규범을 따르라는 사회적 압력은 대개 백인 중심의 규범을 뜻했기에, 인종적 불의와 다른 여러 불의를 방관하거나, 최악의 경우 강화하는 결과를 낳았다. 당연하게 여겨졌던 도덕적 합의가 무너지면서, 미국 교회의 중요한 맹점들을 직면하고 다룰 기회도 열리고 있다. 다른 한편으로 도덕과 종교에 대해 공유되던 가정들은 공통의 언어와 관행을 가능하게 했고, 그 덕분에 교회는 사회의 공동선을 위해 의미 있는 기여를 할 수 있었다. 그러나 공유된 규범이 부재한 상황에서는 그러한 방식의 기여는 앞으로 더 어려워질 것이다.

이런 당장의 현실과 다가올 현실 앞에서 그리스도인들은 예수 그리스도에 대한 확신과 소망을 가지고 세상 가운데서 살아가고 행동하도록 부름받고 있다. 우리는 우리에게 '미래와 소망'이 있음을 확신하며, 공동의 안녕을 위해 이웃 사랑을 실천한다(렘 29:7, 11). 의미 있게 복음을 증거할 기회는 오히려 늘어날 수도 있다. 교회는 사회를 지배하려 했을 때보다 오히려 정치적 권력이 없었을 때 더욱 신실하게 복음을 증언해 왔다.

세상 속에서 신실하게 현존하는 길

열 명의 그리스도인들에게 지금의 역사적 순간에 다양한 문화 영역에서 자신들의 신앙을 어떻게 구현하며 살고 있는지 이야기해 달라고 요청했을 때만 해도, 그들이 무슨 말을 할지 전혀 알지 못했다. 이제 그들이 말한 내용을 펼쳐 놓으니, 제임스 데이비슨 헌터가 촉구한 "신실한 현존"[3](faithful presence)을 떠올리게 하는 주제들이 보인다.

헌터는 신실한 현존의 의미를 이해하기 위해, 먼저 신실한 현존이 아닌 것이 무엇인지부터 설명하면서 교회가 문화를 대하는 세 가지 흔한 반응을 비판한다. 그는 그 세 가지 반응을 '방어적 대항'(정치나 기타 수단으로 사회에 대한 기독교적 지배력을 확보하려는 태도), '세상으로부터의 정결'(보호를 위해 격리된 구역으로 물러나는 것), 그리고 '적합성 추구'(환심을 사기 위해 문화의 우선순위와 가치에 순응하는 것)라고 부른다.[4] '방어적 대항'은 일종의 장악 전략이다. 이 전략은 문화를 비판할 줄은 알지만, 문화 속 선한 요소를 겸손하면서도 비판적으로

수용하는 법은 모른다. '세상으로부터의 정결' 전략은 거대 문화로부터
스스로를 고립시킨다. 두 전략 모두 역사적인 신앙과 실천을 일부
보존할지는 모르나, 사랑과 섬김의 자세로 세상에 다가가지는 못한다.
'적합성 추구' 전략은 사회적 조류에 과도하게 순응하느라, 문화의 본질과
그 문화와 복음 사이의 긴장 관계를 순진하게 간과한다. 헌터는 이러한
호전성, 고립, 타협의 접근법을 채택하는 교회는 "그 자체로 번영하지
못할 뿐 아니라 우리가 함께 영위하는 공동의 삶을 섬길 수도 없다"고
경고한다.[5]

그렇다면 이에 대응하는 신실한 현존의 적극적인 실천들은 무엇일까?
이 책의 각 장을 보면, 필자들이 우리 사회를 대하는 이 세 가지 잘못된
태도들을 피하고 있을 뿐 아니라 그에 대한 대안적 실천을 제시하고
있음을 알 수 있다. 신실한 현존은 실제로 어떤 모습일까? 해답의 실마리가
될 네 가지 실천 사항은 다음과 같다.

첫째, 그리스도인들은 자신을 특정한 정당이나 정치적 강령과 지나치게
동일시해서는 안 된다. 이는 민주당원이나 공화당원(또는 무소속이나 다른 정당의
당원)이 되는 것이 잘못이라는 뜻이 아니다. 세상 속에 산다는 것은 인간의
제도 안에서 살아가고 일하며 책임 있는 선택을 내리는 것을 포함한다.
그러나 그리스도인은 그리스도 안에서의 정체성보다 우위를 주장하는 그
어떤 정체성도 경계해야 한다. 크리스틴 디디 존슨은 아우구스티누스의
《하나님의 도성》의 내용을 빌려, 하나님 나라(천상의 도성)를 지상의 그 어떤
도성과도 동일시하지 말라고 경고한다. 크리스틴은 더 젊은 시절에는

자신의 "기독교적 확신과 정치적 확신이 …… 통합되지 않은 상태였다"고 인정한다. 그 두 확신이 "서로 완전히 분리된 채, 각기 다른 영향력에 의해 형성되어 있었다"고 진단한다.

크리스틴의 설명은 오늘날 많은 그리스도인들에게도 해당된다. 우리가 사는 문화는 점점 더 세속화되어, 초월에 대한 믿음을 아예 고려 대상에서 제외한 채 모든 행위를 "내재적 틀" 안에서만 찾으려 한다.[6] 좌파와 우파의 정치적 입장 모두, 인간을 타락했으나 구원받을 수 있는 '하나님의 형상을 입은 자들'로 보는 성경적 인간관에서 각기 다른 방식으로 이탈해 있다. 그러나 '적합성 추구' 접근법인 진보 정치나 '방어적 대항' 접근법인 보수 정치에 휩쓸리는 그리스도인들은 이 상황을 직시하지 못하거나, 자신의 정치적 견해가 성경적 신념으로부터 완전히 차단되어 있다는 사실을 깨닫지 못할 때가 많다. 이들의 정치관은 천상의 도성보다는 지상의 도성에 그 뿌리를 두고 있는 경우가 너무나 많기 때문이다.

이와 관련하여, 미국의 백인 기독교인들은 권력과 특권을 어느 정도 내려놓는 법에 익숙해져야 할 것이다. 톰 린이 쓴 글은 이 문제에 대한 유용한 시각을 제시한다. 아시아계 이민자의 자녀인 그는 어린 시절에 문화적 이질성을 겪으며 주류 미국 문화, 아시아 문화 그 어디에도 완전히 속하지 못한다고 느꼈다. 그러다 그는 모든 그리스도인이 모든 문화 속에서 '나그네 된 시민'(resident aliens)으로 살아가야 함을 깨닫게 되었다. 특별히 미국의 기성 백인 기독교인들은 미국 교회와 전 세계 교회의 젊은 유색인 기독교인들의 목소리를 통해 배워야 한다. 여기서 배움이란 주도권을 내려놓고 다른 이들의 인도를 기꺼이 따르는 자세를 의미한다. 이는 과거의 사역 모델이 늘 옳을 것이라는 전제를 버리고, 자원과 사역의 장을 공유하는 것을 뜻한다. 복음주의 문화의 일부 영역에서 이것은 오랫동안 유지되어 온 제도적 관습과 전제들을 재고하는 일이 될 것이다.

둘째, 그리스도인들은 사랑과 섬김의 자세로 지역 사회에 다가가야 한다. '방어적 대항' 전략이 잃어버린 권력을 되찾는 데 급급하다면 '세상으로부터의 정결' 전략은 비기독교 세계와의 지나친 접촉으로 인해 거룩함을 잃을까 봐 두려워한다. 반면에 이 책의 여러 사례는 지역 사회에 자신을 아낌없이 쏟아붓는 그리스도인들을 보여 준다. 세라 그로우브즈는 미네소타주 세인트폴의 '아트하우스 노스'가 어떻게 지역 사회 전체를 위한 예술 센터 역할을 하는지 소개한다. 이곳은 문화가 승패를 겨루는 전쟁터가 아니라 가꾸어야 할 정원이라는 마코 후지무라의 통찰을 몸소 구현한 공간이다. 이런 방식이 늘 쉽지만은 않을 것이다. 세상 속으로 들어가는 우리의 노력이 때로는 의심의 눈초리를 받을 수도 있다. 루디 카라스코가 사역하는 하람비선교회는 기독교 메시지를 경계하는 세속적인 지역 단체와, 사회 정의를 지향하는 하람비의 입장을 싫어하는 보수적 기독교 집단 양쪽 모두로부터 의심을 샀다. 그러나 남들의 의혹과 불신의 시선 때문에 우리가 부름받은 소명을 멈추거나 낙담해서는 안 된다.

셋째, 그리스도인들은 복음이 그와 대립하는 세상의 서사들과 실재관을 전복한다는 사실을 인식해야 한다. 헌터가 말했듯이, 사회적 적실성을 얻으려다 문화에 과도하게 순응하는 것에는 큰 위험이 따른다. 이런 일이 벌어지면, 예수님 안에 나타난 하나님의 무조건적 사랑이라는 복음은 개인의 자긍심을 돕기 위한 또 하나의 방편으로 전락하고 만다. 헌터는 이런 접근법이 결국 피상적이라고 지적한다. 성경이 말하는 세상 이야기와 실재에 대한 다른 설명들을 분간하지 못하기 때문이다. 정의에 관한 성경 구절들이 '정체성 정치'를 정당화하는 증거 본문으로 동원되면서, 예수를 따르는 자라는 우리의 일차적 정체성이 중심에서 밀려날 수 있다.

티시 해리슨 워런은 이를 잘 보여 주는 사례를 제시한다. 한 대학 측은 성경적 신앙 고백을 요구하는 모든 기독교 동아리가 '차별'을 행하고 있다고 선언하면서, 학교 측은 객관적이고 개방적이고 모든 견해를 포용한다고 주장했다. 티시는 진실과 긍휼의 태도로 글을 써서, 종교적 교리의 중요성을 부정하는 것 자체가 하나의 교리이며, 대학 측이 매우 특수한 진리관과 도덕적 가치를 강요하고 있음을 드러냈다. 종교 간의 '차이를 없애는 것'은 대학 측이 표방해 온 바로 그 '견고한 다원주의'(Robust Pluralism)를 정면으로 부정하는 일이었다.[7]

러크레이가 쓴 글은 그리스도인들이 복음을 대항 서사(counter-narrative)로 사용하여 공동체 내의 지배적 이야기를 해체하고, 인간의 가장 깊은 갈망을 채울 수 있는 방법을 설명한다. 그는 경찰이 흑인 청년에게 발포한 사건을 둘러싼 상충되는 이야기들을 요약한다. 하나의 서사는 도시 빈민가의 청년을 사회적 세력의 희생자로, 경찰을 악당으로 본다. 다른 서사는 둘의 역할을 뒤집어서 경찰을 상황의 피해자로, 흑인 청년을 악당으로 만든다. 러크레이는 다른 모든 이야기와 달리, 복음은 인간이 언제나 죄인인 동시에 하나님의 형상을 입은 존재임을 기억하게 한다고 답한다. 이런 사건의 당사자들은 대개 사회적 세력의 피해자인 동시에 잘못을 범한 죄인이기도 하다. 인간의 영웅적 면모와 악한 본성은 언제나 뒤섞여 있으며, 결코 순수하게 어느 한쪽뿐인 경우는 없다. 러크레이의 말처럼, "유일한 참된 영웅은 예수님이시며, 상한 마음을 회복시키고 죄로 부패한 사회 구조를 바로잡는 것은 오직 그분의 능력이다."

프롤로그에서 자세히 설명한 네 번째 실천 사항은 그리스도인들이 겸손과 인내와 관용으로 타인에게 손을 내밀어야 한다는 것이다. 셜리 훅스트라가 논쟁적인 정책 차이를 넘어 공통의 토대를 찾기 위한 다리 놓기를 다룬 글, 트릴리아 뉴벨이 화해를 다룬 글, 클로드 알렉산더 주니어가 평화를 이루는 노력을 다룬 글에 이 관계적 원리가 구현되어 있다. 불의에 공모한 자기 가문의 역사를 성찰하고 자신이 속한 정신의학계를 비판하는 워런 킹혼의 글에서도 이 원리들이 실행되는 것을 볼 수 있다. 비판에 열린 자세, 견해가 다른 사람들에 대한 사랑과 존중의 균형은 이 이야기들의 모든 페이지에서 빛을 발한다.

그리스도인들은 어떻게 차이를 넘어 손을 내밀까? 어떻게 하면 단순히 동화되지 않고 우리의 구별됨을 유지할까? 자기방어적으로 움츠러들지 않고 타인을 섬길 방법은 무엇일까? 우리는 이 책의 이야기들이 앞으로 나아갈 길을 보여 준다고 믿는다. 그 길은 그리스도 안에서 우리가 누구인지 알고, '모든 겸손과 온유로 하고 오래 참음으로 사랑 가운데서 서로 용납하며' 사는 것에서 시작된다(엡 4:2).

이 책이 세상에 나올 수 있도록 도움을 주신 많은 분에게 감사를 전한다. 무엇보다 먼저, 자신의 이야기와 시간을 내어 주고 우리를 믿어 준 열 명의 필자들에게 감사를 전한다. 보이드 보면, 조애나 크리스토펄, 앤디 크라우치, 크레이그 엘리스, 앨리슨 개스킨스, 존 헨드릭스, 매트 카일, 앤디 킴, 몰리 무어, 캐롤 쿤런, 세스 레이드, 알렉스 시머스, 앨리 스포스에게 감사한다. 팀의 에이전트 데이비드 맥코믹, 토머스넬슨 출판사 팀과 특히 우리 편집자인 웹스터 욘스에게 감사를 전한다. 리디머 시티투시티Redeemer City-to-City, 카버프로젝트, 세인트루이스의 워싱턴대학교에도 감사를 전한다. 이 책을 지지하고 격려해 준 가족들 캐시 켈러, 캐롤라인, 로렌, 해나, 샘 이나주에게도 감사를 전하고 싶다.

이 책을 존의 아버지, 윌리 이나주에게 바친다. 필자들이 모두 모여 이 프로젝트를 정식으로 시작하기 불과 몇 주 전, 윌리는 폐암 말기 진단을 받았다. 이 책이 집필되고 편집되는 기간에 그는 투병을 하다가 세상을 떠났다. 윌리는 자유인으로서 죽음을 맞이했다. 용기 있게 호스피스 돌봄을 선택함으로써 불필요한 고통에서 벗어났다. 1943년 만자나 포로수용소에서 포로로 태어났음에도 불구하고, 평생을 국가에 봉사하며 자유로운 시민으로 살았다. 그리고 내세에 대한 믿음이 있었기에, 죄책감과 회한 없이 떠났다.

프롤로그

1. 이 프롤로그의 일부는 다음 기고문에서 가져왔다. John Inazu and Timothy Keller, "How Christians Can Bear Gospel Witness in an Anxious Age," *Christianity Today*, June 20, 2016.

2. 예를 들면 John Rawls, "The Idea of an Overlapping Consensus," *Oxford Journal of Legal Studies* 7, no. 1 (1987): 4.

3. Jemar Tisby, *The Color of Compromise: The Truth About the American Church's Complicity in Racism* (Grand Rapids, MI: Zondervan, 2019)을 보라.

4. James Davison Hunter, *To Change the World: The Irony, Tragedy, and Possibility of Christianity in the Late Modern World* (Oxford: Oxford University Press, 2010), 95.

5. 주류 개신교(Mainline Protestant: 20세기 중반까지 미국 사회 문화 전반에서 영향력을 행사했던 감리교, 장로교, 성공회 등의 전통적 개신교 교단들)가 미국 백인 중산층 사회에 미치던 영향력이 쇠퇴한 것과, 복음주의나 로마 가톨릭이 그 영향력을 대체하지 못한 데 대한 설명은 Joseph Bottum, *An Anxious Age: The Post-Protestant Ethic and the Spirit of America* (New York: Random House, 2014)를 보라.

6. 루크 브래더튼(Luke Bretherton)이 지적한 바와 같다. "타락하고 유한한 정치 현실에서 모두를 아우르는 공동선이 존재할 수 있다는 생각에는 문제가 많다. 한 가족, 직장, 소규모 공동체의 공동선을 결정하는 일은 가능하고, 내가 여기서 설명하는 정치를 이루어 내기 위해 필요한 일이라고 할 수 있다. 그러나 그 규모를 넘어 도시권, 지역, 국가, 나아가 세계의 공동선을 안다는 주장은 반(反)정치적이다. 그런 주장은 복합 사회에 있는 도덕적 비전의 다원성과 경합성을 부인하고, 다양한 도덕적 선을 추구하는 과정에서 생겨나는 갈등마저 부인한다. 그 모두는 정치를 통해 조정해 나가야 할 문제다." Luke Bretherton, *Christ and the Common Life: Political Theology and the Case for Democracy* (Grand Rapids, MI: Wm. B. Eerdmans, 2019), 32, n. 13.

7. John D. Inazu, *Confident Pluralism: Surviving and Thriving Through Deep Difference* (Chicago: University of Chicago Press, 2016).

8. 이 두 가지를 이렇게 연결시켜 준 앤디 크라우치(Andy Crouch)에게 감사한다.

9. 레슬리 뉴비긴(Lesslie Newbigin)은 그것을 이렇게 표현한다. "우리는 '증명으로 확실해질 수 없는' 믿음에 근거해 행동하고, 의심의 여지가 있는 명제들에 우리 삶을 헌신하라는 요구를 끊임없이 받는다." Lesslie Newbigin, *Proper Confidence: Faith, Doubt, and Certainty in Christian Discipleship* (Grand Rapids, MI: Wm. B. Eerdmans, 1995), 102.

10. 마크 릴라(Mark Lilla)가 지적한 대로, 장래에 만물이 회복될 거라는 기독교의 소망은 진보주의의 유토피아주의와 보수주의의 비관적 향수를 모두 피한다. Mark Lilla, *The*

Shipwrecked Mind: On Political Reaction (New York: New York Review Books, 2016), 67-85. 마크 릴라, 《난파된 정신》(필로소픽 역간).

11. Sherry Turkle, *Reclaiming Conversation: The Power of Talk in a Digital Age* (New York: Penguin, 2015). 2-28쪽 The Empathy Diaries"를 전체 내용과 함께 보라.

12. Flannery O'onnor, "Writing Short Stories" in *Mystery and Manners* (New York: Farrar, Straus and Giroux, 1970), 96.

PART 1   시대를 묻다, 시대 속 영성의 틀을 세우다

chapter 1.

1. 베서니 행크 호앙(Bethany Hanke Hoang)과 나는 우리가 영웅이 아니라 성도로 부름 받았다는 생각을 다음 책에서 탐구했다. *The Justice Calling: When Passion Meets Perseverance* (Grand Rapids, MI: Baker, 2016), 111-138.

2. Samuel Wells, *Improvisation: The Drama of Christian Ethics* (Grand Rapids, MI: Brazos Press, 2004), 44.

3. James Davison Hunter, *To Change the World: The Irony, Tragedy, and Possibility of Christianity in the Late Modern World* (Oxford: Oxford University Press, 2010).

4. 헌터는 이것이 니체가 말한 권력의지와 르상티망(ressentiment; 약자가 강자에게 품는 질투나 원한, 증오, 열등감 등이 뒤섞인 감정 - 옮긴이)의 범주를 받아들인 것이라고 설명한다. 그 결과, 분노와 승리가 기독교의 공적 참여 전반을 추동하는 힘이 되었다. James Davison Hunter, *To Change the World: The Irony, Tragedy, and Possibility of Christianity in the Late Modern World* (Oxford: Oxford University Press, 2010)를 보라.

5. Amy E. Black, *Honoring God in Red or Blue: Approaching Politics with Humility, Grace, and Reason* (Chicago, IL: Moody Publishers, 2012)을 보라.

chapter 2.

1. "The Age of Authenticity" in Charles Taylor, *A Secular Age* (Cambridge, MA: Harvard University Press, 2007), 473-504. 찰스 테일러, 《세속의 시대》(새물결 역간).

2. Charles Taylor, *Sources of the Self: The Making of Modern Identity* (Cambridge, MA: Harvard University Press, 1989). 찰스 테일러, 《자아의 원천들》(새물결 역간).

3. *The New English Bible* (Oxford University Press and Cambridge University Press, 1970), 54.

4. Hugh McLeod et al., *The Decline of Christendom in Western Europe, 1750-2000* (Cambridge, UK: Cambridge University Press, 2003), 1, cited in Stefan Paas, "Challenges and Opportunities in Doing Evangelism" in *Sharing Good News: Handbook on Evangelism in Europe*, ed. G. Noort, K. Avtzi, and S. Pass (Geneva, Switzerland: World Council of

Churches, 2017), 38.

5. 제니퍼 시니어(Jennifer Senior)는 거래적이고 개인주의적인 문화에서 자녀란 "그 어떤 영구적인 헌신도 요구하지 않는 문화에 마지막으로 남은, 구속력 있는 의무"라고 주장한다. Jennifer Senior, *All Joy and No Fun: The Paradox of Modern Parenthood* (New York: HarperCollins, 2014), 44.

6. 다음 기사를 보라. Dan Piepenbring, "Chick-Fil-A's Creepy Infiltration of New York City," New Yorker, April 13, 2018, https://www.newyorker.com/culture/annals-of-gastronomy/chick-fil-as-creepy-infiltration-of-new-york-city.

7. 칼 트루먼(Carl Trueman)의 짧지만 탁월한 다음 글을 보라. "Blessing When Cursed" in First Things, June 14, 2019, https://www.firstthings.com/web-exclusives/2019/06/blessing-when-cursed. 칼 트루먼은 일부 보수주의자들이 세속적 반대자들과 논쟁할 때 "예의, 존중, 품위"를 버리라고 촉구하는 것에 답하고 있다. 그는 그리스도인들이 타인을 존중하며 말하도록 부름받은 것은 논쟁에서 효과적이기 때문이 아니라 그것이 "세상에 하나님의 성품을 반영하는 올바른 방법이기" 때문임을 제대로 지적한다.

chapter 3.

1. Lesslie Newbigin, *The Open Secret: An Introduction to the Theology of Mission* (Grand Rapids, MI: Wm. B. Eerdmans, 1995), 5. 레슬리 뉴비긴, 《오픈 시크릿》(복있는사람 역간).

2. Samuel E. Escobar, *The New Global Mission: The Gospel from Everywhere to Everyone* (Downers Grove, IL: IVP Academic, 2003), 19-20.

3. John Inazu, "Do Black Lives Matter to Evangelicals?" *Washington Post*, January 6, 2016.

4. Melinda Lundquist Denton and Christian Smith, *Soul Searching: The Religious and Spiritual Lives of American Teenagers* (Oxford, UK: Oxford University Press, 2005).

5. J. R. R. Tolkien, *The Return of the King* (New York: Del Ray/Ballantine Books, 2001), 338.

chapter 4.

1. Randy Otterbridge, *Reluctant Entrepreneur: Going from Fear to First Steps Toward Starting Your Own Business* (Grand Rapids, MI: R&A Publishing, 2012).

2. Anthony Bradley, "You Are the Manure of the Earth," *Christianity Today*, September 23, 2016.

3. Vicki Torres, "Tension Takes a Toll: Feuding Gangs, Drive-by Killings Spread Fear in Pasadena Area," *Los Angeles Times*, February 2, 1991, https://www.latimes.com/archives/la-xpm-1991-2-2-me-169-story.html.

4. Daniela Perdomo, "Pasadena Gang Violence Raises Fears," *Los Angeles Times*, December 25, 2007, https://www.latimes.com/archives/la-xpm-2007-dec-25-me-

race25-story.html.

PART 2 좁힐 수 없는 차이 속에서 어떻게 소통할 것인가

chapter 5.

1. 내가 알기로는 그녀는 실제로 이렇게 말하지는 않았다. 그러나 이 말은 그녀의 사상을 적절히 보여 준다. 예컨대 그녀는 자신의 일기에 이렇게 썼다. "시간의 지속성은 수 세기에 걸친 문명이든 수십 년을 사는 인간 존재든, 그 안에서 부적합한 것들을 걸러 내는 다윈주의적 기능을 수행한다. 어떤 목적에도 들어맞는 것만이 영원히 남는다." Simone Weil, *The Notebooks of Simone Weil*, trans. Arthur Wills (New York: Routledge, 2004), 444.

2. Luci Shaw, *Breath for the Bones: Art, Imagination, and Spirit* (Nashville: Thomas Nelson, 2007), 87.

3. 이 표현은 내 친구 로버트 케호(Robert Kehoe)가 어느 공개 강연(책으로는 출판된 적이 없는 내용이다)에서 하우어워스가 한 말을 직접 듣고 전해 준 것이다. 이는 하우어워스의 저 작들에서 일관되게 나타나는 주제이기도 하다. "우리를 그토록 자주 거짓말쟁이로 만드는 것은 우리의 행위 자체가 아니라, 그 행위를 정당화하기 위해 늘어놓는 변명 이다. 우리는 우리가 할 수 있는 한 최선을 다했다는 식의 자기 위안의 이야기를 스 스로에게 들려줌으로써, 우리 삶의 우연성과 불확실성을 이겨 내려고 한다. …… 그 리스도인이 된다는 것은 복음에 비추어 자기 삶을 해석하려 노력해야 함을 의미한 다. 그러므로 내 이야기의 진실성을 판단하는 것은 나의 몫이 아니다. 복음에 따라 사 는 사람들이 나의 어느 부분이 진실했는지, 또 어느 부분에서 스스로를 속였는지를 판단해 줄 것이다." Stanley Hauerwas, *Hannah's Child: A Theologian's Memoir* (Grand Rapids, MI: Wm. B. Eerdmans, 2013), 159. 스탠리 하우어워스, 《한나의 아이》(IVP 역간).

4. Nicholas Carr, *The Shallows: What the Internet Is Doing to Our Brains* (New York: W. W. Norton & Company, 2011), 7. 니콜라스 카, 《생각하지 않는 사람들》(청림출판 역간).

5. Thomas Merton, *The Sign of Jonas* (New York: Harcourt, Brace and Company, 1953), 266. 토 머스 머튼, 《토머스 머튼의 영적 일기: 요나의 표징》(바오로딸 역간).

6. John Berger, *Hold Everything Dear: Dispatches on Survival and Resistance* (New York: Pantheon Books, 2007), 48. 존 버거, 《모든 것을 소중히 하라》(열화당 역간).

7. Francis Spufford, *Unapologetic: Why, Despite Everything, Christianity Can Still Make Surprising Emotional Sense* (New York: HarperOne, 2013), 215.

chapter 6.

1. Makoto Fujimura, *On Becoming Generative: An Introduction to Culture Care* (New York: Fujimura Institute and International Arts Movement, 2013). Digital. 이 짧은 팸플릿에서 마코

307

는 자신의 생성적 원리를 이끄는 세 가지 'G'를 소개한다. 발생(Genesis): 창조성 안에서 발견되는 것으로, 그 성장과 실패 모두를 포함한다. 관대함(Generosity): 효용과 거래 중심의 삶의 방식에 저항하는 선물. 세대적 사고(Generational Thinking): "이 원리들은 과거와의 대화 속에서, 그리고 여러 미래 세대의 가치를 함양하기 위해 말하고 창조하려는 우리의 의도 속에서 성장한다."

2. Makoto Fujimura, *Culture Care: Reconnecting with Beauty for Our Common Life* (Downers Grove, IL: InterVarsity Press, 2017). 마코토 후지무라, 《컬처 케어》(IVP 역간).

3. Charlie Peacock, *A New Way to Be Human: A Provocative Look at What It Means to Follow Jesus* (Colorado Springs: WaterBrook Press, 2004), 93.

4. Sara Groves, "Why It Matters," *Add to the Beauty*, SG Music, 2005.

5. Sara Groves, "Any Comfort," (unrecorded).

6. Flannery O'onnor, *Mystery and Manners* (New York: Farrar, Straus and Giroux, 1970), 177.

7. O'onnor, *Mystery and Manners*, 44.

8. 내가 풀어 쓴 시편 72:3-21.

9. 내가 풀어 쓴 시편 73:22.

10. Sara Groves, "Like a Skin," *The Other Side of Something*, SG Music, 2004.

11. 퓰리처상 수상 저널리스트 이저벨 윌커슨(Isabel Wilkerson)이 저서 *The Warmth of Other Suns*에 대해 인터뷰한 http://fortune.com/2016/09/15/great-migration-racism-history/를 보라. 이 책에는 미국 전역의 도시에서 벌어진 '대이주'(The Great Migration; 1910~1970년경 약 600만 명의 흑인이 남부의 극단적인 인종 차별을 피해 더 나은 삶의 기회를 찾아 북동부, 중서부, 서부로 이동한 역사적 흐름 - 옮긴이)와 '레드라이닝'(redlining; 흑인 유입을 막기 위해 해당 지역의 주류 백인 거주자들이 공모하여, 흑인 거주 희망자들에게 높은 주택 가격을 매기거나 불이익을 주어 배척한 인종 차별적 관행. 이로 인해 미국 대도시 외곽에 흑인 빈민 지역이 형성되기 시작했다-옮긴이)이 상세히 기록되어 있다.

12. Sara Groves, "Floodplain," *Floodplain*, SG Music, 2015.

13. Sara Groves, "In the Girl There' a Room," *Tell Me What You Know*, SG Music, 2007.

14. Sara Groves, "Eyes Wide Open," *Fireflies and Songs*, SG Music, 2009.

15. Sara Groves, "It's Me," *Fireflies and Songs*, SG Music, 2009.

chapter 7.

1. 다음 글을 보라. Rachel Gillett, "How Walt Disney, Oprah Winfrey, and 19 Other Successful People Rebounded After Getting Fired," Inc., October 7, 2015, https://www.inc.com/business-insider/21-successful-people-who-rebounded-after-getting-fired.html.

2. Gillett, "How Walt Disney, Oprah Winfrey, and 19 Other Successful People Rebounded After Getting Fired"를 보라.

chapter 8.

1. Ken Bain, *What the Best College Teachers Do* (Cambridge, MA: Harvard University Press, 2004), 174. 켄 베인, 《미국 최고의 교수들은 어떻게 가르치는가》(뜨인돌 역간).

2. Lesslie Newbigin, *Proper Confidence: Faith, Doubt, and Certainty in Christian Discipleship*, Grand Rapids, MI: Wm. B. Eerdmans, 1995, 14.

3. 최근 나는 몇몇 동료들과 함께 '카버프로젝트'(The Carver Project, carverstl.org)라는 사역을 통해 이 비전을 실천하기 시작했다. 이는 대학과 교회와 사회가 만나는 자리에서 '삶의 전 영역을 아우르는 온전한 제자'를 세우는 사역이다.

4. Lecrae, "acts," *All Things Work Together, Columbia Records Group*, 2017.

5. Eboo Patel, *Out of Many Faiths: Religious Diversity and the American Promise* (Princeton, NJ: Princeton University Press, 2018)에서 이부(Eboo)의 논증에 대한 답변으로 내가 쓴 장을 보라. 그리고 다음 글도 참고하라. 이 기사에는 기독교대학 총장단 연례 모임에서 이부와 내가 나눈 공개 대화의 개요가 실려 있다. Doug Lederman, "A Call for 'Confident Pluralism' on Campuses," Inside Higher Ed, January 30, 2017.

PART 3　세상 한복판에서 어떻게 복음을 살아 낼 것인가

chapter 9.

1. Junno Arocho Esteves, "Pope Francis Washes Feet of Refugees on Holy Thursday," *Catholic Herald*, March 24, 2016, https://catholicherald.co.uk/news/2016/03/24/pope-francis-washes-feet-of-refugees-on-holy-thursday/.

chapter 10.

1. *Gantt v. Clemson Agric. Coll.*, 320 F.2d 611, 614 (4th Cir. 1963).

2. 예를 들면, 다음을 보라. Kelly M. Hoffman, Sophie Trawalter, Jordan R. Axt, and M. Norman Oliver, "Racial Bias in Pain Assessment and Treatment Recommendations, and False Beliefs about Biological Differences Between Blacks and Whites," *Proceedings of the National Academy of Sciences USA* 113, no. 16 (2016): 4296-4301.

3. Sophia Haeri, "Disparities in Diagnosis of Bipolar Disorder in Individuals of African and European Descent: A Review," *Journal of Psychiatric Practice* 17 (2011): 394.

4. Allen Verhey and Warren Kinghorn, "'The Hope to Which He Has Called You' Medicine in Christian Apocalyptic Perspective," *Christian Bioethics* 22 (2016): 21-38.

5. Janice L. Krupnick et al., "The Role of the Therapeutic Alliance in Psychotherapy and Pharmacotherapy Outcome: Findings in the National Institute of Mental Health Treatment of Depression Collaborative Research Program," *Journal of*

Consulting and Clinical Psychology 64 (1996): 532-539.

6. Curt Thompson, *The Soul of Shame: Retelling the Stories We Believe about Ourselves* (Downers Grove, IL: InterVarsity Press, 2015). 커트 톰슨, 《수치심》(IVP 역간).

7. Wendell Berry, *The Hidden Wound* (Berkeley, CA: Counterpoint, 2010).

8. Josef Pieper, *Faith, Hope, Love* (San Francisco: Ignatius, 1997), 163-164.

chapter 11.

1. Karen Grigsby Bates, "Rodney King Comes to Grips with 'The Riot Within,'" NPR, April 23, 2012, https://www.npr.org/2012/04/23/150985823/rodney-king-comes-to-grips-with-the-riot-within.

2. 요 4:9, 8:48, 눅 9:51-56을 보라.

3. Trillia Newbell, *United: Captured by God's Vision for Diversity* (Chicago, IL: Moody Publishers, 2014).

chapter 12.

1. James Strong, *A Concise Dictionary of the Words in the Greek Testament and the Hebrew Bible*, vol. 2 (Bellingham, WA: Faithlife, 2009), 115.

2. Strong, *Concise Dictionary*, vol. 1 (Bellingham, WA: Faithlife, 2009), 25.

3. Kenneth W. Osbeck, *Amazing Grace: 366 Inspiring Hymn Stories for Daily Devotions* (Grand Rapids, MI: Kregel Publications, 1996), 202.

4. Etty Hillesum, *Etty Hillesum: An Interrupted Life; The Diaries, 1941–943, and Letters from Westerbork*, trans. Arnold J. Pomerans (New York: Metropolitan Books, 1983), 218.

5. Elahe Izadi, "The Powerful Words of Forgiveness Delivered to Dylann Roof by Victims' Relatives," *Washington Post*, June 19, 2015, https://www.washingtonpost.com/news/post-nation/wp/2015/06/19/hate-wont-win-the-powerful-words-delivered-to-dylann-roof-by-victims-relatives/?noredirect=on&utm_term=.4c796b6af711.

에필로그

1. 일반적으로는 다음을 참고하라. Alister E. McGrath, *The Territories of Human Reason: Science and Theology in an Age of Multiple Rationalities* (Oxford, UK: Oxford University Press, 2019); Lesslie Newbigin, *Proper Confidence: Faith, Doubt, and Certainty in Christian Discipleship* (Grand Rapids, MI: Wm. B. Eerdmans, 1995); Alasdair MacIntyre, *Whose Justice? Which Rationality?* (Notre Dame, IL: University of Notre Dame Press, 1988); *After Virtue: A Study in Moral Theory* (Notre Dame, IL: University of Notre Dame Press, 1981).

알래스데어 매킨타이어, 《덕의 상실》(문예출판사 역간).

2. 온라인 매체에 영향을 주는 대체 현실의 놀라운 사례는 바로 '딥페이크'(deep fakes; 딥러 닝(deep learning)과 가짜(fake)의 합성어. 인공지능과 안면 매핑 기술 등을 활용해 특정 영상에 또 다 른 영상을 합성한 편집 기술 – 옮긴이)의 출현이다. Robert Chesney and Danielle Citron, "Deepfakes and the New Disinformation War: The Coming Age of Post-Truth Geopolitics," *Foreign Affairs* (January/February 2019)를 보라. 그리스도인들이 불건전한 온라인 활동을 제한하기 위해 취할 수 있는 실제적 조치들은 다음을 참고하라. Justin Whitmel Earley, *The Common Rule: Habits of Purpose for an Age of Distraction* (Downers Grove, IL: InterVarsity Press, 2019). 저스틴 휘트멀 얼리, 《크리스천 일상 정리법》(생명의말씀 사 역간).; Andy Crouch, *The Tech-Wise Family: Everyday Steps for Putting Technology in Its Proper Place* (Grand Rapids, MI: Baker Books, 2017); Tish Harrison Warren, *Liturgy of the Ordinary: Sacred Practices in Everyday Life* (Downers Grove, IL: InterVarsity Press, 2016). 티시 해리슨 워런, 《오늘이라는 예배》(IVP 역간).

3. James Davison Hunter, *To Change the World: The Irony, Tragedy, and Possibility of Christianity in the Late Modern World* (Oxford: Oxford University Press, 2010), 214-219.

4. 레슬리 뉴비긴은 탈기독교 시대(post-Christendom) 서구 교회가 "서구 문화와 선교적 만 남"을 가져야 한다고 촉구하며, 무엇이 그런 만남이 아닌지를 먼저 규정했다. 그가 제시한 선교적 만남이 아닌 세 가지 방식, 즉 지배, 물러남, 동화는 헌터가 말한 문화 에 대한 세 가지 잘못된 접근법과 궤를 같이한다. Lesslie Newbigin, *Foolishness to the Greeks* (Grand Rapids, MI: Wm. B. Eerdmans, 1988). 레슬리 뉴비긴, 《헬라인에게는 미련 한 것이요》(IVP 역간). Lesslie Newbigin, "Can the West Be Converted?" *International Bulletin of Missionary Research*, January 1987.

5. James Davison Hunter, *To Change the World: The Irony, Tragedy, and Possibility of Christianity in the Late Modern World* (Oxford: Oxford University Press, 2010), 285.

6. 이 구절은 우리 문화에 대한 유명한 서술이다. 이에 대해서는 Charles Taylor, *A Secular Age* (Cambridge, MA: Bellknap Press, 2007)를 보라. 찰스 테일러, 《세속의 시대》(새물 결 역간).

7. 세속성은 스스로를 믿음과는 무관한 중립적인 상태인 양 내세우면서, 문화 이론가들 이 "신비화"(mystification)라 부르는 일을 하고 있다. 테리 이글턴(Terry Eagleton)은 이러 한 "신비화"를 다음과 같이 정의한다. "그것은 논쟁의 여지가 있는 관점이나 믿음을 취하면서 거기에 이의를 제기하는 모든 견해를 폄하하고, 경쟁하는 다른 사고 형태들 을 주변부로 밀어내며, 이 믿음이 보편적으로 받아들여지지 않는 사회적 현실을 부정 하는 것이다. 그 결과, 그 견해를 의문의 여지가 없는 보편적이고 자명하며 필연적인 사실인 것처럼 보이게 만든다." Terry Eagleton, *Ideology: An Introduction* (New York: Verso, 1991), 5-6.

필진의 다른 작품들

도서

- Claude Richard Alexander Jr., *Necessary Christianity: Living a Must Life in a Maybe World* (MMGI Publishers House, 2013).

- John Inazu, *Liberty's Refuge: The Forgotten Freedom of Assembly* (Yale University Press, 2012) and *Confident Pluralism: Surviving and Thriving Through Deep Difference* (University of Chicago Press, 2016).

- Kristen Deede Johnson, *Theology, Political Theory, and Pluralism: Beyond Tolerance and Difference* (Cambridge University Press, 2010) and Kristen Deede Johnson and Bethany Hoang, *The Justice Calling: Where Passion Meets Perseverance* (Brazos Press, 2017).

- Timothy Keller, *Generous Justice: How God's Grace Makes Us Just* (Viking, 2010). 《팀 켈러의 정의란 무엇인가》. *The Prodigal God: Recovering the Heart of the Christian Faith* (Penguin Books, 2011). 《팀 켈러의 탕부 하나님》. *Making Sense of God: Finding God in the Modern World* (Penguin Books, 2018). 《팀 켈러의 답이 되는 기독교》(이상 두란노 역간).

- Lecrae, *Unashamed* (B&H Books, 2016).

- Tom Lin, *Losing Face, Finding Grace: 12 Bible Studies for Asian-Americans* (InterVarsity Press, 1996).

- Trillia Newbell, *Fear and Faith: Finding the Peace Your Heart Craves* (Moody Publishers, 2015) and *If God Is for Us: The Everlasting Truth of Our Great Salvation* (Moody Publishers, 2019).

- Tish Harrison Warren, *Liturgy of the Ordinary: Sacred Practices in Everyday Life* (InterVarsity Press, 2016). 《오늘이라는 예배》(IVP 역간).

음반

- Sara Groves, *Tell Me What You Know* (INO, 2007) and *Floodplain* (Fair Trade, 2016).

- Lecrae, *Gravity* (Reach, 2012) and *All Things Work Together* (Reach, 2017).